Fo

Zoon van de
e

Het bijzondere levensverhaal van Little Tree,
een Cherokee-Indiaan

A.W. Bruna Uitgevers B.V. Utrecht

Oorspronkelijke titel
The education of Little Tree

Published by agreement with Lennart Sane Agency AB
an Eleanor Friede book
Vertaling
Auke Leistra

Omslagontwerp en illustratie
Marieke Muskens
voor Muskadelic

ISBN 90 229 8060 X
NUGI 642

Tweede druk, oktober 1993

Voor de Cherokezen

Little Tree

Ma hield het een jaar vol toen pa er niet meer was. Zo kwam ik op mijn vijfde bij Granpa en Granma te wonen.
De familieleden hadden er volgens Granma na de begrafenis nog een enorme opschudding over gemaakt.
In de met geulen doorploegde achtertuin van onze hut, die tegen een helling aanlag, hadden ze in een groep bijeen gestaan en met veel heisa besproken wat ze met mij aanmoesten, terwijl ze intussen het beschilderde ledikant en de tafel en de stoelen verdeelden.
Granpa had geen woord gezegd. Hij hield zich in een hoekje van de tuin op de achtergrond, net buiten de verzamelde familiekring, en Granma stond achter hem. Granpa was half Cherokees en Granma was volbloed.
Hij stak boven de rest van de mensen uit, groot, een meter negentig lang, een zwarte hoed op en gehuld in een glanzend zwart pak dat alleen naar de kerk en bij begrafenissen werd gedragen. Granma had de hele tijd naar de grond gekeken, maar Granpa had mij aangekeken, over de mensen heen, en daarom was ik langzaam door de tuin naar hem toegeslopen en had hem bij zijn been vastgehouden, niet van plan hem nog los te laten, zelfs niet toen ze probeerden me mee te nemen.
Granma zei dat ik geen kik gegeven had, en ook niet gehuild had, dat ik alleen maar had vastgehouden; en na een hele tijd, waarin zij aan mij trokken en ik me vasthield, had Granpa zijn grote hand op mijn hoofd gelegd.
'Laat hem,' had hij gezegd. En dus lieten ze me. Granpa deed zelden zijn mond open in een groep, maar als hij dat deed, zei Granma, dan werd er geluisterd.
We liepen langs de helling naar beneden, in de donkere, winterse namiddag, naar de weg die naar de stad leidde. Granpa

liep voorop, langs de kant van de weg, mijn kleren in een plunjezak over zijn schouder geslingerd. Ik leerde meteen dat wanneer je achter Granpa liep, je voort moest maken. Granma, achter me, tilde zo nu en dan haar rokken op om bij te blijven.

Toen we de trottoirs in de stad bereikten bleven we zo lopen, met Granpa voorop, totdat we bij de achterzijde van het busstation aankwamen. We stonden daar een hele tijd; Granma las de letters op de voorkant van de bussen die kwamen en gingen. Granpa zei dat Granma net zo knap kon lezen als wie dan ook. Ze zocht onze bus uit, precies de goeie, net toen de schemering inzette.

We wachtten tot alle mensen in de bus waren gestapt, en dat was maar goed ook, want we waren nog maar net ingestapt of de problemen begonnen. Granpa liep voorop, ik in het midden, en Granma stond op de laagste tree, net in de bus. Granpa trok zijn beurs uit zijn broekzak en wilde net betalen.

'Waar zijn uw kaartjes?' vroeg de buschauffeur heel hard, en iedereen in de bus ging overeind zitten om naar ons te kijken. Dat hinderde Granpa niet in het minst. Hij zei tegen de buschauffeur dat we net wilden betalen, en Granma fluisterde van achter mij naar Granpa dat hij moest zeggen waar we naartoe gingen. Granpa vertelde het hem.

De buschauffeur zei tegen Granpa hoeveel het was, en terwijl Granpa heel nauwgezet het geld uittelde – het licht was nauwelijks sterk genoeg om bij te tellen – draaide de buschauffeur zich om naar de mensen in de bus, hief zijn rechterhand en zei: '*How*!' waarop hij begon te lachen. Alle mensen lachten mee. Ik voelde me beter nu ik begreep dat ze vriendelijk waren, en niet kwaad omdat we geen kaartjes hadden.

Toen liepen we door de bus naar achteren en ik merkte een zieke dame op. Ze zag onnatuurlijk zwart rond haar ogen en haar mond was helemaal rood van het bloed; toen we voorbij liepen, hield ze haar hand even voor haar mond, haalde hem weer weg en blèrde heel hard: 'Wa... hoee!' Maar ik begreep dat de pijn snel overging, want ze lachte alweer, en alle anderen lachten mee. De man die naast haar zat lachte ook en sloeg zich met de hand op zijn dijbeen. Hij had een grote glanzende speld op zijn das, waaruit ik opmaakte dat ze rijk waren en wel een dokter konden betalen als ze er een nodig hadden.

Ik zat tussen Granma en Granpa in, en Granma stak haar arm voor me langs en klopte Granpa op zijn hand. Hij hield haar hand vast op mijn schoot. Dat was een fijn gevoel en ik viel in slaap.

Het was al laat op de avond toen we bij een grindpad uit de bus stapten. Granpa begon te lopen, ik en Granma erachteraan. Het vroor dat het kraakte. De maan stond aan de hemel als de helft van een dikke watermeloen en bescheen de weg voor ons met een zilverachtige gloed, tot waar hij in een bocht uit het gezicht verdween.

Pas toen we de weg hadden verlaten en langs een karrespoor liepen met gras in het midden, merkte ik de bergen op. Donker en beschaduwd waren ze, met de halve maan precies boven een bergkam die zo hoog oprees dat je je hoofd in de nek moest leggen om te kijken. De zwartheid van de bergen deed me huiveren.

'Wales,' zei Granma achter mij, 'hij begint moe te worden.'

Granpa bleef staan en draaide zich om. Hij keek op mij neer, zijn grote hoed wierp een schaduw over zijn gezicht.

'Het is beter om moe te worden als je iets verloren hebt,' zei hij. Hij draaide zich om en liep verder, maar nu was het makkelijker om hem bij te houden. Granpa was langzamer gaan lopen, dus ik nam aan dat hij ook moe was.

Na een hele tijd verlieten we het karrespoor en liepen verder over een voetpad dat rechtstreeks de bergen inging. Het leek wel of we tegen een bergwand aan zouden lopen, maar terwijl we voortliepen, was het alsof de bergen zich openden en ons aan alle kanten omsloten.

Het geluid van onze stappen begon te echoën, er bewoog van alles om ons heen, en gefluister en gezucht begon tussen de bomen op te klinken, alsof alles tot leven was gekomen. En het was warm. Ik hoorde iets naast ons tingelen en trillen en ruisen, een bergbeek rolde over de rotsen en maak-

te plassen waar hij even stillag om zich vervolgens weer halsoverkop naar beneden te storten. Overal om ons heen waren bergen.
De halve maan verdween achter de bergkam en spuwde een zilveren licht tegen de hemel. Het gaf het dal waarin wij liepen een grijsverlichte koepel die ons van bovenaf bescheen. Granma begon achter mij een wijsje te neuriën en ik begreep dat het Indiaans was, het had geen woorden nodig, de betekenis was zo wel duidelijk, en het gaf me een veilig gevoel.
Een hond blafte luid, ik schrok. Lang en weeklagend, af en toe overgaand in snikken die door de echo werden opgepikt en verder en verder weggevoerd, terug de bergen in.
Granpa gniffelde. 'Dat is ouwe Maud... die heeft niet de reukzin van een schoothondje... ze vertrouwt op haar oren.'
In een oogwenk waren we omringd door honden, ze sprongen jankend tegen Granpa op en snuffelden aan mij om de nieuwe geur op te nemen. Ouwe Maud begon weer hard te blaffen, heel dichtbij deze keer, en Granpa zei: 'Rustig, Maud!' En toen begreep ze wie het was en kwam ze aanrennen en sprong tegen ons op.
We liepen de boomstronk over die dwars over de bergbeek lag en daar was het huisje, van hout, een eindje naar achteren onder de grote bomen, tegen de berghelling aan. Langs de hele voorkant liep een veranda.
Het huisje had een ruime hal die de kamers van elkaar scheidde. De hal was aan beide kanten open. Sommige mensen noemen dit een 'galerij', maar mensen uit de bergen noemen het een 'hondenrenbaan', omdat de honden er heen en weer rennen. Aan een kant was een grote kamer om te koken, te eten en te zitten, aan de andere kant van de hondenrenbaan waren twee slaapkamers. Een was van Granpa en Granma. De andere zou van mij worden.
Ik ging languit liggen op een zachte, verende matras van gevlochten repen rendierhuid die in een raamwerk van hickoryhouten latten waren gespannen. Door het open raam kon ik de bomen aan de andere kant van de bergbeek zien, donker in het schimmige licht. De gedachte aan mama besprong

me als een vloedgolf, en overspoelde mij in die vreemde omgeving.
Een hand aaide over mijn hoofd. Granma zat naast me op de grond, haar wijde rokken om zich heen. Haar vlechten, met strepen zilver erin, hingen over haar schouders tot in haar schoot. Ze keek ook door het raam naar buiten, en begon laag en zacht te zingen:

'Hij komt hierheen, ze voelden het,
Het bos, de wind in de bomen,
Vader berg, en allemaal zingen ze mee.
Ze zijn niet bang voor Little Tree,
Want ze weten dat hij goed is
En ze zingen: "Little Tree is niet alleen."

Zelfs de dwaze, kleine Lay-nah
Danst nu door de bergen
Met haar kabbelende water, klaterend van plezier.
"O, luister toch naar mij! Ik zing
Van een broeder die bij ons komt,
Little Tree is onze broeder en Little Tree is hier."

Awi Usdi het kleine hert
En Min-e-lee de kwartelhen,
Zelfs Kagu de kraai zingt met hen mee.
"Moedig is het hart van Little Tree,
zijn goedheid is zijn kracht,
En nooit meer is Little Tree alleen."'

Granma zong en wiegde langzaam heen en weer. En ik kon de wind horen praten, en Lay-nah, de bergbeek, zong over mij en vertelde al mijn broeders dat ik gekomen was.
Ik wist dat ik Little Tree was, en ik was gelukkig dat ze van me hielden en me wilden hebben. En zo sliep ik in, en ik huilde niet.

De Weg

Het had Granma alle avonden van een week gekost om de mocassinlaarzen te maken. Avond aan avond zat ze in de schommelstoel, die kraakte onder haar lichte gewicht, te werken en te neuriën. De denneappels knetterden in de openhaard. Met een mes had ze het rendiervel in dunne repen gesneden, waarmee ze de randen afwerkte. Toen ze klaar was, dompelde ze de mocassins onder in water. Ik moest ze nat aantrekken en ze vervolgens droog lopen, heen en weer over de vloer, totdat ze me als gegoten zaten en zacht en soepel waren, licht als lucht.

Deze ochtend deed ik de mocassins als laatste aan, nadat ik in mijn overall was gestapt en mijn jasje had dichtgeknoopt. Het was donker en koud, te vroeg zelfs voor de ochtendwind om de bomen zacht te laten ruisen.

Granpa had gezegd dat ik met hem mee kon gaan op jacht als ik opstond, en hij had gezegd dat hij me niet zou wekken. 'Een man staat 's morgens uit zichzelf op,' had hij tegen me gezegd en hij glimlachte er niet bij. Maar Granpa had flink lawaai gemaakt bij het opstaan, hij had tegen de muur van mijn kamer gebonkt en ongewoon hard tegen Granma gepraat, en dus had ik het gehoord en stond ik als eerste buiten. In het donker wachtte ik met de honden.

'Zo. Je bent er.' Granpa klonk verrast.

'Ja zeker,' zei ik, en hield de trots uit mijn stem.

Granpa wees op de honden die wild om ons heen sprongen. 'Jullie blijven,' commandeerde hij, en ze trokken hun staart tussen de poten en jankten en bedelden en ouwe Maud begon hard te jammeren. Maar ze volgden ons niet. Ze bleven staan, met z'n allen bij elkaar in een hopeloos klein groepje, en keken ons na terwijl wij de open plek verlieten.

Ik was al wel een keer langs het lage spoor gelopen, langs het pad dat de bedding van de bergbeek volgde en door het dal kronkelde en draaide tot het in een weide uitkwam waar Granpa zijn schuur had en zijn muilezel en koe hield. Maar dit was het hoge spoor dat zich naar rechts afsplitste en langs de berghelling liep, alsmaar stijgend. Ik stapte achter Granpa aan en voelde het spoor onder mijn voeten hellen.

Ik voelde ook nog iets anders, zoals Granma al gezegd had. Ik voelde Mon-o-lah, moeder aarde, door mijn mocassins heen. Hier kon ik haar voelen duwen en zwellen, daar voelde ik haar overhellen en inzakken... en overal voelde ik de wortels die haar lichaam dooraderden en het leven van het waterige bloed, diep binnen in haar. Ze was warm en gaf mee, en ze liet mij op haar borst veren, zoals Granma al gezegd had dat ze doen zou.

Mijn adem vormde wolkjes in de koude lucht en de bergbeek stroomde ver beneden ons. Water drupte van de ijspegels die als tanden aan de kale boomtakken hingen, en toen we hoger kwamen lag er ijs op het pad. Grijs licht schoof de duisternis aan de kant.

Granpa hield stil en wees langs het pad. 'Daar – een kalkoenspoor – zie je dat?' Ik liet me op mijn handen en knieën vallen en zag de sporen: kleine stokachtige afdrukken vanuit een centraal punt.

'Goed,' zei Granpa, 'we zetten de val klaar.' En hij verliet het pad om een vanghol te zoeken.

We maakten het schoon. Eerst haalden we de bladeren eruit, toen trok Granpa zijn lange mes en sneed in de sponzige aarde, waarna we de modder opschepten en over de bladeren gooiden.

Toen het gat zo diep was dat ik niet meer over de rand kon kijken, trok Granpa me eruit en sleepten we boomtakken aan om het te bedekken. Over de takken verspreidden we armen vol bladeren. Toen, met zijn lange mes, holde Granpa een spoor uit, naar beneden het gat in, en terug richting kalkoenspoor. Daarna haalde hij wat rode Indiaanse maiskorrels uit zijn zak en strooide die langs het spoor. Een handjevol gooide hij in het gat.

'Nu gaan we,' zei hij, en we vervolgden onze weg langs het

hoge spoor. IJs, dat de aarde als suikerglazuur had uitgespuugd, kraakte onder onze voeten. De berg tegenover ons kwam dichterbij en het dal, ver beneden ons, werd een nauwe spleet waarin de bergbeek alleen nog maar te zien was als de scherpe kant van een mes dat diep in de bodem was gezakt.

We gingen in de bladeren zitten, langs het pad, net toen de eerste zonnestralen de top van de berg aan de overkant van het dal beroerden. Uit zijn zak haalde Granpa een zuur koekje en voor mij rendiervlees, en terwijl we aten keken we naar de berg.

De zon raakte de top als in een explosie en deed schitterende en fonkelende fonteinen de lucht in spuiten. Het sprankelende ijs op de bomen deed pijn aan je ogen en gleed als een golf over de berghelling, een golf van zonlicht die de schaduw van de nacht verder en verder verdrong. Een kraai zond drie harde kreten door de lucht, als waarschuwing dat wij er waren.

En nu begon de berg te bewegen en tekens van leven te geven die als kleine stoomwolkjes de lucht in bliezen. Ze rinkelde en murmelde, terwijl de zon de bomen verloste van hun lijkwade van ijs.

Granpa keek toe, net als ik, en luisterde naar het opsteken van de ochtendwind, die een laag, steeds luider gefluit in de bomen inzette.

'Ze komt tot leven,' zei hij zacht, zonder zijn ogen van de berg af te houden.

'Ja, Granpa,' zei ik, 'ze komt tot leven.' En op dat moment begreep ik dat Granpa en ik een verstandhouding hadden die de meeste mensen niet kenden.

De nachtschaduw week terug over een klein weitje vol gras, dat zich glanzend in het zonlicht baadde. De wei lag op de berghelling. Granpa wees. Er waren kwartels, die in het gras fladderden en sprongen en zich voedden met de zaadjes. Toen wees hij naar de ijzig blauwe lucht.

Er waren geen wolken, maar eerst zag ik de vlek niet die over de rand aankwam. Hij werd groter. Aangezien hij tegen de zon inkeek, viel er geen schaduw voor hem uit. De vogel

scheerde langs de kant van de berg naar beneden; een skiër op boomtoppen, de vleugels half ingetrokken... als een bruine kogel... sneller en sneller, recht op de kwartels af.
Granpa grinnikte. 'Daar heb je Tal-con, de havik.'
De kwartels stegen vliegensvlug op en schoten de bomen in, maar een was te langzaam. De havik viel aan. Veren vlogen door de lucht en toen zaten de vogels op de grond; de kop van de havik ging met dodelijke klappen op en neer. In een oogwenk vloog hij op met de dode kwartel in zijn klauwen geklemd, terug naar boven, langs de helling omhoog en over de rand.
Ik huilde niet maar ik weet dat ik verdrietig keek, want Granpa zei: 'Niet verdrietig zijn, Little Tree. Het is De Weg. Tal-con ving de trage kwartel en dus zal de trage geen kinderen krijgen die ook traag zijn. Tal-con eet wel duizend ratten die de eieren van de kwartel eten – zowel de vlugge als de trage eieren – en zo leeft Tal-con volgens De Weg. Hij helpt de kwartels.'
Granpa groef met zijn mes een zoete wortel op en schilde die. De levenssappen die er voor de winter in waren opgeslagen dropen eruit. Hij sneed hem doormidden en overhandigde mij het dikste stuk.
'Dat is De Weg,' zei hij zacht. 'Neem alleen wat je nodig hebt. Als je een rendier vangt, neem dan niet de beste. Neem de kleinste en de traagste, dan worden de rendieren sterker en zullen ze je altijd van vlees voorzien. Pa-koh, de panter, weet dat en jij moet dat ook weten.'
En hij lachte. 'Alleen, Ti-bi, de bij, slaat meer op dan hij gebruiken kan... en daarom wordt hij beroofd door de beer, en het wasbeertje... en de Cherokezen. Zo gaat het ook met mensen die meer opslaan dan ze aankunnen en zich vet eten aan meer dan hun deel. Het wordt van hen afgepakt. En er worden oorlogen over gevoerd, en lange onderhandelingen, allemaal om te proberen meer dan hun deel te behouden. Ze zeggen dat een vlag voor hun recht staat om zo te handelen... en mensen zullen sterven vanwege die woorden en die vlag... maar de regels van De Weg zullen ze niet veranderen.'
We volgden het spoor terug. Toen we bij de kalkoenval aan-

kwamen stond de zon hoog boven ons hoofd. We hoorden ze al voordat we de val konden zien. Ze zaten erin en verkeerden in wilde paniek.
'De val is niet afgesloten, Granpa,' zei ik. 'Waarom trekken ze hun kop niet gewoon in en komen naar buiten?'
Granpa ging languit op de grond liggen, met zijn hoofd in het gat, trok er een grote, krijsende kalkoen uit, bond zijn poten bij elkaar en grijnsde naar mij.
'Ouwe Tel-qui is net als sommige mensen. Aangezien hij alles al weet, kijkt hij nooit naar beneden om te zien wat er om hem heen gebeurt. Hij is te eigengereid om nog iets te leren.'
'Net als de buschauffeur?' vroeg ik. Ik kon die buschauffeur maar niet vergeten, die zich zo had opgewonden tegen Granpa.
'De buschauffeur?' Granpa keek me vragend aan, maar toen schoot hij in de lach, en hij bleef lachen terwijl hij zijn hoofd weer in het gat stak en er nog een kalkoen uittrok.
'Wat je zegt,' grinnikte hij, 'net als de buschauffeur. Hij was wel wat aan het schreeuwen, nu ik eraan denk. Maar daar moet hij maar mee zien te leven, Little Tree. Dat is niet iets waar wij ons kopzorgen over moeten maken.'
Granpa legde ze neer op de grond, met de poten vastgebonden. Er waren er zes. Hij wees naar ze. 'Ze zijn allemaal ongeveer even oud... dat kun je zien aan de dikte van de kammen. We hebben er maar drie nodig, dus kies jij maar, Little Tree.'
Ik liep om ze heen en liet me op de grond neerploffen. In hurkhouding bestudeerde ik ze van dichtbij en toen liep ik nog een keer om ze heen. Ik moest goed opletten. Ik liet me op handen en knieën zakken en kroop om de kalkoenen heen, tot ik de drie kleinste die ik vinden kon eruit getrokken had.
Granpa zei niets. Hij trok de touwen van de poten van de anderen los en die vlogen meteen op, langs de berghelling. Hij sloeg twee kalkoenen over zijn schouder.
'Kun je die andere dragen?' vroeg hij.
'Ja, Granpa,' zei ik, er niet zeker van of ik de goede keuze gemaakt had. Langzaam brak er een glimlach door op Gran-

pa's benige gezicht. 'Als je niet Little Tree heette... zou ik je Kleine Havik noemen.'

Ik volgde Granpa langs het spoor naar beneden. De kalkoen was zwaar, maar het voelde prettig aan over mijn schouder. De zon had zich verplaatst naar een verder gelegen berg, scheen door de takken van de bomen langs het pad en wierp goudkleurige figuren voor onze voeten. De wind was gaan liggen in die late winternamiddag en ik hoorde Granpa voor mij een liedje neuriën. Voor mij had het eeuwig mogen duren... want ik wist dat ik Granpa een plezier had gedaan. Ik had De Weg geleerd.

We trekken door de bergen, de winterzon wordt koud,
De helling op naar huis zijn we gerend,
We hebben op kalkoen gejaagd, diep in het woud,
Dat is een hemel die de Cherokee goed kent.

De nacht verdwijnt die de ochtend baarde,
De wind ruist door het bos en zingt een lied
Van het leven dat ontspruit aan Mon-o-lah, de aarde,
Wie niet luistert kent De Weg der Cherokezen niet.

Weet dat de dood ons met het leven is gegeven,
Weet dat het één zonder het ander niet kan wezen,
Leer de wijsheid van Mon-o-lah,
dan ken je De Weg, dan ken je het leven,
Dan raak je de ziel, van alle Cherokezen.

Schaduwen op de wand

In die winter zaten we 's avonds voor de stenen open haard. Af en toe knetterde en sputterde het vuur van de dikke, rode hars die uit de stronken droop. De vlammen wierpen schaduwen op de muur die dansten en ineendoken om meteen weer op te springen, zodat de muren tot leven kwamen als fantastische etsen die opdoken en verdwenen, uitdijden en ineenkrompen. Er waren lange stiltes terwijl we naar de vlammen en de dansende schaduwen zaten te kijken. En dan verbrak Granpa de stilte weer met zijn commentaar op de 'lezingen'.

Twee keer per week, iedere zaterdag- en zondagavond, stak Granma de petroleumlamp aan en las ons voor. Het aansteken van de lamp was een luxe en ik weet zeker dat ze het voor mij deed. We moesten zuinig zijn met petroleum. Eens per maand liepen Granpa en ik naar het dorp, ik met het petroleumblik. In de tuit staken we een wortel, zodat er op de terugweg geen druppel verloren ging. Het kostte een stuiver om het blik te laten vullen, en het bleek wel dat Granpa me heel wat toevertrouwde, want ik mocht de hele weg terug naar huis het volle blik dragen.

Wanneer we gingen, namen we altijd een lijst met boeken mee die Granma had opgesteld. Granpa overhandigde die lijst aan de bibliothecaresse en leverde de boeken in die Granma mee terug stuurde. Ze kende geen namen van moderne schrijvers, denk ik, want altijd stond de naam mister Shakespeare op de lijst (iets van hem wat we nog niet gelezen hadden, want ze kende de titels niet). Soms kreeg Granpa dan een hoop gedonder met de bibliothecaresse. Ze trok verschillende verhalen van mister Shakespeare uit de kast en las de titels voor. Als Granpa het zich door de titel nog niet herinnerde, moest ze een bladzij voorlezen, soms zei Granpa dat ze verder moest gaan en dan las ze verscheidene bladzijden voor. Soms herkende ik het verhaal vóór Granpa, dan trok ik aan zijn broekspijp en knikte naar hem dat we dat verhaal al gelezen hadden, maar op een gegeven moment werd het een soort wedstrijdje, dan probeerde Granpa het te zeggen voor ik het herkende, en veranderde daarna weer van gedachten waardoor de bibliothecaresse het ook niet meer wist.

In het begin werd ze d'r wel wat chagrijnig van en vroeg ze aan Granpa wat hij met die boeken moest als hij niet kon *lezen*, dus Granpa legde uit dat Granma ons de boeken voorlas. Daarna hield ze haar eigen lijstje bij van wat we gelezen hadden. Ze was aardig en glimlachte als we binnenkwamen. Eén keer gaf ze me een zuurstok mee, met rooie strepen, die ik bewaarde tot we weer buiten waren. Ik brak 'm in tweeën en deelde hem met Granpa. Hij wilde alleen het kleinste stukje aannemen, want ik had hem niet precies doormidden gebroken.

Het woordenboek leenden we de hele tijd, aangezien ik vijf woorden per week moest leren. Ik begon voorin en dat was behoorlijk lastig, want ik moest die week de woorden die ik geleerd had ook in zinnen gebruiken. Dat is moeilijk wanneer alle woorden die je voor die week leert met een 'A' beginnen, of met een 'B' wanneer je bij de 'B' bent.

Er waren ook andere boeken; één was *The Decline and Fall of the Roman Empire*... en er waren schrijvers als Shelley en Byron die Granma niet kende, maar de bibliothecaresse gaf ze aan ons mee.

Granma las langzaam, met haar hoofd over het boek gebogen. Haar lange vlechten hingen tot op de grond. Granpa schommelde langzaam krakend heen en weer, en wanneer we bij iets spannends aankwamen wist ik dat altijd, want dan hield Granpa op met schommelen.

Toen Granma voorlas over Macbeth, zag ik het kasteel en de heksen te voorschijn komen uit de schaduwen op de wand, zo levend als wat, en dan kroop ik dichter naar Granpa's schommelstoel toe. Hij hield op met schommelen toen Granma bij de steekpartij en het bloed enzo aankwam.

Granpa zei dat dat allemaal niet gebeurd was als Lady Macbeth zich gehouden had aan wat een vrouw verondersteld werd te doen, en haar neus buiten de zaken had gehouden die eigenlijk door mister Macbeth gedaan hadden moeten worden, en bovendien, zo'n *lady* was ze nu ook weer niet, en hij begreep dan ook niet waarom ze haar steeds zo noemden. Granpa zei dit allemaal in het vuur van de eerste lezing. Later, nadat hij er grondig over had zitten peinzen, merkte hij op dat er zonder meer iets mis was met die vrouw (hij weigerde haar Lady te noemen). Maar, zei hij, hij had een keer een hinde gezien die loops was en geen bok kon vinden en die was hartstikke gek geworden, die rende tussen de bomen heen en weer en had zich uiteindelijk in de kreek verdronken. Hij zei dat je het niet kon weten, omdat mister Shakespeare het niet met zoveel woorden zei, maar je kon het mister Macbeth allemaal in de schoenen schuiven, daar kon je gerust van op aan, want de man leek zo'n beetje overal problemen mee te hebben.
Hij piekerde er flink over, maar legde het grootste deel van de schuld uiteindelijk toch bij missis Macbeth, omdat zij haar heetgebakerdheid ook wel op andere manieren had kunnen uitleven, bijvoorbeeld door met haar hoofd tegen een muur te rammen als ze niks anders wist, in plaats van door mensen te vermoorden.
Granpa koos partij voor Julius Caesar toen die vermoord werd. Hij zei dat hij niet alles kon goedkeuren wat mister Caesar gedaan had – en in feite ook helemaal niet kon weten wat hij allemaal gedaan had – maar hij zei, dat het 't diepst gezonken zootje was waar hij ooit van gehoord had, Brutus en al die anderen, zoals ze iemand beslopen, met een heleboel tegen één, en hem doodstaken. Hij zei dat als ze een verschil van mening hadden met mister Caesar, dat ze daar rond voor uit hadden moeten komen en het eerlijk regelen. Hij wond zich er zo over op dat Granma hem moest kalmeren. Ze zei dat wij, stuk voor stuk, allemaal voor mister Caesar waren toen die vermoord werd, dus er was niemand waar hij ruzie mee kon maken, en hoe dan ook, het was zo lang geleden gebeurd, dat ze betwijfelde of er nu nog iets aan gedaan kon worden.

Maar met wie we echt moeilijkheden kregen was George Washington. Om te begrijpen wat het betekende voor Granpa, moet je iets van de achtergronden weten.
Granpa had alle natuurlijke vijanden van de bergbewoner. Voeg daarbij dat hij zonder meer arm was en een rasechte Indiaan. Ik neem aan dat je die vijanden vandaag de dag 'het establishment' zou noemen, maar Granpa, of het nu om de sheriff ging, een belastinginspecteur van de staat of van de federatie, of om een politicus van welke kleur dan ook, Granpa noemde ze 'de wet', waarmee hij machtige monsters bedoelde die op geen enkele manier rekening hielden met hoe mensen moesten leven en zien rond te komen.
Granpa zei dat hij 'al een man was, volwassen en wel, voor hij wist dat het tegen de wet was om whisky te maken'. Hij zei dat hij een neef had gehad die het zelfs nooit geweten had, en die zonder het te weten in zijn graf was beland. Hij zei dat zijn neef altijd wel vermoed had dat de wet het op hem gemunt had, omdat hij niet 'goed' stemde; maar hij kon nooit precies bedenken wat dan wel die goede manier was om te stemmen. Granpa geloofde altijd dat zijn neef zich al heel jong het graf in had gepiekerd, want als er gestemd moest worden, maakte hij zich altijd zorgen over hoe hij moest stemmen om zijn 'problemen' uit de weg te ruimen. Hij werd er zo zenuwachtig van dat hij zwaar begon te drinken, wat uiteindelijk zijn dood werd. Granpa legde de schuld van zijn dood bij de politici, die, zei hij, als je het echt goed naging, verantwoordelijk waren voor zo'n beetje iedere moord in de geschiedenis.
Toen ik het oude geschiedenisboek in later jaren zelf las, ontdekte ik dat Granma de hoofdstukken had overgeslagen waarin George Washington tegen de Indianen vocht, en ik weet dat ze alleen het goede over George Washington had voorgelezen, om Granpa iemand te geven tegen wie hij kon opkijken en die hij kon bewonderen. Hij had geen greintje respect voor Andrew Jackson en eigenlijk voor niemand anders in de politiek voorzover ik me kan herinneren.
Na geluisterd te hebben naar wat Granma had voorgelezen, begon Granpa bij het napraten vaak naar George Washing-

ton te verwijzen... op hem had hij zijn hoop gevestigd dat een goed mens in de politiek tòch kon bestaan.
Tot Granma zich vergiste en voorlas over de whiskywet.
Ze las voor dat George Washington een wet wilde maken voor whiskymakers om te bepalen wie whisky mocht maken en wie niet. Ze las voor dat mister Thomas Jefferson George Washington voorhield dat het verkeerd was om zoiets te doen; dat arme boeren in de bergen alleen maar kleine stukjes grond hadden op de hellingen en niet zoveel graan konden verbouwen als de grote landeigenaren op het platteland. Ze las voor dat mister Jefferson waarschuwde dat de enige manier die de mensen in de bergen hadden om wat op hun graan te verdienen, het maken van whisky was, en dat het al problemen had veroorzaakt in Ierland en in Schotland (het was zelfs zo dat daar de branderige smaak van Schotse whisky vandaan kwam: van al die lui die moesten vluchten voor de mannen van de koning en hun potten dan moesten laten aanbranden). Maar George Washington wilde niet luisteren en legde de whiskywet op.
Het raakte Granpa diep. Hij hield op met schommelen maar zei niets, staarde alleen maar in het haardvuur met een afwezige blik in zijn ogen. Granma vond het sneu, want na het voorlezen klopte ze Granpa op zijn schouder, en ze sloeg haar arm rond zijn middel toen ze naar bed gingen. Ik vond het bijna net zo erg als Granpa.
Het was een maand later, toen Granpa en ik op weg waren naar het dorp, dat ik besefte hoeveel indruk het op hem had gemaakt. We liepen langs het pad, Granpa voorop, en langs het karrespoor... en toen langs de weg. Af en toe reed ons een auto voorbij, maar Granpa keek nooit op, aangezien hij nooit een lift aannam. Maar opeens hield een auto naast ons stil. Het was een open wagen, zonder ruiten en met een canvas kap. De man erin was uitgedost als een politicus en ik wist dat Granpa niet mee zou rijden, maar ik vergiste me.
De vent leunde naar buiten en schreeuwde boven het geronk uit: 'Wilt u meerijden?'
Granpa bleef een ogenblik staan, zei toen, 'Dank u,' en stapte in. Hij beduidde mij op de achterbank plaats te nemen.

We reden de weg af, en ik was helemaal opgewonden, zo snel reden we.
Granpa zat en stond altijd zo recht als een pijl, maar nu hij met zijn hoed op in de auto zat, was hij te lang. Hij weigerde echter met gebogen rug te zitten, dus moest hij wel met zijn rug recht voorover naar de voorruit leunen. Hierdoor wekte hij de indruk dat hij zowel de rijvaardigheid van de politicus aan het stuur, als de voor hem liggende weg nauwlettend bestudeerde. De politicus werd er zenuwachtig van, dat kon ik zo wel zien, maar Granpa had totaal geen belangstelling voor hem. Ten slotte zei de politicus: 'Gaat u naar de stad?'
'Ja,' zei Granpa. We reden een eindje verder.
'Bent u boer?'
'Zoiets,' antwoordde Granpa.
'Ik ben hoogleraar aan het State Teachers College,' zei de man, en ik vond zijn toon nogal arrogant, maar ik was blij verrast dat hij geen politicus maar een professor was. Granpa zei geen woord.
'Bent u Indiaan?' vroeg de professor.
'Ja,' zei Granpa.
'O,' reageerde de professor, alsof dat alles zei over mij en Granpa.
Plotseling wendde Granpa zijn hoofd als een wervelwind naar de professor en vroeg: 'Wat weet u van George Washington en de whiskywet?' Je zou bijna denken dat Granpa zijn hand had uitgestoken en de professor een tik had verkocht.
'De whiskywet?' schreeuwde hij heel hard.
'Ja,' zei Granpa, 'de whiskywet.'
De professor kleurde en werd opeens weer zenuwachtig, en het kwam bij mij op dat hij misschien persoonlijk wel iets te maken had gehad met de whiskywet.
'Dat weet ik niet,' zei hij. 'Bedoelt u Generaal George Washington?'
'Waren er dan meer dan één?' vroeg Granpa hem verbaasd. Het verbaasde mij ook.
'Nee-ee,' zei de professor, 'maar ik weet er niets van.' Het klonk mij enigszins verdacht in de oren en ik zag wel dat het

bij Granpa ook niet goed viel. De professor keek strak voor zich uit en het scheen mij toe dat hij sneller en sneller begon te rijden. Granpa bestudeerde de weg voor zich door de voorruit en op dat moment begreep ik waarom we de lift hadden aangenomen.
Granpa begon weer te praten, maar zijn stem klonk weinig hoopvol. 'Weet u ook of Generaal George Washington ooit een klap op zijn hoofd heeft gekregen, ik bedoel, tijdens al die veldslagen, heeft een kanonskogel hem misschien ooit een keer aan de zijkant van zijn hoofd geraakt?' De professor keek Granpa niet aan en gedroeg zich steeds zenuwachtiger. 'Ik, dat wil zeggen,' stamelde hij, 'ik geef Engels en ik weet níets van George Washington.'
We kwamen bij de rand van het dorp aan en Granpa zei dat we eruit moesten. We waren in de verste verte nog niet in de buurt van waar we wezen moesten. Toen we aan de kant van de weg waren uitgestapt nam Granpa zijn hoed af om de professor te bedanken, maar deze wachtte nauwelijks af tot we vaste grond onder de voeten hadden en spurtte al weg in een wolk van stof. Granpa zei dat dat zo ongeveer de manieren waren die hij van dit soort volk verwachtte. Hij was het met mij eens dat de professor zich verdacht had gedragen en dat hij best een politicus geweest kon zijn die zich uitgaf voor een professor. Hij zei dat veel politici zich onder eerlijke mensen begaven en beweerden dat ze geen politici waren. Maar, zei Granpa, je kon die man niet serieus nemen als hij professor was, want hij had gehoord dat de meeste professoren niet goed snik waren.
Granpa zei dat hij veronderstelde dat George Washington bij al zijn gevechten toch op de een of andere manier een klap op zijn kop had gekregen, hetgeen een verklaring vormde voor de instelling van de whiskywet. Hij vertelde dat hij eens een oom had gehad die tegen zijn hoofd was geschopt door een muilezel en die nadien nooit meer de oude was geweest; hoewel hij erbij zei dat hij van mening was (iets wat hij nooit openlijk had uitgesproken) dat zijn oom daar bij gelegenheid handig gebruik van wist te maken; zoals die ene keer dat een kerel thuiskwam en zijn oom met die kerel z'n

vrouw in bed betrapte. Hij vertelde dat zijn oom toen op handen en voeten de tuin inrende, zich naar de grond boog als een varken en modder begon te eten. Maar, zei hij, niemand kon vertellen of hij deed alsof of niet... althans die kerel niet. Granpa zei dat zijn oom een hoge leeftijd had bereikt en vredig in zijn ledikant was gestorven. Hoe dan ook, hij zei dat het niet aan hem was om te oordelen. Maar het verhaal over George Washington kwam mij redelijk voor en kon ook best een verklaring zijn voor sommige andere problemen die hij had gehad.

Vos en meute

Het was laat op een wintermiddag toen Granpa ouwe Maud en Ringer mee naar binnen nam. Hij zei dat hij hen niet in verlegenheid wilde brengen waar de andere honden bij waren. Ik begreep wel dat er iets ging gebeuren. Granma wist er al van. Haar ogen twinkelden als zwarte lichtjes en ze trok me een rendierhemd aan, precies zo een als dat van Granpa, en legde haar hand op mijn schouder, net zoals ze bij hem deed. Ik voelde me bijna volwassen.

Ik vroeg niets maar bleef in de buurt. Granma gaf me een zak met biscuits en vlees en zei: 'Ik zit vannacht op de veranda te luisteren; dan kan ik jullie horen.'

We gingen de tuin in, Granpa floot de honden bijeen en we vertrokken, het dal in langs de bergbeek. De honden renden heen en weer en joegen ons op.

Granpa hield zijn honden maar om twee redenen. Eén reden was zijn maisveldje. Hij droeg ouwe Maud en Ringer ieder voorjaar en zomer op ervoor te waken dat rendieren, wasberen, zwijnen en kraaien niet al zijn mais roofden.

Zoals Granpa al zei, had ouwe Maud helemaal geen reukzin en was ze bijna waardeloos voor de vossejacht, maar ze had een scherp oog en oor, en dat gaf haar iets te doen waar ze trots op kon zijn, wat haar het gevoel gaf van waarde te zijn. Granpa zei dat als een jachthond of wie dan ook het gevoel heeft niets meer waard te zijn, dan is dat een slechte zaak.

Ringer was een goede speurhond geweest. Hij begon nu oud te worden. Zijn staart was gebroken waardoor hij wat mismoedig leek, en hij kon niet zo goed meer horen en zien. Granpa zei dat hij Ringer bij ouwe Maud had gezet zodat hij haar kon helpen en het gevoel kon hebben dat hij op zijn ouwe dag nog nuttig was; dat gaf hem een soort waardigheid, en dat was te zien ook, want Ringer liep heel deftig,

met stijve poten rond, vooral gedurende de periodes dat hij op het maisveldje aan het werk was.
In de tijd dat de mais groeide gaf Granpa ouwe Maud en Ringer te eten bij de schuur in het dal, want die was niet ver van het maisveldje. Ze bleven daar trouw. Ouwe Maud keek en rook voor Ringer. Dan zag ze iets in het mais, ging er achteraan en begon te janken alsof het maisveldje van haar was, en Ringer volgde haar en deed hetzelfde.
Zo renden ze dan door het mais; en ouwe Maud rende misschien wel vlak langs een wasbeer als ze hem niet zag, want ruiken deed ze hem zeker niet... maar Ringer, die achter haar aan kwam, wel. Die hield zijn neus dan vlak tegen de grond en ging luid blaffend achter die wasbeer aan. Hij verjoeg de wasbeer uit het veld en bleef met zijn neus het spoor volgen tot hij op een boom stuitte. Dan kwam hij een beetje teleurgesteld terug; maar hij en ouwe Maud gaven het nooit op. Ze deden hun werk.
De andere reden waarom Granpa zijn honden hield was puur voor de lol, om achter vossen aan te jagen. Hij gebruikte nooit honden om op wild te jagen. Daarvoor had hij ze niet nodig. Granpa kende de water- en voedplaatsen, de gewoontes en sporen, zelfs de manier van denken en de karaktereigenschappen van al het wild veel beter dan welke hond ook ooit zou kunnen leren.
De rode vos rent in een cirkel wanneer hij door jachthonden achterna wordt gezeten. Hij houdt zijn hol in het midden en begint met een omtrekkende beweging van misschien wel anderhalve kilometer, soms meer, in doorsnee. Al die tijd gebruikt hij allerlei trucjes: achterwaarts lopen, in het water rennen en valse sporen uitzetten; maar hij blijft in die cirkel. Wanneer hij moe wordt, maakt hij de cirkel steeds kleiner en kleiner, totdat hij zich terugtrekt in zijn hol.
Hoe meer hij rent des te warmer hij het krijgt. Via zijn mond zweet hij sterke geuren uit die de honden langs het spoor vervolgens oppakken, en dan beginnen ze steeds harder te blaffen. Dat wordt een 'zweetspoor' genoemd.
Wanneer de grijze vos rent, doet hij dat in de vorm van een acht, en zijn hol is precies daar waar hij zijn spoor iedere keer kruist om de acht te maken.

Granpa kende de gedachten van de wasbeer ook en lachte om zijn ondeugende manieren. Hij bezwoer plechtig dat de wasbeer bij gelegenheid ook wel tegen hem gelachen had. Hij wist waar de kalkoenen liepen, en kon in een oogopslag een bij van het water naar de korf traceren. Hij kon het rendier bij zich laten komen omdat hij zijn nieuwsgierige aard kende; en hij kon zo voorzichtig tussen de kwartels doorlopen, dat ze geen vleugel bewogen. En hij viel ze nooit lastig, alleen voor wat hij nodig had, en ik wéét dat ze het begrepen.

Granpa leefde mèt het wild, er niet vàn. De blanke bergbewoners waren driest en Granpa had veel geduld met ze. Zij namen hun honden mee en jaagden met veel lawaai door de bergen, kriskras achter het wild aan, totdat alle wild zich uit de voeten maakte. Als ze een dozijn kalkoenen zagen, nou, dan schoten ze een dozijn kalkoenen, als ze konden.

Maar ze respecteerden Granpa als voortreffelijk woudloper. Ik zag het in hun ogen en aan het tikken tegen de rand van hun hoed als ze hem tegenkwamen bij de winkel op het kruispunt. Ze bleven met hun geweren en honden uit de dalen en bergen van Granpa, onderwijl honderduit klagend dat het wild in hun gebied schaarser en schaarser werd. Granpa schudde vaak zijn hoofd bij hun geweeklaag en zei nooit iets. Maar hij vertelde het aan mij. Ze zouden De Weg van de Cherokezen nooit begrijpen.

De honden liepen met grote sprongen vooruit, ik stapte dicht achter Granpa aan, want het was die mysterieuze, opwindende tijd in de dalen als de zon was ondergegaan en het licht vervaagde van rood naar een donker bloedrood, en steeds veranderde en donkerder werd, alsof het daglicht nog leefde, maar stervende was. Zelfs het schemerbriesje fluisterde, alsof het dingen te vertellen had die het daglicht niet verdragen konden.

Het wild ging naar bed en de nachtdieren kwamen te voorschijn voor de jacht. Toen we de wei bij de schuur passeerden, hield Granpa stil.

Een uil vloog door het dal op ons af, niet hoger in de lucht dan het hoofd van Granpa en hij vloog rakelings langs, zon-

der geluid te maken, zelfs geen gefluister of geruis van een vleugel. Geruisloos als een geest nestelde hij zich in de schuur.
'Kleine schreeuwuil,' zei Granpa, 'die hoor je soms 's nachts, hij maakt het geluid van een vrouw in barensnood. Die gaat nu wat ratten vangen.' Het was zeker niet mijn bedoeling om die ouwe uil bij zijn rattejacht te storen, en ik hield Granpa tussen mij en de schuur in toen we erlangs liepen.
De duisternis viel in en de bergen rukten van beide zijden op. Na een poosje kwamen we bij een tweesprong. Granpa nam het linkerspoor. Er was daar helemaal geen ruimte meer, alleen vlak langs de bergbeek. Granpa noemde dit hier de 'Engte'. Het leek alsof je je armen naar beide zijden kon uitstrekken en de bergen kon aanraken. Steil omhoog gingen ze, donker en getooid met boomtoppen. Ze lieten een dunne streep sterrenhemel boven ons vrij.
In de verte riep een treurende duif, lang en schor. De bergen pikten het geluid op en echoden het na, verder en verder weg, tot je je ging afvragen langs hoeveel bergen en dalen die roep zou reizen, en toen stierf de echo weg, zo ver weg dat het meer een herinnering was dan een geluid.
Het was eenzaam en ik ging vlak achter Granpa lopen. Niet een van de honden bleef achter me, wat ik maar wat graag gewild had. Ze bleven Granpa vooruit gaan, renden nu en dan naar hem terug, jankten, en wilden het liefst dat hij hen erop uit zou sturen.
De Engte helde naar boven, en niet lang daarna hoorde ik water ruisen. Het was een beek die het pad kruiste en die Granpa de 'Hangende Kloof' noemde.
We verlieten het spoor, de bergen langs het beekje in. Granpa liet de honden los. Hij hoefde alleen maar te wijzen en te zeggen: 'Ga!' en weg waren ze. Ze slaakten kleine gilletjes. 'Net kinderen die bessen gaan plukken', zei Granpa.
We gingen in een dennenbosje boven de beek zitten. Het was warm. Dennenbossen geven warmte af. In de zomer kun je maar beter onder eiken of hickoryhouten bomen of zoiets gaan zitten, want tussen de dennen wordt het snikheet.

De sterren werden waterig en draaiden rondjes in de beek, drijvend op rimpels en spatten. Granpa zei dat we zo de honden zouden horen, zodra ze het spoor van ouwe Slick te pakken hadden. Zo noemde hij de vos.
Granpa zei dat we in het territorium van ouwe Slick waren. Hij zei dat hij hem al zo'n vijf jaar kende. De meeste mensen denken dat alle vossejagers vossen doden, maar dat is niet waar. Granpa had in zijn leven niet één vos gedood. De reden voor de vossejacht ligt bij de honden, het gaat om het luisteren naar hoe ze het spoor volgen. Granpa riep de honden altijd terug zodra de vos zich in zijn hol had verscholen. Granpa vertelde dat ouwe Slick zo nu en dan, als het leven hem te eentonig werd, zelfs zover ging zich aan de rand van de open plek bij ons huisje te vertonen in een poging Granpa en de honden achter zich aan te krijgen. Soms had Granpa nog heel wat moeite met de jankende en blaffende honden en met ouwe Slick, die alles in het werk stelde om ze naar het dal te leiden.
Granpa zei dat hij het leuk vond ouwe Slick te verrassen wanneer-ie chagrijnig was en geen zin had om achterna gezeten te worden. Wanneer een vos zich in zijn hol wil verbergen, gebruikt hij de meest ingenieuze trucs om de honden van zich af te schudden. Als hij speels is, dartelt hij door het hele gebied. Granpa zei dat het leukste was dat ouwe Slick wìst dat hij werd teruggepakt voor het feit dat hij rond het huisje had geparadeerd en Granpa had lastiggevallen.
Waarachtig, de maan dook plotseling van achter de berg op, een kwart was verbruikt. Ze strooide figuren door de dennebomen, spatte lichtjes op uit de beek en maakte ranke zilveren bootjes van de mistflarden die langzaam door de Engte zeilden.
Granpa leunde tegen een denneboom en spreidde zijn benen uit. Ik deed hetzelfde, en zette de zak met eten vlak naast me neer, aangezien die onder mijn verantwoordelijkheid viel. Niet ver klonk een luid geblaf, lang en hol.
'Dat is ouwe Rippitt,' zei Granpa en lachte zacht, 'en het is een verdomde leugen. Rippitt weet wat er van hem verwacht wordt... maar hij kan niet wachten, daarom doet hij

net of hij een geur op het spoor is. Luister maar hoe onecht zijn geblaf klinkt. Hij weet dat hij liegt.' Waarachtig, het klonk inderdáád zo.
'Hij liegt, verdomd als het niet waar is,' zei ik. Ik en Granpa konden vloeken wanneer Granma niet in de buurt was.
Even later lieten de andere honden het hem weten, ze verzamelden zich jankend om hem heen en blaften niet. In de bergen noemen ze zo eentje een 'blufhond'. Het werd weer stil.
Niet lang daarna werd de stilte verbroken door luid geblaf. Het klonk aanhoudend en ver weg, en ik begreep meteen dat dit echt was, omdat er opwinding in doorklonk. De andere honden namen het over.
'Dat was Blue Boy,' zei Granpa, 'bezig om de beste speurneus van de bergen te worden; en dat is Little Red vlak achter hem... en daar heb je Bess.' Een andere hond meldde zich, het klonk alsof hij buiten zichzelf was. Granpa zei: 'En daar heb je ouwe Rippitt, als laatste.'
Ze blaften nu op volle sterkte en klonken verder en verder weg; hun koor echode heen en weer tot het leek alsof er overal honden waren. Toen hield het geluid op.
'Ze zijn nu aan de achterkant van de Clinch berg,' zei Granpa. Ik luisterde aandachtig, maar hoorde niets.
Een nachtzwaluw vloog 'Ssie-ie-ie!' van de berghelling achter ons, hij doorkliefde de lucht met een scherpe fluittoon. Aan de overkant van de kreek antwoordde een bosuil met: 'Hoee... hoe... heeetjeeee!'
Granpa lachte laag. 'De uil blijft in het dal, de havik blijft op de bergkam. Die ouwe havik denkt wel eens dat er bij het water een makkelijke buit wacht en dat staat de uil niet aan.'
Een vis spartelde in het water. Ik begon me zorgen te maken. 'Denkt u,' fluisterde ik tegen Granpa, 'dat de honden verdwááld zijn?'
'Nee,' zei Granpa, 'we zullen ze zo wel horen, en dan komen ze te voorschijn aan de andere kant van de Clinch en rennen over die bergkam voor ons.'
Waarachtig daar kwamen ze aan. Eerst klonken ze nog ver weg, maar daarna klonk het geblaf luider en luider. Blaffend

en joelend renden ze een eindje in de lengterichting over de bergkam voor ons, waarna ze de beek ergens onder ons overstaken. Toen renden ze over de berghelling achter ons en verdwenen weer in de richting van de Clinch. Deze keer renden ze voor de Clinch langs en hoorden we ze de hele tijd.

'Ouwe Slick is bezig de cirkel kleiner te maken,' zei Granpa, 'als ze de beek weer zijn overgestoken, rent ouwe Slick misschien wel vlak voor ons langs.' Granpa had gelijk. We hoorden ze door de beek plonzen, niet ver beneden ons... en terwijl ze plonsden en blaften, richtte Granpa zich op en greep me bij m'n arm.

'Daar is-ie,' fluisterde Granpa. En daar was-ie inderdaad. Tussen de wilgenstammen, langs de kant van de beek, kwam ouwe Slick aanzetten. Hij liep op een drafje, zijn tong hing uit zijn bek en een ruige staart bungelde een beetje onverschillig achter hem aan. Hij had puntige oren en liep alsof hij aan de wandel was. Op zijn dooie gemak liep hij om een bosje heen. Eén keer hield hij zelfs stil, tilde een voorpoot op en likte die; toen draaide hij zijn kop om naar het geblaf van de honden en vervolgde zijn weg.

Beneden, voor mij en Granpa, waren wat rotsen die uit het water opstaken, een stuk of vijf, zes, die bijna tot het midden van de beek reikten. Toen ouwe Slick bij de rotsen was aangekomen, bleef hij staan en keek achterom, alsof hij inschatte hoever de honden waren. Daarna ging hij zitten, doodgemoedereerd, met zijn rug naar ons toe, gewoon naar het water kijkend. De maan deed zijn vacht rood glanzen, en de honden kwamen dichterbij.

Granpa kneep in mijn arm. 'Moet je 'm nu zien!' Ouwe Slick sprong van de oever van de beek naar de eerste rots. Hij stopte daar even en danste op de rots. Toen sprong hij naar de volgende en maakte weer een dansje, toen naar de volgende en de volgende, tot hij bij de laatste aanlandde, bijna in het midden van de beek.

Toen kwam hij terug, springend van rots tot rots, tot hij de rots het dichtst bij de oever bereikte. Daar bleef hij staan en luisterde opnieuw; toen stapte hij in de beek en liet het wa-

ter opspatten tot hij uit het gezicht verdwenen was. Het was op het nippertje, want hij was nog maar net verdwenen of de honden kwamen er al aan.
Blue Boy liep voorop, zijn neus vlak tegen de grond. Ouwe Rippitt volgde hem op haarlengte en Bess en Little Red renden er op een kluitje achteraan. Af en toe ging een neus de lucht in en klonk er zoiets als: 'Oeoeoewoeoeoeoeoeh,' een geluid dat je bloed sneller deed stromen.
Ze kwamen bij de rotsen in de beek en Blue Boy aarzelde geen moment; hij sprong van rots tot rots, de andere volgden hem op de voet.
Toen ze bij de laatste rots in het midden van de beek waren aangekomen, hield Blue Boy stil maar ouwe Rippitt niet. Die sprong er zo in, alsof niets vanzelfsprekender was, en begon naar de overkant te zwemmen. Bess sprong achter hem aan en begon ook te zwemmen.
Blue Boy stak zijn snuit de lucht in en snoof, Little Red bleef bij hem op de rots. Even later sprongen Blue Boy en Little Red weer over de rotsen onze kant uit. Ze bereikten de oever en Blue Boy nam de leiding. Toen stootte hij op het spoor van ouwe Slick en blafte lang en luid, Little Red viel in.
Bess keerde nog tijdens het zwemmen om en kwam weer terug, maar ouwe Rippitt rende als een dolle aan de andere kant van de oever heen en weer. Hij jankte en joelde en rende op en neer met zijn neus tegen de grond. Toen hij Blue Boy hoorde, nam hij een duik en plonsde in het water. Hij zwom zo verbeten dat het water als een waaier boven zijn hoofd spatte. Eenmaal terug op onze oever pikte hij het spoor weer op en ging achter de anderen aan.
Granpa en ik lachten zo hard dat we bijna van de berg rolden. Ik verloor mijn houvast en rolde in een stekelnootbosje. Granpa trok me eruit en we lachten nog steeds toen we de klissen uit mijn haar trokken.
Granpa zei, dat hij had gewéten dat ouwe Slick die streek zou uithalen, en daarom had hij deze plek voor ons uitgezocht om te blijven kijken. Hij zei dat ouwe Slick ongetwijfeld zelf ook was blijven staan, ergens dichtbij, om net als wij naar de honden te kijken.

Granpa zei dat ouwe Slick had gewacht totdat de honden naderbij kwamen, omdat hij wilde dat zijn geur op de rotsen zo vers mogelijk was. Hij wist wel dat wanneer de honden opgewonden waren, hun gevóelens de overhand zouden krijgen over hun néus. Dat werkte inderdaad bij ouwe Rippitt en Bess, maar niet bij Blue Boy en Little Red.
Granpa zei dat hij zo vaak gezien had dat de gevoelens voor de zintuigen gingen, en dat dat van mensen net zulke grote dwazen maakte als van ouwe Rippitt. En ik neem aan dat dat waar is.
Het was dag geworden en ik had het niet eens gemerkt. Granpa en ik gingen naar de open plek aan de oever van de beek om onze zure koekjes en het vlees op te eten. De honden renden al blaffend over de bergkam vóór ons.
De zon kwam boven de berg uit en deed de bomen aan de overkant van de beek glanzen. Pluimstaartwinterkoninkjes en een rode kardinaalsvogel lieten zich horen.
Granpa sneed met zijn mes in de schors van een ceder en maakte een scheplepel door het uiteinde van de schors om te krullen. We schepten water uit de beek, koud water, daar waar je de steentjes op de bodem kon zien liggen. Het water had een cederhouten smaak waar ik nog meer honger van kreeg, maar we hadden alle koekjes al opgegeten.
Granpa zei dat ouwe Slick misschíen wel op de andere oever zou opduiken en dat we hem dan weer zouden kunnen zien; maar dan moesten we wel stil blijven zitten. Ik verroerde me niet, zelfs niet toen de mieren langs mijn voet kriebelden, al wilde ik het nog zo graag. Granpa zag ze en zei dat ik ze best van mijn voet kon vegen, dat zou ouwe Slick toch niet zien. En dat deed ik dan ook.
Plotseling hoorden we de honden weer en we zagen de vos, treuzelend aan de overkant, met zijn tong uit zijn bek. Granpa floot laag en ouwe Slick hield stil en staarde ons over het water aan. Zo stond hij een poosje, met zijn ogen samengeknepen, alsof hij naar ons grijnsde; toen snoof hij en verdween parmantig stappend uit het gezicht.
Granpa zei dat ouwe Slick zo snoof omdat hij er de pest in had vanwege al het ongemak dat hij door ons ondervond. Ik

herinnerde me dat ik dacht dat ouwe Slick z'n verdiende loon had gekregen.
Volgens Granpa zeiden sommige kerels dat ze wel hadden gehoord van vossen die 'stuivertje wisselden', maar hij had het ook daadwerkelijk gezien. Hij vertelde dat hij jaren geleden een keer op vossejacht was en op een heuveltje zat boven een weide. Hij zei dat de vos, een rooie, langskwam met de honden achter zich aan, stil stond bij een holle boom en kort blafte. Hij vertelde dat een andere vos uit de holle boom te voorschijn kwam en de eerste naar binnen glipte. Toen haastte de tweede vos zich weg en leidde de honden langs het spoor. Hij zei dat hij naar de boom was geslopen en gehoord had hoe de ouwe vos lag te snúrken, terwijl de honden op een paar meter afstand voorbij renden. Hij zei dat die ouwe vos zoveel vertrouwen had in zichzelf dat het hem geen ene moer kon schelen hóe dicht de honden langs hem heen renden.
Daar kwam Blue Boy aan, met de meute, de oever op. Ze blaften zo ongeveer om de twee stappen... het was een sterk spoor. Ze verdwenen uit het gezicht en even later maakte een blaf zich van de rest los en ging over in gegil en gehuil.
Granpa vloekte. 'Verdomme!' zei hij. 'Ouwe Rippitt probeert weer een kortere weg te nemen en ouwe Slick in de maling te nemen. Nu is hij de weg kwijt.'
Granpa zei dat we nu zelf moesten gaan schreeuwen en blaffen om ouwe Rippitt naar ons terug te leiden, en dat zou het einde betekenen van de jacht, omdat de andere honden dan ook naar ons toe zouden komen.
Ik kon niet zo'n lange schreeuw produceren als Granpa – hij jodelde bijna – maar ik deed het redelijk goed zei Granpa.
Even later kwamen ze aanzetten. Ouwe Rippitt schaamde zich voor wat hij gedaan had. Hij bleef een eindje achter de andere hangen; in de hoop, denk ik, dat hij onopgemerkt zou blijven. Granpa zei dat dat net goed voor hem was en dat hij déze keer misschien had geleerd dat je niet iemand kunt bedriegen zonder dat je jezelf onnodig in de nesten werkt.

De zon was al de middag binnengegleden toen we Hangende Kloof verlieten, terug door de Engte, naar beneden en naar huis. De honden sleepten hun poten langs het spoor en ik begreep dat ze moe waren. Dat was ik ook, en het had me moeite gekost thuis te komen als Granpa niet zo uitgeput was geweest dat hij zelf ook langzaam liep.
De avondschemer viel alweer in toen we de open plek met ons huisje en Granma zagen. Ze stond op het pad op ons te wachten. Ze tilde me op, hoewel ik het nog had kunnen halen, en legde haar arm om Granpa's middel. Ik denk dat ik doodop was, want ik viel in slaap tegen haar schouder en weet niet meer dat we thuis aankwamen.

'Ik hoor bij jou, Bonnie Bee'

Nu ik erop terugkijk, geloof ik dat Granpa en ik behoorlijk dom waren. Granpa niet als het aankwam op bergen of wild of het weer of een heleboel andere dingen. Maar als je begon over woorden en boeken en dergelijke, nou, dan lieten we de conclusies aan Granma over. Zij nam alle twijfels weg.

Zoals die keer dat die dame ons de weg vroeg.

We waren naar het dorp geweest en op weg terug naar huis, en we waren behoorlijk zwaar bepakt. We hadden zo veel boeken bij ons dat we ze verdeelden. Granpa was uit zijn humeur vanwege de hoeveelheid boeken. Hij zei dat de bibliothecaresse ons iedere maand te veel boeken in de maag splitste en hij begon allerlei personages uit verschillende verhalen door elkaar te halen.

De hele afgelopen maand had hij beweerd dat Alexander de Grote op het Continental Congress partij had gekozen voor de grote bankiers en had geprobeerd mister Jefferson onderuit te halen. Granma had hem gezegd dat Alexander de Grote toentertijd niet in de politiek zat en toen trouwens helemaal niet leefde. Maar het zat zo vast in Granpa's hoofd geprent, dat we het boek over Alexander de Grote weer op moesten halen.

Granpa was er tamelijk zeker van dat het boek zou aantonen wat Granma beweerde. Ik was er zelf ook vrij zeker van, aangezien ik Granma nog nooit op een vergissing had betrapt als het om boekenkennis ging.

Dus in ons achterhoofd wisten we al die tijd dat Granma gelijk had en Granpa had opeens de ingeving gekregen dat het de grote hoeveelheid boeken was, die de óórzaak was van de verwarring. Dat kwam me niet onredelijk voor.

Hoe dan ook, ik droeg de boeken van mister Shakespeare en het woordenboek, en daarbij ook nog de kan petroleum.

Granpa droeg de andere boeken en een kan met koffie. Granma was dol op koffie en ik meende, net als Granpa, dat de koffie ons wel uit de moeilijkheden zou helpen wanneer we bij Alexander de Grote waren aanbeland, want de hele kwestie had Granma al een maand lang grote zorgen gebaard.

We liepen over de weg het dorp uit, ik achter Granpa, toen een grote zwarte wagen naast ons remde en stilhield. Het was de grootste wagen die ik ooit gezien had. Er zaten twee dames en twee heren in de wagen, en er zaten glazen ruiten in die recht naar beneden in de deur gleden.

Zoiets had ik nog nooit gezien, en Granpa ook niet, want we keken allebei naar het raam dat uit het gezicht verdween terwijl de dame eraan draaide. Later vertelde Granpa me dat hij het nauwkeurig had bekeken en dat er een nauwe spleet in de deur zat waardoor het glas naar beneden kon zakken. Ik had het niet gezien, want ik was niet groot genoeg.

De dame was chique gekleed met ringen aan haar vingers en grote bellen aan haar oren.

'Welke weg moeten we nemen naar Chattanooga?' vroeg ze. De motor maakte nauwelijks geluid.

Granpa zette de koffiekan op de grond en legde de boeken er omzichtig bovenop, zodat ze niet vies zouden worden. Ik zette mijn petroleumkan neer, want Granpa zei altijd dat als je werd aangesproken je de ander met het juiste respect moest behandelen en volledige aandacht moest geven aan wat tegen je gezegd werd. Nadat we dat hadden gedaan, tilde Granpa zijn hoed op voor de dame, wat haar een vervelend gevoel leek te bezorgen want ze schreeuwde tegen Granpa: 'Ik zéi, welke weg moeten we nemen naar Chattanooga? Bent u dóóf?'

'Nee, mevrouw,' zei Granpa, 'mijn gehoor en mijn gezondheid zijn heel goed vandaag, dank u. Hoe is het met u?' En Granpa meende het, want het was de gewoonte om te informeren naar hoe het met mensen ging en Granpa en ik waren een beetje verbaasd toen de vrouw deed alsof ze kwaad was, maar dat kon ook geweest zijn omdat de andere lui in de auto lachten om iets dat zij misschien gedaan had.

Ze blèrde nog harder: 'Gaat u ons nog vertèllen hoe we in Chattanooga moeten komen?'
'Ja zeker, mevrouw,' antwoordde Granpa.
'Nóu dan,' zei de dame, 'vertel òp!'
'Nou,' zei Granpa, 'om te beginnen gaat u de verkeerde kant op, namelijk naar het oosten. U moet naar het westen. Niet zuiver naar het westen, maar een tikkeltje naar het noorden, ongeveer waar die grote bergkam is, daar ginds... zo moet u er kunnen komen.' Granpa lichtte zijn hoed weer op, en we bukten om onze bagage op te pakken.
De dame stak haar hoofd uit het raam. 'Bestáát u wel echt?' schreeuwde ze. 'Welke wèg moeten we nemen?'
Granpa rechtte zijn rug, verbaasd. 'Nou, ik zou denken een weg die naar het westen gaat, mevrouw, maar vergeet niet een beetje naar het noorden af te buigen.'
'Wat zijn jullie, een stelletje *buitenlanders*?' blèrde de dame. Granpa wist niet wat hij moest zeggen; ik ook niet, want ik had dat woord nog nooit gehoord, en Granpa ook niet, geloof ik. Hij keek de dame even strak aan en zei toen, heel vastberaden: 'Ik denk het.'
De grote wagen reed weg, nog steeds in de oorspronkelijke richting, naar het oosten, en dat was de verkeerde kant op. Granpa schudde zijn hoofd en zei dat hij in zijn ruim zeventig jaar heel wat gekken gezien had, maar deze dame stak ze allemaal naar de kroon. Ik vroeg Granpa of ze misschien een politicus was geweest, maar hij zei dat hij nog nooit had gehoord van een dame die politicus was, hoewel ze heel goed de vrouw van een politicus kon zijn.
We sloegen af naar het karrespoor. Als we op de weg terug, bij het karrespoor aankwamen, begon ik altijd te bedenken wat ik aan Granpa zou kunnen vragen. Zoals ik al zei stond hij altijd stil als hij werd aangesproken, om volledige aandacht te kunnen schenken aan wat er werd gezegd. Dat gaf mij de gelegenheid om mijn achterstand in te lopen. Ik geloof dat ik klein was voor mijn leeftijd (vijf jaar, bijna zes), want mijn kruin kwam net boven de knie van Granpa uit, en ik moest altijd in een sukkeldrafje achter hem aan lopen.
Ik was behoorlijk achteropgeraakt, dus ik moest bijna

schreeuwen. 'Granpa, bent u weleens in Chattanooga geweest?'
Granpa bleef staan. 'Neeee,' zei hij, 'maar ik ben er wel bijna een keer geweest.' Ik had hem ingehaald en zette mijn petroleumkan neer.
'Zo'n twintig... misschien dertig jaar geleden, denk ik,' zei Granpa. 'Ik had een oom, hij heette Enoch, de jongste van pa z'n broers. Hij begon al wat ouder te worden en als hij te veel had gedronken werd hij vaak raar in het hoofd en ging er vandoor. Nou, oom Enoch verdween zoals wel vaker het geval was in zijn dooie eentje, de bergen in, maar deze keer bleef hij wel drie of vier weken weg. We begonnen reizigers te vragen naar hem uit te kijken. Toen kregen we bericht dat hij in Chattanooga was, in de gevangenis. Ik stond op het punt daarnaartoe te gaan om hem eruit te halen, toen hij plotseling weer opdook.'
Granpa zweeg even om erover na te denken en begon te lachen. 'Ja, hij was op blote voeten, en had alleen een flodderbroek aan die hij met één hand moest ophouden. Hij zag eruit of er een stel wilde zwijnen op hem losgelaten was... zo toegetakeld was hij. Bleek dat hij de hele terugweg lopend door de bergen had afgelegd.' Granpa hield op met lachen, en ik ging op de petroleumkan zitten om even uit te rusten.
'Oom Enoch zei dat hij te veel had gedronken en niet meer wist hoe hij er gekomen was, maar hij werd wakker in een kamer, in een bed met twee vrouwen. Hij vertelde dat hij net bezig was uit bed te klimmen om van hen weg te gaan, toen er luid op de deur werd gebonsd en een grote kerel binnenstormde. De kerel was woedend en zei dat een van hen zijn vrouw was en de andere zijn zuster. Op de een of andere manier had oom Enoch het blijkbaar klaargespeeld om betrekkingen aan te knopen met zo'n beetje de hele familie.
Oom Enoch zei dat de vrouwen overeind gingen zitten en hem begonnen toe te schreeuwen dat hij die kerel wat moest betalen, die kerel blafte hem af, en oom Enoch sprong in het rond op zoek naar zijn broek. Hoewel hij betwijfelde of hij geld in zijn broekzak had, wist hij dat hij een mes had; want de kerel zag eruit of hij ruzie zocht. Maar hij kon zijn broek

niet vinden en wist in de verste verte niet meer wat hij ermee had gedaan. Er zat voor hem niets anders op dan door het raam naar buiten te springen. Het probleem was, dat het raam zich op de tweede verdieping bevond, en oom Enoch viel wijdbeens in het grind en op de keien. Daarom was hij ook zo toegetakeld.
Hij had helemaal geen kleren aan, maar hij vond een overgordijn, dat hij in zijn sprong had meegenomen. Hij zei dat hij het overgordijn om zijn geheime delen had gewikkeld en van plan was zich schuil te houden tot het donker werd. Het probleem was dat hij geen schuilplaats kon vinden; hij kwam tussen een horde mensen terecht, die alle kanten op rende. Hij zei dat ze totaal geen manieren hadden en hem onder de voet liepen. De wet greep in en gooide hem in de gevangenis. De volgende ochtend gaven ze hem een broek en een shirt en schoenen die veel te groot voor hem waren, en stuurden hem er met nog een paar kerels op uit om de straten te vegen. Oom Enoch zei dat ze bij elkaar met een man of tien aan het werk waren en hij zag met geen mogelijkheid hoe ze dat dorp ooit schoon moesten krijgen. Hij zei dat de mensen sneller rotzooi op straat gooiden dan zij het konden opvegen. Hij zei dat hij er totaal het nut niet van inzag en besloot weg te gaan. De eerste de beste kans greep hij aan, hij ontsnapte en rende weg. Een kerel greep hem bij z'n shirt, maar daar rende hij uit; hij rende ook uit z'n schoenen, maar z'n broek hield hij op. Hij vertelde dat hij bij een paar bomen aankwam en zich daar verschool tot het donker werd. Hij oriënteerde zich op de sterren en vertrok richting huis. Het kostte hem drie weken om de bergen over te steken, hij leefde als een zwijn op eikels en bitternoten. Daarna was oom Enoch van de drank af... hij is nooit meer naar het dorp gegaan voorzover ik weet. Nee,' zei Granpa, 'ik ben nooit in Chattanooga geweest en ik ben het niet van plan ook.'
Op dat moment besloot ik dat ik zelf ook nooit naar Chattanooga zou gaan.
We zaten die avond aan de warme maaltijd toen het me weer te binnen schoot en ik vroeg Granma: 'Granma, wat zijn buitenlanders?'

Granpa legde zijn lepel neer, maar hij keek niet op van zijn bord. Granma keek van mij naar Granpa. Haar ogen twinkelden. 'Wel,' zei ze, 'buitenlanders zijn mensen die toevallig op een andere plek zijn, dan waar ze zijn geboren.'
'Granpa zei,' legde ik uit, 'dat hij dacht dat we buitenlanders waren.' En ik vertelde over de dame in de grote auto en dat ze had gezegd dat we buitenlanders waren, en dat Granpa dat had bevestigd.
Granpa schoof zijn bord weg. 'Ik bedoelde dat we niet daarginds aan de kant van de weg waren geboren, wat ons op die plaats tot buitenlanders maakte. Nou ja, dat is nu weer een van die verdulde woorden (hij gebruikte altijd 'verduld' in plaats van 'verdomd' als Granma in de buurt was) waar we best zonder kunnen. Ik heb het altijd al gezegd, verduld, er zijn veel te veel woorden.'
Granma was het daarmee eens. Granma had geen zin om een discussie over woorden aan te gaan. Ze had bijvoorbeeld Granpa nog nooit van de woorden 'weette' en 'slaapte' kunnen afhelpen. Hij zei dat het woord 'wist' iets was wat je met het zweet op je voorhoofd deed, en dat het daarom 'weette' was. En hij beweerde dat 'sliep' iemand was die scharen slijpt, en dat het daarom 'slaapte' was. Hij hield voet bij stuk, want wat hij zei klonk redelijk.
Granpa zei dat als er minder woorden waren, er niet zoveel problemen zouden zijn in de wereld. Hij zei tegen mij onder vier ogen dat er altijd wel zo'n verdomde idioot was die een woord verzon dat enkel en alleen tot doel had problemen te veroorzaken. Wat aannemelijk is. Granpa vond de klànk, of hoe je een woord zei, belangrijker dan de betekenis. Hij zei dat mensen die verschillende talen spraken hetzelfde konden voelen door naar de klànk van muziek te luisteren. Granma was het met hem eens, want zo praatten zij ook met elkaar.
Granma heette Bonnie Bee. Ik wist dat wanneer ik hem 's avonds laat hoorde zeggen: 'Ik hoor bij jou, Bonnie Bee,' hij eigenlijk zei: 'Ik hou van jou,' want dat gevoel sprak uit die woorden.
En wanneer ze met elkaar praatten en Granma vroeg: 'Hoor

je bij mij, Wales?' en hij antwoordde: 'Ik hoor bij jou,' betekende dat: 'Ik begrijp jou.' Voor hen waren liefde en begrip hetzelfde. Granma zei dat je niet van iets kon houden dat je niet begreep; noch kon je van mensen houden, of van God, als je de mensen en God niet begreep.

Granpa en Granma begrepen elkaar en hielden dus van elkaar. Granma zei dat het begrip steeds dieper ging naarmate de jaren verstreken, en ze nam aan dat het uiteindelijk zo diep zou gaan dat stervelingen er met hun verstand niet bij konden. En dus noemden ze het 'verwantschap'.

Granpa zei dat vóór zijn tijd 'verwanten' alle mensen waren die je begreep en die je aanvoelde, dus het betekende 'beminden'. Maar mensen werden egoïstisch en brachten de betekenis terug tot alleen maar bloedverwanten; maar dat het in feite nooit de bedoeling was geweest dat het dat betekende.

Granpa zei dat toen hij een kleine jongen was, zijn vader een vriend had die vaak bij hen over de vloer kwam. Hij zei dat het een ouwe Cherokees was, 'Jack de Beer' genoemd, die altijd humeurig en chagrijnig was. Hij begreep maar niet wat zijn vader in die ouwe Jack de Beer zag.

Hij zei dat ze af en toe naar een klein kerkje beneden in het dal gingen. Op een zondag was het tijd voor de getuigenissen. Dan stonden de mensen op, omdat ze het gevoel hadden dat de Heer hen riep, en dan biechtten ze hun zonden op en getuigden van hun liefde voor de Heer.

Granpa vertelde dat Jack de Beer bij die gelegenheid was opgestaan en gezegd had: 'Ik hoor dat er hier iemand achter mijn rug om over mij heeft gekletst. Jullie moeten weten dat ik daarvan op de hoogte ben. Ik weet wat er met jullie aan de hand is; jullie zijn jaloers, omdat de diakenen mij als verantwoordelijke hebben aangewezen voor de sleutel van de kast met de gezangenboeken. Wel, laat me jullie dit vertellen: voor wie dat niet bevalt, ik steek jullie allemaal in mijn zak.'

Granpa zei dat Jack de Beer waarachtig zijn rendiershirt had opgetild en de kolf van een pistool had laten zien. Hij was stapel krankjorem.

Granpa vertelde dat de kerk vol zat met keiharde kerels,

waaronder zijn pa, die al op je schoten zodra het weer omsloeg, maar niemand gaf een kik. Hij zei dat zijn pa opstond en zei: 'Jack de Beer, iedereen bewondert jou om de manier waarop je zorgdraagt voor de sleutel van de kast met de gezangenboeken. Nog nooit heeft iemand dat zo goed gedaan. Mochten er woorden verkeerd zijn overgekomen en je dwars zitten, dan betuig ik hier en nu namens alle aanwezigen mijn spijt.'

Jack de Beer ging zitten, totaal vermurwd en tevreden, net als iedereen.

Op weg naar huis vroeg Granpa aan zijn pa hoe het kon dat Jack de Beer dat allemaal zomaar zeggen kon en Granpa zei dat hij erbij moest lachen omdat Jack de Beer zo gewichtig deed over de sleutel van die kast. Zijn pa had gezegd: 'Zoon, lach niet om Jack de Beer. Zie je, toen de Cherokezen gedwongen waren om hun thuis op te geven, was Jack de Beer nog jong, en hij hield zich schuil in deze bergen, en hij vocht en gaf niet op. Toen de burgeroorlog begon, dacht hij dat hij misschien diezelfde regering opnieuw kon bestrijden en het land en de huizen terug kon winnen. Hij vocht vol overgave. Beide keren verloor hij. Toen de burgeroorlog voorbij was, kwamen de politici in actie om te pakken wat wij nog over hadden. Jack de Beer streed, vluchtte weg, verschuilde zich, en bond opnieuw de strijd aan. Zie je, Jack de Beer is opgegroeid in een periode van strijd. Het enige dat hij nu nog heeft is de sleutel van de kast voor de gezangenboeken. En als Jack de Beer chagrijnig overkomt... tja, Jack de Beer heeft niets meer om voor te vechten. Terwijl hij nooit anders heeft gedaan.'

Granpa zei dat hij bijna in huilen was uitgebarsten om Jack de Beer. Hij zei dat het er daarna niet meer toe deed wat Jack de Beer zei, of deed... hij hield van hem, omdat hij hem begreep.

Granpa zei dat dat 'verwantschap' was en dat de meeste ellende tussen mensen ontstaat, omdat ze dat niet praktiseren; daardoor en door politici.

Ik begreep het meteen en begon zelf ook bijna te huilen om Jack de Beer.

Kennis van het verleden

Granma en Granpa wilden dat ik besef van het verleden had, want: ‘Als je het verleden niet kent, dan heb je geen toekomst. Als je niet weet waar je verwanten geleefd hebben, dan weet je niet waar je verwanten naartoe gaan.’ En daarom vertelden ze me bijna alles.

Hoe de regeringssoldaten kwamen. Hoe de Cherokezen de vruchtbare valleien hadden bebouwd en in het voorjaar hun paardansen hielden, wanneer het leven in de grond werd geplant en wanneer de bok en zijn wijfje, de pauw en de pauwin in verrukking hun scheppende rol speelden.

Hoe hun oogstfeesten werden gehouden in de dorpen terwijl de vorst de pompoenen van vorm veranderde, de dadelpruim rood kleurde en de mais hardde. Hoe ze zich voorbereidden op de winterjacht en van hun verbondenheid getuigden via De Weg.

Hoe de regeringssoldaten kwamen en hun zeiden het document te ondertekenen. Zeiden dat het document betekende dat de nieuwe blanke kolonisten zouden weten waar ze zich konden vestigen zodat ze geen land van de Cherokezen zouden innemen. En nadat ze het hadden getekend, kwamen er nog meer regeringssoldaten, met geweren en lange messen die aan hun geweren waren vastgemaakt. De soldaten zeiden dat het document zijn woorden had veranderd. De woorden zeiden nu dat de Cherokezen hun valleien, hun huizen en hun bergen moesten opgeven. Ze moesten een heel eind in de richting van de ondergaande zon wegtrekken, daar had de regering ander land voor de Cherokezen, land dat de blanke man niet wilde hebben.

Hoe de regeringssoldaten kwamen en in een grote vallei een cirkel vormden met hun geweren, en ’s nachts met hun kampvuren. Ze zetten de Cherokezen in die cirkel. Ze brachten er ook andere Cherokezen heen, van andere bergen en valleien, bij bosjes, als vee, en duwden ze allemaal in die ring.

Na een hele tijd, toen ze de meeste Cherokezen te pakken hadden, brachten ze karren en ezels en zeiden tegen de Cherokezen dat ze naar het land van de ondergaande zon konden vertrekken. De Cherokezen hadden niets meer. Maar ze wilden niet in die wagens vertrekken en zo hadden ze toch nog iets. Je kon het niet zien, of dragen, of eten, maar ze hadden iets; ze wilden niet in die wagens vertrekken. Ze liepen.

Regeringssoldaten reden voor hen, aan beide zijden van hen, achter hen. De Cherokezenmannen liepen en keken recht voor zich uit en wilden noch naar beneden, noch naar de soldaten kijken. Hun vrouwen en kinderen volgden hen in hun voetstappen en keken ook niet naar de soldaten.

Ver achter hen ratelden en denderden de lege karren, zonder enig nut. De karren konden de ziel van de Cherokees niet stelen. Het land was hem afgenomen, zijn thuis; maar de Cherokees stond niet toe dat de karren zijn ziel stalen.

Toen ze de dorpen van de blanke man passeerden, stonden de mensen langs de kant van de weg om hen voorbij te zien trekken. Eerst lachten ze omdat de Cherokees zo dwaas was om te lopen, met die lege karren ratelend achter hem aan. De Cherokees reageerde niet op hun gelach, en al gauw werd er niet meer gelachen.

En toen de Cherokees verder van zijn bergen verwijderd raakte, begon hij te sterven. Zijn ziel ging niet dood, en werd ook niet zwakker. Het waren de hele jongen en de hele ouden en de zieken.

Eerst lieten de soldaten hen stoppen om hun doden te begraven; maar toen stierven er meer – bij honderden – bij duizenden. Meer dan een derde van hen zou op het Spoor sterven. De soldaten zeiden dat ze hun doden slechts om de drie dagen konden begraven; want de soldaten wilden haast maken en van de Cherokezen af zijn. De soldaten zeiden dat de karren de doden zouden dragen, maar de Cherokees wilde zijn doden niet op de karren leggen. Hij droeg ze. En liep.

De kleine jongen droeg zijn kleine zusje, een baby nog, en sliep 's nachts naast haar op de grond. In de ochtend tilde hij haar op, in zijn armen, en droeg haar verder.
De man droeg zijn dode vrouw. De zoon droeg zijn dode moeder, zijn vader. De moeder droeg haar dode baby. Ze droegen ze in hun armen. En liepen. En ze wendden hun hoofd niet om naar de soldaten te kijken, noch om naar de mensen te kijken die langs de kant van het Spoor stonden om hen voorbij te zien komen. Sommige van die mensen huilden. Maar de Cherokees huilde niet. Niet zichtbaar, want de Cherokees wilde niet dat ze zijn ziel zagen; net zomin als hij op de karren wilde rijden.
En dus noemden ze de weg die ze aflegden *the Trail of Tears*, het Spoor van Tranen. Niet omdat de Cherokees huilde, want dat deed-ie niet. Ze noemden die weg het Spoor van Tranen omdat het romantisch klinkt en vertelt van het verdriet van degenen die langs het Spoor stonden. Een dodenmars is niet romantisch.
Je kunt geen poëzie maken over de door de dood verstijfde baby in de armen van de moeder, die met ogen die niet meer dicht willen naar de schokkerige lucht staart; terwijl zijn moeder loopt.
Je kunt geen liederen zingen over de vader die de last van het dode lichaam van zijn vrouw aflegt om ernaast te gaan liggen in de nacht en het de volgende ochtend verder te dragen, en die zijn oudste zoon opdraagt het lichaam van zijn jongste te dragen. En je kijkt niet... je spreekt niet... je huilt niet... en je herinnert je de bergen niet.
Het zou geen mooi lied zijn. En daarom noemen ze de weg die ze aflegden het Spoor van Tranen.
Niet alle Cherokezen gingen. Sommigen, die wisten hoe je in de bergen moest overleven, vluchtten ver weg, in de schoot van de dalen, over de rug van de bergkammen, en leefden daar met hun vrouwen en kinderen, voortdurend van de ene plek naar de andere trekkend.
Ze zetten vallen uit om wild te vangen, maar durfden soms niet naar die vallen terug te keren, omdat er soldaten waren gekomen. Ze groeven zoete knollen uit de grond, stampten

eikels net zo lang tot ze te eten waren, sneden karmozijnbes, die op de open plekken groeide, voor een salade, en trokken de binnenste bast van de boom. Ze visten met hun handen onder de oevers van de koude kreken en bewogen stilletjes als schaduwen, een volk dat er wel was maar dat niet werd gezien (behalve door een vlucht van de verbeelding), niet werd gehoord; en ze lieten weinig sporen na.

Maar hier en daar vonden ze vrienden. De familie van Granpa's vader was in de bergen opgegroeid. Ze waren niet uit op land, of winst, maar hielden van de vrijheid van de bergen, zoals alle Cherokezen.

Granma vertelde hoe de vader van Granpa zijn vrouw had ontmoet, de moeder van Granpa, en haar familie. Hij had een uiterst vaag spoor aan de oever van een beek gezien. Hij was naar huis gegaan en bracht een reebout mee terug en legde dat daar op een open plek neer. Daarnaast had hij zijn geweer en zijn mes neergelegd. De volgende morgen kwam hij terug. Er lag nu nog een mes naast, een lang Indiaans mes, en een tomahawk. Hij nam ze niet mee. In plaats daarvan bracht hij maiskolven en legde die naast de wapens neer; hij bleef staan en wachtte een hele tijd.

Laat in de middag kwamen ze langzaam aanlopen. Ze bewogen door de bomen, hielden stil, en liepen dan weer door. De pa van Granpa stak zijn handen uit, en zij – ze waren met een stuk of twaalf, mannen, vrouwen en kinderen – staken ook hun handen uit, en ze raakten elkaar aan. Granma zei dat elk van hen zijn hand heel ver moest uitstrekken, maar ze hadden het gedaan.

De pa van Granpa groeide op, werd een lange jongeman en huwde de jongste dochter. Samen hielden ze de hickoryhouten huwelijkstwijg vast en gaven haar een plek in hun huisje, en zolang als ze leefden heeft geen van beiden het ooit gebroken. In haar zwarte haar droeg ze de veer van de koperwiek, die rode vleugels heeft, en daarom werd ze Red Wing genoemd. Granma zei dat ze zo slank als een den was en 's avonds altijd zong.

Granma en Granpa vertelden over de laatste jaren van zijn pa. Hij was een oude krijger. Hij had zich bij de overvaller

van de Confederatie aangesloten, John Hunt Morgan, om tegen het verre, gezichtsloze monster van de 'regering' te strijden, dat zijn familie en zijn huisje bedreigde.
Zijn baard was wit. De ouderdom deed een aanslag op zijn magere lichaam; en toen de bijtende winterstorm door de spleten van zijn huisje drong, werden oude wonden weer opengereten. De sabelsnee die over zijn hele linkerarm liep; het staal had zijn bot geraakt, als een vleesmes. Het weefsel was genezen, maar het beenmerg klopte pijnlijk en herinnerde hem aan de 'regering'.
Die avond in Kentucky had hij een halve kruik achterover geslagen, terwijl de jongens een stok boven het vuur verhitten, daarmee de wond dichtbrandden en het bloed stelpten. Hij was weer in het zadel geklommen.
De enkel was wel het ergste. Hij had de pest aan die enkel. Die was dik en hinderlijk, daar waar de kleine kogel zich door het vlees had geboord. Hij had het niet eens meteen gemerkt. Het was gebeurd in de wilde, uitgelaten stemming van een cavalerie-aanval die avond in Ohio. De strijdkoorts, zo kenmerkend voor zijn geslacht, liep hoog op. Er was geen angst, alleen vuur, het paard stoof snel en licht over de grond en een storm ranselde zijn gezicht. De uitgelaten stemming deed de strijdkreet van de Indiaan uit zijn borstkas opwellen, door zijn keel opborrelend, krijsend, razend.
Zo kon een man zijn halve been aan flarden laten schieten zonder het te merken. Pas dertig kilometer verderop, toen ze in de duisternis van een bergdal op verkenning waren en hij uit het zadel steeg en zijn been onder hem dubbelklapte, het bloed klotsend in zijn laars als in een volle emmer, pas toen voelde hij de enkel.
Hij koesterde de herinnering aan die aanval. De gedachte eraan verzachtte zijn haatgevoelens jegens de wandelstok, en zijn mankheid.
Zijn ergste verwonding was in zijn ingewanden: aan de zijkant, bij de heup. Daar was het lood nooit weggehaald. Het knaagde, als een rat die op een maiskolf kauwt, dag en nacht; en het hield nooit op. Het vrat zijn ingewanden op; en spoedig nu, zouden ze hem languit op de vloer van de

berghut neerleggen en hem opensnijden, als een geslachte stier.
De verrotting zou naar buiten komen; koudvuur. Ze zouden geen verdovingsmiddel gebruiken, alleen een slok uit de kruik. En hij zou daar op de vloer doodgaan, badend in zijn bloed. Geen laatste woorden; maar terwijl ze zijn armen en benen, in doodsnood, vasthielden, zou het oude, pezige lichaam zich verheffen, met gekromde rug, en de woeste strijdkreet van de jubelende opstandeling die de gehate regering uitdaagde, zou uit zijn keel opstijgen en hij zou sterven. Veertig jaar had het lood van de regering nodig gehad om hem te doden.
De eeuw liep op zijn eind. De tijd van bloed en strijd en dood; de tijd waarin hij had geleefd, en waardoor hij werd bepaald, was op sterven na dood. Er zou een nieuwe eeuw komen, met een ander volk dat moest marcheren en zijn doden dragen, maar hij kende alleen het verleden, van de Cherokezen.
Zijn oudste zoon was naar de Nations vertrokken; de op een na oudste was in Texas gestorven. Nu waren er alleen nog Red Wing, net als in het begin, en zijn jongste zoon.
Hij kon nog paardrijden. Hij kon met een Morgan paard over een hek van vijf balken springen. Hij coupeerde nog steeds de staarten van de paarden, uit gewoonte, zodat er geen staartharen in de borstel achterbleven.
Maar de pijnen werden erger en de kruik kon ze niet meer onderdrukken, zoals eerst. De tijd was aangebroken dat hij met armen en benen wijduit op de vloer van het huisje gekluisterd zou liggen, en hij wist het.
Het najaar in de bergen van Tennessee liep ten einde. De wind blies de laatste bladeren van de hickoryboom en de eik. Die wintermiddag bleef hij met zijn zoon halverwege het dal staan; hij bekende niet dat hij niet meer de berg op kon.
Ze keken naar de naakte bomen op de hellingen, grimmig afstekend tegen de lucht; alsof ze de magere stralen van de zon bestudeerden. Ze keken elkaar niet aan.
'Ik denk dat ik je niet zoveel kan nalaten,' zei hij, en hij lachte zachtjes, 'dat huisje is nog het meeste waard als je er de

brand insteekt. Dan kun je je handen er tenminste aan warmen.' Zijn zoon bestudeerde de berg. 'Dat denk ik ook,' zei hij kalm.
'Je bent een man met een uitgebreide familie,' zei de oude man, 'en ik zal je nergens aan houden... behalve dat we onze hand net zo snel naar iemand moeten uitsteken, als dat we verdedigen wat ons gegeven is om in te geloven. Mijn tijd is gekomen, en nu zal er een tijd voor jou aanbreken die ik niet ken. Ik zou niet weten hoe ik daarin zou moeten leven... net zomin als Jack de Beer. Denk eraan dat je nog niet zoveel levenservaring hebt... maar de bergen zullen niet veranderen en jij hoort bij de bergen; en wij zijn eerlijke mannen als het om onze gevoelens gaat.'
'Ik zal eraan denken,' zei de zoon. De zwakke zon was achter de bergkam gezakt en de wind was vlijmscherp. De oude man had er moeite mee om het te zeggen... maar hij deed het. '... En... ik... hoor bij jou, zoon.'
De zoon sprak niet, maar legde zijn arm om de oude, magere schouders. De schaduwen van het dal waren donkerder geworden en de bergen aan weerskanten verdwenen in de duisternis. Zo liepen ze langzaam terug, de oude met zijn stok op de grond tikkend, door het dal naar hun huisje.
Het was de laatste keer dat Granpa met zijn pa had gewandeld en gepraat. Ik ben vaak naar hun graven gegaan; ze liggen vlak bij elkaar, hoog op een bergrug met witte eiken, waar de bladeren in de herfst tot op kniehoogte vallen, totdat ze worden weggevaagd door gemene winterstormen. Waar in het voorjaar alleen de meest geharde Indiaanse viooltjes, nietig en blauw, rond de graven hun kopjes opsteken, verlegen tegenover die onstuimige en duurzame zielen, die hun tijd doorstonden.
De huwelijkstak is daar, taai en verweerd, nog steeds ongebroken, en bezaaid met de inkepingen die ze erin kerfden, iedere keer dat ze verdriet hadden, gelukkig waren, een ruzie hadden bijgelegd. Hij ligt bij hun hoofden en houdt hen bijeen.
En de namen in de stok zijn zo klein gekerfd dat je op je knieën moet gaan liggen om ze te lezen: Ethan en Red Wing.

Pine Billy

’s Winters droegen we bladeren naar het maisveldje en spreidden ze erover uit. Onder in het dal, voorbij de schuur, strekte het maisveldje zich aan beide zijden van het bergbeekje uit. Granpa had aan de kanten, tegen de berghellingen op, ook wat ruimte vrijgemaakt. De ‘schuintes’, zoals Granpa de hellende kanten van het maisveldje noemde, brachten wel geen goede mais voort, maar hij beplantte ze toch. Er was niet veel vlakke grond in het dal.

Ik vond het leuk om de bladeren te verzamelen en in de jutezakken te stoppen. Ze wogen nauwelijks iets. Granpa, Granma en ik hielpen elkaar bij het vullen van de zakken. Granpa droeg vaak twee, soms drie zakken. Ik probeerde er twee te dragen, maar kwam er niet ver mee. De bladeren lagen voor mij tot op kniehoogte. Het was net een dik pak bruine sneeuw, gespikkeld met de gele verf van het esdoornblad en het rood van de eucalyptus en de looiersboom.

We kwamen uit de bossen te voorschijn en strooiden de bladeren over het veld. En dennenaalden. Granpa zei dat een portie dennenaalden noodzakelijk was om de bodem zuur te maken, maar niet te veel.

We werkten nooit zo lang of hard dat het vervelend werd. Gewoonlijk ‘zoekten’ we afleiding met wat anders, zoals Granpa het uitdrukte.

Granma zag vaak geelwortel en dat groef ze dan op; en dat leidde haar naar wat ginseng, of eucalyptuswortel... of calum... of sassafras... of venusschoentje. Ze kende ze allemaal en had een remedie voor ieder kwaaltje waar ik ooit van gehoord had. En haar remedies werkten ook, alhoewel er drankjes bij waren die ik net zo lief niet gedronken had.

Granpa en ik vonden meestal wel wat hickorynoten, of denneappels en kastanjes; soms zwarte walnoten. Het was niet

zo dat we er speciaal naar op zóek waren, het leek gewoon te gebeuren. Met al dat eten tussendoor, het noten en wortels verzamelen, en het kijken naar een wasbeertje of een specht, kwam het bladeren sjouwen soms aardig in de verdrukking.
Wanneer we in de avondschemer het dal weer inliepen, allemaal beladen met noten en wortels en dergelijke, vloekte Granpa zacht, onhoorbaar voor Granma, en kondigde hij aan dat we ons de volgende keer niet meer door die onzin zouden laten afleiden; dat we de hele tijd bladeren zouden sjouwen. Dat klonk me altijd vreselijk ellendig in de oren, maar het gebeurde nooit.
Zak voor zak bedekten we het veld met bladeren en dennenaalden. En na een licht regenbuitje, als de bladeren zo'n beetje tegen de grond plakten, zette Granpa ouwe Sam, de ezel, voor de ploeg; en dan ploegden we de bladeren onder de grond.
Ik zeg 'we', omdat Granpa mij ook weleens een stukje liet doen. Ik moest mijn armen naar boven uitstrekken om de hendels van de hefboom vast te kunnen houden en ik moest alle zeilen bijzetten om te voorkomen dat de punt van de ploeg te ver de grond inging. Soms kwam de punt echter de grond uit en hortte en stootte de ploeg vooruit zonder te ploegen. Ouwe Sam had gelukkig geduld met mij. Hij bleef stilstaan terwijl ik trok en zwoegde om de ploeg rechtop te zetten, en ging pas weer verder als ik zei: 'Vort!'
Ik moest op de hendels drukken om de ploegpunt de grond in te laten gaan; en zo, half trekkend half duwend, leerde ik mijn kin bij de kruislatten, tussen de hendels, weg te houden, want anders kreeg ik aan een stuk door flinke klappen, die er niet om logen.
Granpa volgde ons, maar hij liet mij het werk doen. Als je wilde dat ouwe Sam naar links ging zei je 'Ho!' en als je wilde dat hij naar rechts ging zei je 'Hie!' Ouwe Sam dwaalde weleens wat af naar links en dan brulde ik: 'Hie!' Maar hij was hardhorend en bleef naar links afwijken. Granpa nam het dan weleens over: 'Hie! Hie! HIE! GODDOMME! HIE!' waarna ouwe Sam weer naar rechts ging.
Het probleem was dat ouwe Sam dit zo vaak hoorde, dat hij

het geheel aan gehie en gevloek met elkaar combineerde, en pas naar rechts ging wanneer hij alles gehoord had; hij ging er domweg van uit, dat om naar rechts te gaan, de complete tirade nodig was. Dit leidde tot flinke vloekpartijen, die ik wel moest overnemen om te kunnen ploegen. Dat was geen probleem, totdat Granma me hoorde en er een hartig woordje met Granpa over wisselde. Dus ploegde ik niet zo vaak wanneer Granma in de buurt was.

Ouwe Sam was blind aan zijn linkeroog, en wanneer hij bij het einde van het veld aankwam, keerde hij niet linksom, bang dat hij dan ergens tegenop zou botsen, nee, hij draaide altijd naar rechts. Als je aan het ploegen bent, is het aan het ene eind van het veld inderdaad handig om naar rechts te draaien, maar aan het andere eind moet je zo ongeveer een volle cirkel maken en moet je de ploeg helemaal uit het veld en door de bosjes en de struiken en zo slepen. Granpa zei dat we geduld moesten hebben met ouwe Sam, omdat hij oud en halfblind was, en dus had ik dat, maar ik zag met angst en beven uit naar die bochten; vooral wanneer er een haag van zwartebessestruiken op mij wachtte.

Op een keer was Granpa de ploeg door een massa brandnetels aan het rondtrekken en sjorren, en stapte in het gat van een boomstronk. Het was een warme dag, en goudspechten hadden een nest in het gat gemaakt. Ze vlogen bij Granpa's broekspijpen op en hij vertrok tierend richting bergbeek. Ik zag de goudspechten uit het nest komen en ging er ook vandoor. Granpa ging languit in de bergbeek liggen, sloeg op zijn broek en vervloekte ouwe Sam. Het scheelde niet veel of hij had zijn geduld verloren.

Maar ouwe Sam bleef geduldig staan wachten tot Granpa weer gekalmeerd was. Het probleem was dat we niet meer bij de ploeg konden komen. De goudspechten waren helemaal van de kaart en zwermden rond de ploeg. Ik en Granpa gingen midden op het veld staan en Granpa probeerde ouwe Sam verder te laten lopen, weg van het goudspechtennest.

'Kom maar, Sam,' riep Granpa, 'kom, jochie,' maar ouwe Sam verzette geen stap. Hij kende zijn zaakjes en wist wel dat je geen ploeg moest voorttrekken die op zijn zijkant op

de grond lag. Granpa probeerde van alles: hij vloekte ouwe Sam stijf, ging op handen en voeten zitten en balkte als een ezel. Ik vond dat hij het gebalk van een muilezel heel redelijk nabootste. Even stak ouwe Sam zijn oren naar voren en keek ingespannen naar Granpa, maar hij verroerde zich niet. Ik probeerde zelf ook te balken, maar aan het gebalk van Granpa kon ik niet tippen. Toen Granpa zag dat Granma er ook was en dat ze stond toe te kijken hoe we op handen en knieën midden op het veld zaten te balken, hield hij ermee op.
Hij haalde een stokje uit het bos, stak het aan met een lucifer en stopte het brandende takje in het stronkgat. Zo werden de goudspechten uitgerookt en bij de ploeg weggejaagd. Toen we die avond naar huis gingen, zei Granpa dat hij zich al jaren het hoofd had gebroken over de vraag of ouwe Sam nu de stomste ezel van de wereld was, of de slimste. Ik ben er zelf ook nooit uitgekomen.
Maar het ploegen vond ik leuk. Ik werd er groot van. Als we langs het pad terug naar huis liepen, leek het altijd of mijn stappen een heel stuk groter werden, zo achter Granpa aan. En aan tafel schepte Granpa tegenover Granma flink over mij op. Granma was het met hem eens dat ik al aardig op weg was een man te worden.
Op zo'n avond zaten we een keer aan de warme maaltijd, toen de honden opeens een vreselijke herrie begonnen te maken. We gingen allemaal naar de voordeur en zagen een man over het pad komen aanlopen. Het was een knappe vent, bijna net zo lang als Granpa. Ik vond zijn schoenen nog het mooist, ze waren lichtgeel, hoog, en hij droeg er witte sokken bij, die over de schoenen waren heengerold. Zijn overall kwam tot net boven zijn sokken. Hij had een kort zwart jasje aan en een wit overhemd en droeg een klein hoedje boven op zijn hoofd. Hij droeg een grote tas. Granpa en Granma kenden hem.
'Nee maar, daar hebben we Pine Billy,' zei Granpa. Pine Billy wuifde. 'Kom binnen en blijf een poosje,' zei Granpa.
Pine Billy bleef voor de deur staan. 'Ja, ik kwam hier toevallig langs,' zei hij. Ik vroeg me af waar hij dan heen wilde, met al die bergen achter ons.

'Je blijft bij ons eten,' zei Granma en pakte Pine Billy bij de arm en leidde hem het trapje op. Granpa had de grote tas bij het hengsel gepakt. We liepen allemaal naar de keuken.
Ik zag meteen dat Granpa en Granma Pine Billy erg graag mochten. Hij had vier zoete aardappelen in zijn jaszakken en gaf die aan Granma. Ze maakte er meteen een taart van en Pine Billy at wel drie stukken. Ik kreeg er één, en ik hoopte dat hij niet ook nog het laatste stuk zou opeten. We gingen van tafel, nestelden ons bij het haardvuur en lieten het stuk taart in de pan zitten.
Pine Billy lachte veel en zei dat ik nog groter zou worden dan Granpa. Dat deed me goed. Hij zei dat Granma nog mooier was dan de vorige keer, en dat deed Granma deugd; en Granpa ook. Ik begon Pine Billy heel aardig te vinden, ook al had hij dan die drie stukken taart opgegeten, het waren tenslotte zijn aardappelen.
We zaten met z'n allen rond het haardvuur. Granma in haar schommelstoel en Granpa voorovergeleund in zijn stoel. Ik had het gevoel dat er iets aan de hand was. 'En, Pine Billy,' zei Granpa, 'heb je nog nieuws gehoord?'
Pine Billy leunde op de twee poten van zijn rechte stoel achterover. Hij trok zijn onderlip tussen vinger en duim naar voren, pakte een klein doosje en stak wat pruimtabak achter zijn lip. Hij bood het doosje ook aan Granpa en Granma aan. Die schudden hun hoofd. Pine Billy nam wel de tijd voor wat hij zeggen ging. Hij spuugde eerst nog in het vuur en zei toen: 'Nou, het lijkt erop dat me iets is overkomen wat me geen windeieren zal leggen.' Hij spuugde weer in het vuur en keek ons een voor een aan.
Ik wist niet wat het was, maar ik begreep wel dat het belangrijk was.
Granpa had dat gevoel ook, want hij vroeg: 'Wat is dat dan, Pine Billy?' Pine Billy leunde weer achterover en keek naar de dakspanten. Hij vouwde zijn handen op zijn buik.
'Het was vorige week woensdag, geloof ik... neee, het was een dinsdag, want ik had 's maandagsavonds op een bal gespeeld; het was op een dinsdag. Ik loop op een dinsdag door het dorp. Ken je die politieman daar, Smokehouse Turner?'

'Ja, ja, die heb ik weleens gezien,' zei Granpa ongeduldig.
'Nou,' zei Pine Billy, 'ik stond daar op de hoek met Smokehouse te praten, toen aan de overkant een grote, glanzende wagen bij de benzinepomp stopte. Smokehouse zag het niet... maar ik wel. Er zat één kerel in, en die zag er verdacht uit; grote stad. Hij stapte uit zijn wagen en zei tegen Joe Holcomb dat die zijn tank moest volgooien. Nou, ik hield hem al die tijd in de gaten. Hij keek een beetje stiekem om zich heen, het viel me meteen op. Ik zeg tegen mezelf: "Dat is een grote-stads CRIMINEEL." Maar,' zei Pine Billy, 'ik zei niets tegen Smokehouse, hoor. Ik zei het alleen tegen mezelf. Maar tegen Smokehouse zeg ik: "Smokehouse, je weet dat ik nooit iemand bij de politie aan zou geven... maar met grotestads criminelen ligt dat anders, en die kerel daar ziet er wel héél verdacht uit."
Smokehouse bestudeerde die vent en zei: "Daar zou je wel eens gelijk in kunnen hebben, Pine Billy. Laten we even gaan kijken," en hij steekt de straat over.'
Pine Billy landde met zijn stoel weer op vier poten, spuugde in het vuur en bleef een tijdje naar de houtblokken zitten staren. Vol ongeduld wachtte ik tot hij verder zou vertellen wat er met die crimineel was gebeurd.
Pine Billy was uitgekeken op de blokken en zei: 'Zoals jullie weten kan Smokehouse lezen noch schrijven, en aangezien ik heel aardig letters weet te ontcijferen, volgde ik hem naar de overkant, voor het geval ik nodig mocht zijn. De kerel zag ons aankomen en stapte weer in zijn wagen. We liepen ernaartoe en Smokehouse leunde op zijn raam en vroeg hem beleefd wat hij in het dorp te zoeken had. De kerel was nerveus, dat zag ik wel, en zei dat hij op weg was naar Florida. Wat verdacht klonk.'
Het kwam mij ook verdacht voor, en ik zag Granpa met zijn hoofd knikken.
Pine Billy vertelde verder: 'Smokehouse zei: "Waar kom je vandaan?" De kerel zei dat hij uit Chicago kwam. Smokehouse zei dat dat in orde was, maar dat hij wel moest wegwezen, en die vent zei dat hij weer door zou rijden. In de tussentijd...' Pine Billy keek schuins naar Granpa en Granma,

'... in de tussentijd kroop ik achter de wagen en ontcijferde zijn nummerbord. Ik nam Smokehouse even apart en zei: "Hij zegt dat hij uit Chicago komt, maar, hij heeft een nummerplaat van Illinois." Ouwe Smokehouse vloog op hem af als een vlieg op de stroop. Hij trok die crimineel uit zijn wagen en zei dat hij zijn handen omhoog moest doen... "Als je uit Chicago komt, wat doe je dan met een bord van Illinois op je auto?" Smokehouse wist dat hij 'm te pakken had. De crimineel zat klem; hij wist niet wat hij zeggen moest; hij was op een schaamteloze leugen betrapt, zie je. Hij probeerde zich er nog met mooie praatjes uit te redden, maar ik moet Smokehouse nageven dat hij niet makkelijk te paaien is.'

Pine Billy was een en al vuur. 'Smokehouse stopte de crimineel in de gevangenis en zei dat hij het zaakje zou gaan uitzoeken. Het wordt waarschijnlijk een hoge beloning, en ik krijg de helft. En als ik die kerel goed bekeken heb, zou het zelfs weleens een hogere beloning kunnen worden dan Smokehouse of ik verwachten.'

Granpa en Granma waren het er allebei over eens dat het allemachtig veelbelovend klonk en Granpa voegde eraantoe dat hij het helemaal niet op grote-stads criminelen begrepen had. En dat heb ik evenmin. We hadden allemaal heel goed in de gaten dat Pine Billy zo goed als rijk was.

Maar Pine Billy deed er niet verwaand over. Hij zei dat er een mogelijkheid zóu kunnen zijn, dat het niet zou uitlopen op een hele grote beloning. Hij zette nooit alles op één kaart, noch verkocht hij de huid vóór de beer geschoten was. Wat wel zo verstandig is.

Hij zei dat hij ook nog aan een ander zaakje had gewerkt, voor het geval dat. Hij zei dat de Red Eagle pruimtabakfirma een prijsvraag hield waar je vijfhonderd dollar mee kon winnen, zo'n beetje genoeg om nooit meer te hoeven werken. Hij zei dat hij een deelnameformulier had weten te bemachtigen en het enige dat je hoefde te doen, was vertellen waarom je Red Eagle pruimtabak zo lekker vond. Hij zei dat hij erop had zitten zwoegen voor hij het had ingevuld en dat hij iets had verzonnen waarvan hij dacht dat het zo ongeveer

het meest winnende antwoord was dat je maar verzinnen kon.
Pine Billy zei dat de meeste mensen die meededen wel zouden zeggen dat Red Eagle goede pruimtabak was, en dat zei hij ook. Maar hij ging verder dan dat. Hij zei dat hij had opgeschreven dat het de bèste snuiftabak was die hij ooit in zijn mond had gestopt; bovendien zou hij nóóit, zo lang als hij leefde, andere pruimtabak in zijn mond stoppen dan Red Eagle. Hij zei dat hij zijn verstand gebruikte, want als de grote heren van de Red Eagle pruimtabak dat zagen, zouden ze wéten dat ze uiteindelijk al hun geld weer terug zouden krijgen, omdat Pine Billy de rest van zijn leven alleen nog maar hun tabak zou pruimen. Als ze het geld aan iemand gaven die alleen maar zei dat Red Eagle goed was, en verder niet, nou, dan namen ze een risico.
Pine Billy zei dat die grote heren geen risico's namen, niet met hun geld; daarom waren ze ook zo rijk. Hij had zo het idee dat hij die vijfhonderd dollar praktisch al in zijn zak had. Granpa was het met hem eens dat het er goed uitzag. Pine Billy liep naar de deur en spuugde zijn tabak uit. Hij liep terug langs de tafel en pakte het laatste stuk aardappeltaart. Ik vond het al niet zo erg meer, hoewel ik er nog steeds zin in had. Maar aangezien Pine Billy rijk was, had hij er waarschijnlijk recht op.
Granpa pakte zijn stenen kruik. Pine Billy nam twee of drie slokken, Granpa nam er een. Granma hoestte en pakte haar kruik met hoestsiroop. Granpa haalde Pine Billy over om zijn viool en strijkstok te pakken en 'Red Wing' te spelen. Granpa en Granma tikten met hun voeten het ritme op de vloer. Hij speelde echt mooi en hij zong er ook bij:

'De maan schijnt vanavond op mooie Red Wing,
De nachtwind zucht en de nachtvogels krijsen,
Terwijl ver onder de sterren haar dappere slaapt,
weent Red Wing, ze weent tot haar hart breekt.'

Ik ging op de vloer liggen slapen en Granma droeg me naar bed. Het laatste wat ik hoorde was de viool. Ik droomde dat Pine Billy bij ons huisje kwam. Hij was rijk en droeg een jutezak over zijn schouder. Die zat vol zoete aardappelen.

De geheime schuilplaats

Ik denk dat er wel een miljoen kleine beestjes bij de bergbeek leven.

Als je een reus was en van boven op de kronkels en bochten van de beek kon neerkijken, zou je weten dat de beek een bron van leven was.

Ik was zo'n reus. Ik was ruim zestig centimeter lang. Ik ging op mijn reusachtige hurken zitten om de kleine moerasjes te bestuderen waar kleine stroompjes van de grote stroom wegkolkten naar lager gelegen plekken. Kikkers legden daar hun eieren, grote kristallen ballen van gelatine, waar allemaal kleine kikkervisjes in zaten, te wachten op het moment dat ze zich een weg naar buiten konden eten.

Karpers schoten alle kanten op om muskuskevers te vangen. Als je een muskuskever in je hand hield dan rook je een zoete, zware geur.

Ik heb eens een hele middag achter muskuskevers aangerend. Uiteindelijk had ik er een paar in mijn broekzak, want ze zijn moeilijk te vangen. Ik nam ze mee naar Granma, omdat ik wist dat ze van zoete geuren hield. Als ze haar schoonmaakzeep maakte, deed ze daar altijd kamperfoelie in.

Ze was bijna nog enthousiaster over de muskuskevers dan ik. Ze zei dat ze nog nooit zoiets zoets had geroken en begreep niet hoe ze de muskuskevers altijd over het hoofd had kunnen zien.

Toen we zaten te eten vertelde ze het aan Granpa, voordat ik de gelegenheid kreeg. Ze zei dat het de allernieuwste geur was die ze ooit geroken had. Granpa was stomverbaasd. Ik liet ze hem ruiken en hij zei dat hij in die zeventig en nog wat jaren helemaal niet van het bestaan van zo'n geur had afgeweten.

Granma zei dat ik goed had gehandeld, want als je iets tegen-

komt wat goed is, is het eerste wat je moet doen, dat delen met wie je maar kunt vinden; op die manier verbreidt het goede zich naar ik weet niet hoeveel kanten allemaal. En dat is goed.
Ik was behoorlijk nat geworden door mijn gespat in de bergbeek, maar Granma zei er niks van. Cherokezen gaven hun kinderen nooit standjes om iets wat met de bossen te maken had.
Ik waadde stroomopwaarts door de bergbeek, door het heldere water, en ging diep door de knieën om de groene bladergordijnen van de treurwilgen te ontwijken die erboven hingen, en waarvan sommige takjes in het stromende water wiegden. Watervarens bogen zich als groen kant over de stroom en boden een schuilplaats aan de kleine baldakijnspinnen.
Deze kleine ventjes bonden het ene eind van een dunne draad aan een varentak, sprongen dan de lucht in en scheidden nog meer draad af, in een baldakijnvorm. Zo probeerden ze bij een andere varentak aan de overkant te komen. Als dat lukte, bond hij de draad vast en sprong terug, steeds heen en weer, tot hij een parelkleurig net over de beek had gehangen.
Het waren kranige kereltjes. Als ze in het water vielen, werden ze door de stroom meegesleept en moesten ze vechten om boven te blijven en naar de oever te komen voordat een karper hen te pakken kreeg.
Ik hurkte in het midden van de bergbeek en keek naar een kleine spin die zijn draad probeerde over te brengen. Hij was vastbesloten het grootste parelgrijze net aan te brengen van de hele bergbeek, van begin tot eind, en hij koos daar een heel breed gedeelte voor. Hij bond de hele tijd zijn draad vast, sprong in de lucht en viel in het water. Dan werd hij stroomafwaarts meegevoerd, vocht voor zijn leven, kroop weer op de oever en kwam terug bij diezelfde varen. En daar begon hij weer van voren af aan.
Toen hij voor de derde keer bij de varen terugkwam, ging hij liggen, kruiste zijn voorpoten onder zijn kin, en begon het water te bestuderen. Ik dacht dat hij wel zo goed als uitgeput

zou zijn, ik in elk geval wel, en mijn achterste was verkleumd van het hurken in de beek. Hij lag daar te denken en te peinzen. Opeens kreeg hij een idee en begon op de varen op en neer te springen. Op en neer. De varen rees op en kwam neer. Hij bleef springen om de varen op en neer te laten wippen en toen, plotseling, toen de varen omhoogkwam, sprong hij, spon zijn draad, en het was gelukt.

Hij glom van trots en danste in het rond omdat hij het hem gelapt had, totdat hij bijna viel. Zijn parelkleurig net werd het grootste dat ik ooit heb gezien.

Ik leerde de bergbeek kennen en volgde de bedding door het dal. Ik leerde de klipzwaluwen kennen, die hun nesten in de wilgen hadden hangen en zich over mij opwonden, tot ze me begonnen te kennen, toen staken ze hun kopjes uit en praatten; ik leerde de kikkers kennen die overal langs de oever zongen, maar zich stilhielden als ik te dichtbij kwam, totdat Granpa me vertelde dat kikkers de grond voelen trillen als je loopt. Hij liet me zien hoe een Cherokees loopt, niet met zijn hiel naar beneden, maar met zijn tenen, waarbij de mocassins heel voorzichtig de grond raken. Toen kon ik heel dicht bij ze komen en zelfs naast een kikker gaan zitten terwijl die gewoon bleef doorzingen.

Door de bergbeek te volgen, vond ik de geheime schuilplaats. Het was een klein eindje de helling van de berg op, helemaal ingesloten door laurier. Hij was niet erg groot, het was een grasheuveltje met een oude eucalyptus die vooroverboog. Maar toen ik het zag, wist ik dat ik mijn geheime schuilplaats gevonden had. Ik ging er vaak naartoe.

Ouwe Maud ging graag met me mee. Zij vond het ook mooi. We zaten dan samen onder de eucalyptus en luisterden en keken. Ouwe Maud gaf nooit een kik in de geheime schuilplaats. Ze wist dat het geheim was.

Op een keer, laat in de middag, zaten ouwe Maud en ik met onze rug tegen de eucalyptus om ons heen te kijken, toen ik een eindje verderop iets zag bewegen. Het was Granma. Ze was niet veel verderop voorbijgekomen. Maar ik meende dat ze mijn geheime schuilplaats niet gezien had, anders had ze wel iets gezegd.

Granma liep geruislozer dan een zuchtje wind door de bomen. Ik volgde haar, ze was wortels aan het zoeken. Ik haalde haar in om te helpen en ik en Granma gingen op een boomstam zitten om de wortels uit te zoeken. Ik denk dat ik nog te jong was om een geheim te bewaren, want ik moest Granma vertellen over mijn schuilplaats. Ze was niet verbaasd, wat míj verbaasde.

Granma zei dat alle Cherokezen een geheime schuilplaats hadden. Ze vertelde me dat zij er een had en Granpa had er ook een. Ze vertelde dat ze het nooit had gevraagd, maar ze geloofde dat die van Granpa op de top van de berg was, langs het hoge pad. Ze zei dat ze dacht dat bijna iedereen een geheime plek had, maar dat wist ze niet zeker, want ze had er nooit navraag naar gedaan. Granma zei dat het noodzakelijk was. En het gaf me een goed gevoel dat ik er ook een had.

Granma zei dat ieder mens twee geesten heeft. Een van de geesten had te maken met de materiële behoeften van het lichaam. Die moest je gebruiken om uit te zoeken hoe je onderdak en voedsel en dergelijke kon bemachtigen. Ze zei dat je die ook moest gebruiken om te paren en jonkies te krijgen en zo. Ze zei dat we die geest moesten hebben om in leven te kunnen blijven. Maar ze vertelde dat we nog een geest hadden, die daar helemaal niets mee te maken had. Ze zei dat dat de spirituele geest was.

Granma zei dat als je de materiële geest gebruikte om hebzuchtig of oneerlijk te denken, als je er altijd mee op mensen inhakte of probeerde uit te vinden hoe je materieel van ze kon profiteren... dan kromp je spirituele denkwereld ineen tot de grootte van niet veel meer dan een hickorynoot.

Granma zei dat wanneer je lichaam doodging, de materiële geest ook doodging, en als je je hele leven lang alleen daarmee gedacht had was je mooi klaar, dan zat je opgescheept met een geest ter grootte van een hickorynoot, aangezien de spirituele geest de enige was die doorleefde als al het andere was doodgegaan. Toen zei Granma dat als je opnieuw werd geboren – en dat werd je – dan was je nog verder van huis, dan werd je geboren met een spirituele geest ter grootte van een hickorynoot, die bijna nergens iets van begreep.

Dan kon hij weleens inkrimpen tot het formaat van een erwt, en verdwijnen wanneer de materiële denkwijze alles overnam. In zo'n geval verloor je je geest helemaal.
Zo krijg je onbezielde mensen. Granma zei dat je onbezielde mensen makkelijk kon herkennen. Ze zei dat onbezielde mensen, wanneer ze naar een vrouw keken, alleen maar vuiligheid zagen; wanneer ze naar andere mensen keken, zagen ze alleen maar slechte dingen; wanneer ze naar een boom keken, zagen ze alleen maar timmerhout en winstbejag; nooit schoonheid. Granma zei dat het wandelende doden waren.
Granma zei dat de spirituele geest net als een spier was. Als je hem gebruikte, werd hij groter en sterker. Ze zei dat je hem alleen zo kon laten worden door hem te gebruiken om dingen te begrijpen, maar je kon er pas toegang toe krijgen wanneer je materiële geest ophield met hebberig zijn en dat soort dingen. Dan kreeg het begrip de overhand, en hoe meer je probeerde te begrijpen, des te groter hij werd.
Natuurlijk was begrip en liefde hetzelfde, zei ze, alleen mensen bekeken het te vaak verkeerd en deden hun best om de indruk te wekken dat ze van dingen hielden terwijl ze ze niet begrepen. En dat kan niet eens.
Ik besloot meteen dat ik voortaan zou proberen om praktisch iedereen te begrijpen, want ik voelde er niets voor te verschijnen met een geest als een hickorynoot.
Granma zei dat je spirituele geest zo groot en sterk kon worden, dat je uiteindelijk alles zou weten over je vorige materiële levens en je zover zou komen dat je lichaam niet eens meer dood ging.
Granma zei dat ik vanuit mijn geheime schuilplaats mooi een beetje kon bekijken hoe het werkte. In het voorjaar, wanneer alles wordt geboren, en altijd wanneer iets wordt geboren, zelfs een gedachte, dan is er onrust en opwinding. Er zijn voorjaarsstormen die te vergelijken zijn met een pijnlijke en bloedige bevalling. Granma zei dat dat de geesten waren die zich kwaad maakten, omdat ze terug moesten keren in materiële vormen.
Dan kwam de zomer, ons volwassen leven, en dan de herfst,

wanneer we ouder werden en we dat eigenaardige gevoel hadden dat onze geest terugging in de tijd. Sommige mensen noemden dat nostalgie en weemoed. Daarna kwam de winter, wanneer alles dood was of leek te zijn, net als ons lichaam wanneer het sterft. Maar alles werd opnieuw geboren, net als in het voorjaar. Granma zei dat de Cherokezen dat wisten, dat ze dat lang geleden al hadden geleerd.

Granma zei dat ik er wel achter zou komen dat de oude eucalyptus in mijn geheime schuilplaats ook een geest had. Niet een menselijke geest, maar een boomgeest. Ze zei dat haar pa haar daar alles over geleerd had.

Granma's pa heette Brown Hawk. Ze zei dat zijn begrip groot was. Hij kon de gedachten van de boom voelen. Op een keer, zei ze, toen ze nog een klein meisje was, maakte haar pa zich zorgen en hij vertelde dat de witte eiken op de berg vlakbij opgewonden en bang waren. Hij bracht veel tijd door op de berg en liep tussen de eiken door. Ze waren van een grote schoonheid, lang en recht. Ze waren niet egoïstisch, ze gunden grond aan looiersbomen en dadelpruimen, aan hickorybomen en kastanjes, zodat de wilde dieren te eten hadden. Door zich niet egoïstisch op te stellen, kregen ze meer levenskracht en hun geest was sterk.

Granma zei dat haar pa zich zo ongerust maakte over de eiken dat hij er 's nachts tussendoor bleef lopen, want hij wist dat er iets niet in orde was.

Toen, heel vroeg op een ochtend, de dag brak aan boven de bergkam, zag Brown Hawk houthakkers tussen de witte eiken lopen. Ze krasten tekens in de bast en dachten erover na hoe de bomen omgekapt moesten worden. Toen ze weggingen, zei Brown Hawk, begonnen de witte eiken te huilen. En hij kon niet slapen. Daarom hield hij de houthakkers in de gaten. Ze legden een weg aan die bij de berg opliep en over die weg voerden ze hun karren aan.

Granma zei dat haar vader met de andere Cherokezen ging praten. Ze besloten de witte eiken te redden. Ze vertelde dat de Cherokezen 's avonds, toen de houthakkers teruggingen naar het dorp, de weg opbraken en er diepe geulen in hakten. De vrouwen en kinderen hielpen.

De volgende ochtend kwamen de houthakkers terug en hadden de hele dag nodig om de weg te repareren. Maar die avond vernielden de Cherokezen de weg opnieuw. Dit ging de volgende twee dagen en nachten zo door; toen stelden de houthakkers bewakers met geweren langs de weg op. Maar ze konden niet de hele weg in de gaten houden en de Cherokezen hakten sleuven waar ze maar konden.
Granma zei dat het een harde strijd was en ze werden erg moe. Toen, op een dag, toen de houthakkers aan de weg werkten, viel een gigantische witte eik over een vrachtkar heen. Hij doodde twee muilezels en vernielde de kar. Ze vertelde dat het een mooie, gezonde witte eik was, die geen reden had om te vallen, maar hij deed het wel.
De houthakkers gaven hun pogingen om een weg aan te leggen op. De voorjaarsregens begonnen... en ze kwamen nooit meer terug.
Granma zei dat het volle maan was geworden en ze vierden feest tussen die fantastische witte eiken. Ze dansten in de volle gele maan en de witte eiken zongen en beroerden elkaars takken, en ze raakten ook de Cherokezen aan. Granma zei dat ze een rouwlied zongen voor de witte eik die zijn leven had gegeven om de anderen te redden, en ze zei dat het gevoel zo sterk was dat ze bijna zweefde.
'Little Tree,' zei ze, 'deze dingen moet je niet vertellen, want het heeft geen zin om ze te verkondigen in deze wereld, die de blanken toebehoort. Maar je moet ze weten. En daarom heb ik je ze verteld.'
Toen begreep ik waarom we alleen maar de houtblokken gebruikten die de geest voor ons haardvuur overliet. Ik begreep het leven van het bos... en de bergen.
Granma zei dat haar pa zo'n begrip had, dat ze wist dat hij sterk moest zijn... daar waar hij zou weten, in zijn volgende lichamelijke leven. Ze zei dat ze hoopte dat ze ook gauw sterk zou zijn; dan zou ze hem kennen, en hun geesten zouden elkaar begrijpen.
Granma zei dat Granpa, zonder het te beseffen, steeds dichter naar het begrip toegroeide, en ze zouden bij elkaar blijven, altijd, en hun geesten zouden elkaar begrijpen.

Ik vroeg Granma of ze dacht dat ik ook zo kon worden, zodat ik niet alleen achter zou blijven.
Ze pakte mijn hand. We liepen een heel eind langs het pad voor ze antwoord gaf. Ze zei dat ik altijd moest proberen te begrijpen. Ze zei dat ik er ook zou komen, misschien nog wel eerder dan zij.
Ik zei dat het me geen zier kon schelen of ik haar voor was. Ik zou al blij zijn als ik haar kon bijhouden. Het was een eenzaam gevoel altijd te worden achtergelaten.

De handel van Granpa

Nog nooit in al zijn zeventig en nog wat jaren had Granpa een baan bij de overheid gehad. Een 'baan bij de overheid' betekende voor bergbewoners èlke baan waarvoor je werd ingehuurd en uitbetaald. Granpa kon niet tegen regelmatig inhuren. Hij zei dat dat alleen maar tijd nam zonder voldoening te geven. Wat redelijk is.

In 1930, toen ik vijf jaar oud was, bracht een zak maïs vijfentwintig dollarcent op; dat wil zeggen, als je iemand kon vinden die een zak maïs wilde kopen. Wat niet waarschijnlijk was. Ook al hadden we een zak verkocht voor tien dollar, dan nog hadden ik en Granpa er niet van kunnen leven. Ons maïsveldje was te klein.

Maar Granpa had wel een handeltje. Hij zei dat iedere man een vak moest hebben en daar trots op behoorde te zijn. En dat was Granpa. Zijn vak was eeuwenlang via de Schotse tak van de familie van vader op zoon overgegaan. Granpa stookte whisky.

Als je over whiskystoken begint, doen de meeste mensen die niet in de bergen wonen daar heel negatief over. Maar hun vooroordelen slaan vooral op wat grote-stads criminelen doen. Grote-stads criminelen huren kerels in om hun whisky aan de man te brengen, zonder zich te bekommeren om wat voor whisky het is, alleen maar om veel te kunnen slijten, en vlug. Zulke mannen gebruiken kaliumzout of loog om hun goedje snel van kleur te laten veranderen en hun whisky mooi te laten 'parelen'. Ze laten hun whisky door buizen van plaatijzer of tin lopen, of zelfs door radiateurs van vrachtwagens, waar allerlei vergif in zit en waar je aan dood kunt gaan.

Granpa zei dat zulke kerels moesten worden opgehangen. Granpa zei dat je kritiek kon hebben op zo ongeveer ieder

vak, dat je elk vak een slechte naam kon geven als je je oordeel baseerde op de grootste slechterik die zich met dat vak bezighield.
Granpa zei dat zijn kostuum nog net zo eerste klas was als op zijn trouwdag, zo'n vijftig jaar geleden. Hij zei dat de kleermaker die het gemaakt had trots op zijn werk was geweest. Er waren evenwel ook kleermakers die dat niet waren. Je mening over het kleermakersvak hing af van het soort kleermaker waar je op afging. Zo was het ook met de whiskystokerij. Wat waar is.
Granpa zou nooit iets in zijn whisky stoppen, zelfs geen suiker. Suiker wordt gebruikt om de whiskyproduktie op te voeren; maar Granpa zei dat het geen pure whisky was als je dat deed. Hij maakte pure whisky; er kwam bij hem alleen maar maïs aan te pas.
Hij had niet het geduld om de whisky lang te laten rijpen. Granpa zei dat hij zijn leven lang allerlei figuren hoog had horen opgeven over langer gerijpte whisky. Hij zei dat hij het een keer geprobeerd had, dat hij wat verse whisky achter had gehouden en die een week lang met rust had gelaten. Toen hij ervan proefde, smaakte het verdomme geen spatje anders dan al die andere whisky die hij gemaakt had.
Granpa zei dat het kwam door mensen die de whisky een hele tijd in vaten lieten zitten, tot de drank het aroma en de kleur van de vaten had overgenomen. Hij zei dat als een onnozele hals een vat wilde ruiken, hij er zijn kop maar in moest steken en de geur opsnuiven, dan kon hij daarna een eerlijke whisky nemen.
Granpa noemde zulke lui 'vatensnuivers'. Hij zei dat hij gewoon water in een vat zou kunnen doen en het lang genoeg laten staan om het aan zulke mensen te verkopen, en ze zouden het nog drinken ook, omdat het naar een vat rook.
Granpa was behoorlijk geïrriteerd door al dat gedoe met die whiskyvaten. Hij zei dat het waarschijnlijk begonnen was – als je dat kon nagaan – door hoge omes die het zich konden permitteren om hun whisky voor jaren op te slaan. Op die manier persten ze de kleine man uit, die het zich niet kon veroorloven zijn whisky op te slaan om een vatenluchtje te

krijgen. Hij zei dat ze sloten geld spendeerden om hun whisky-met-vatengeur aan de man te brengen en ze namen er heel wat leeghoofden mee in de maling. Maar er waren ook nog verstandige mensen, zei Granpa, die geen vaten snoven, en zo kon de kleine man nog steeds het hoofd boven water houden.
Granpa zei dat, aangezien whiskystoken het enige vak was dat-ie ooit geleerd had, en aangezien ik vijf was en bijna zes werd, hij vond dat ik het vak maar moest leren. Hij zei dat als ik ouder werd, ik misschien wel van vak wilde veranderen, maar dan zou ik in ieder geval het whiskyvak kennen, en daar op terug kunnen vallen als het op andere manieren even niet lukte om aan de kost te komen.
Ik begreep meteen dat Granpa en ik in een strijd verwikkeld waren met de hoge omes die whisky-met-vatengeur propageerden; maar ik was trots dat Granpa me als leerling-whiskystoker had aangenomen.
Granpa had zijn distilleerderij verderop in de Engte, waar de bergbeek zich vertakt. Hij lag wat achteraf tussen de laurier en de kamperfoelie, die zo dicht begroeid waren, dat een vogel de distilleerderij nog niet zou kunnen vinden. Granpa was er trots op, want het was allemaal van koper: de pot en de kolfbuis en de kolom, die 'worm' werd genoemd.
Onze stokerij was voor een stokerij aan de kleine kant, maar we hadden geen grote nodig. Granpa gebruikte hem maar eens per maand, en dan stookte hij zo'n vijftig liter. We verkochten veertig liter aan mister Jenkins, die een winkel had op het kruispunt, voor vijftig cent per liter, wat, zoals je kunt begrijpen, veel geld was voor onze maïs.
Het was genoeg voor het noodzakelijke levensonderhoud en we konden er nog wat van sparen ook. Granma hield de spaarcentjes in een tabakszak die ze in een weckfles had gefrommeld. Granma zei dat ik er ook een aandeel in had, want ik werkte hard en leerde het vak.
De overige tien liter hielden we voor onszelf. Granpa vond het prettig om af en toe een drankje uit zijn kruik te nemen en om het bezoek wat te kunnen aanbieden, en Granma gebruikte er flink wat van voor haar hoestdrank. En Granpa zei

dat je niet zonder kon als je was gebeten door een slang, een spin, of bij andere calamiteiten.
Ik kreeg snel door dat distilleren - als je het goed wilde doen - hard werken was.
De meeste mensen maakten whisky van witte maïs. Die hadden we niet. We gebruikten Indiaanse maïs, de enige die we verbouwden. Die is donkerrood en gaf onze whisky een lichtrode gloed... waar niemand aan kon tippen. We waren trots op onze kleur. Iedereen herkende die zodra ze 'm zagen.
Die maïs dopten we. Granma hielp ons daarbij. Een deel deden we in een jutezak. We schonken warm water over die zak en legden hem in de zon, of in de winter bij het haardvuur. Je moest de zak twee of drie keer per dag keren om de maïs te schudden. Binnen vier of vijf dagen hadden de korrels flinke uitlopers.
De rest van de gepelde maïs maalden we tot meel. Een molenaar konden we niet betalen, dat was te duur voor ons. Granpa had zijn eigen graanmolen gebouwd. Die bestond uit twee stenen die tegen elkaar aan waren gezet, en die we met een hendel ronddraaiden.
Ik en Granpa sjouwden het meel door het dal en de Engte naar de distilleerderij. We hadden een houten trog die we in de bergbeek zetten, waar we hem voor driekwart lieten vollopen. Dan deden we het meel erin en staken het vuur onder de pot aan. We gebruikten essehout, want dat rookt niet. Granpa zei dat iedere andere houtsoort waarschijnlijk ook prima was, maar het had geen zin om risico's te nemen. Waar hij gelijk in had.
Granpa pakte voor mij een kistje, dat we op een boomstronk bij de pot neerzetten. Ik stond op de kist en roerde het meelwater terwijl het kookte. Ik kon niet over de rand heenkijken en zag nooit precies wat ik roerde, maar Granpa zei dat ik het heel goed deed en het goedje nooit heb laten aanbranden. Ook niet als mijn armen moe waren.
Nadat we het hadden gekookt, lieten we het door een buisje onderin weglopen in een vat, en voegden de ontsproten maïs toe die we gemalen hadden. Daarna dekten we het vat af en

lieten het rijpen. Het had een dag of vier, vijf nodig, maar we moesten er iedere dag naartoe om te roeren. Granpa zei dat het 'werkte'.
Na een dag of vier, vijf zat er een harde korst op. We braken de korst open, totdat die zo'n beetje verdwenen was en dan waren we klaar om te oogsten.
Granpa had een grote emmer en ik had een kleine. We maakten het vat ermee leeg en schonken het bier - zo noemde Granpa het - in de pot. Granpa plaatste de kap op de pot, daarna legden we er wat hout onder en staken dat aan. Als het bier kookte, kwam er stoom door de buis van de kap die in verbinding stond met de worm. De windingen van de koperen buizen liepen rond als in een spiraal. De worm zat aan een vat vastgemaakt, en het koude water uit de beek liep door het vat in onze trog. Dit zorgde ervoor dat de stoom weer tot vloeistof werd teruggebracht, en de worm stak uit de bodem van het vat. Waar het naar buiten kwam, gebruikten we hickory houtskool om het vet, waar je ziek van werd als je het dronk, eruit te filteren.
Na dit alles zou je de indruk kunnen krijgen, dat we heel wat whisky hadden... maar we hadden dan nog maar zo'n tien liter. We zetten de tien liter aan de kant en haalden de 'achterblijfselen', die niet in stoom waren veranderd, eruit.
Dan moesten we de hele zaak schoon boenen. De tien liter die we hadden, noemde Granpa de 'enkelingen'. Hij zei dat er nog te veel alcohol in zat. We deden de overblijfselen en de enkelingen terug in de pot, staken het vuur aan, voegden wat water toe en begonnen de ceremonie opnieuw. En dan kregen we onze vijftig liter.
Zoals ik al zei, het was hard werken geblazen. Ik heb nooit begrepen hoe sommige mensen kunnen beweren dat luie nietsnutten whisky maken. Wie dat zegt heeft zonder twijfel nog nooit whisky gemaakt.
Granpa was de beste op zijn vakgebied. Er bestaan heel wat meer manieren om slechte whisky te maken dan goede. Het vuur kan niet heet genoeg zijn. Als je de whisky te lang laat gisten, krijg je azijn; als je het te vroeg opvangt, is het te slap. Je moet de kleur kunnen beoordelen, en het alcoholgehalte.

Ik zag waarom Granpa zo trots op zijn vak was, en ik probeerde het ook te leren.
Ik deed allerlei dingen en Granpa zei dat hij niet begreep hoe hij het ooit zonder mij had klaargespeeld. Hij liet mij na het opvangen van de whisky in de pot zakken en ik boende die schoon. Dat deed ik altijd zo snel mogelijk, want het was er meestal behoorlijk heet. Ik sleepte essehout aan en hield het vuurtje aan de gang. Zo bleven we bezig.
Wanneer ik en Granpa op de distilleerderij waren, hield Granma de honden achter slot en grendel. Granpa zei dat als iemand onze kant op ging, Granma Blue Boy moest loslaten en hem het pad laten volgen. Blue Boy, die de beste neus had, zou onze geur oppikken en bij de distilleerderij verschijnen en dan zouden wij weten dat er iemand aankwam.
Granpa zei dat hij eerst ouwe Rippitt altijd gebruikte, maar die begon op een gegeven moment de overgebleven achterblijfselen op te eten en werd dan dronken. Hij had zich er regelmatig aan overgegeven. Granpa zei dat ouwe Rippitt bijna een dronkelap was geworden, tot hij er een eind aan had gemaakt. Op een keer had hij ouwe Maud meegenomen maar zij was ook dronken geworden. Daarom was hij op Blue Boy overgestapt.
Er zijn nog vele andere zaken die een goede whiskymaker uit de bergen moet weten. Je moet zorgen dat je na het opvangen de installatie goed schoonmaakt, want als je dat niet doet, ruikt die naar zuur beslag. Granpa zei dat de wet net als een jachthond was, ze hadden een fijne neus, die een beslaggeur op kilometers afstand kon oppikken. Granpa zei dat hij dacht dat daar de naam 'speurhond' vandaan kwam. Hij zei dat als je het zou kunnen uitzoeken, ze allemaal van dezelfde soort afstamden, en gebruikt werden door koningen en dergelijke, als honden om mensen 'op te speuren'. Maar Granpa zei dat als ik ooit in de gelegenheid kwam er één te zien, ik zou opmerken dat zij ook een luchtje hadden... wat mensen aardig kon helpen om erachter te komen of ze in de buurt waren.
Je moest ook uitkijken dat je je emmer niet tegen de pot stootte. In de bergen kun je op drie kilometer afstand een

emmer tegen een pot horen aanknallen. Daar zat ik behoorlijk over in de piepzak, tot ik het door begon te krijgen. Ik moest eerst mijn emmer in het vat onderdompelen, het naar de pot sjouwen, op de boomstam en de kist klimmen, en vooroverhangen om het bier erin te gieten. Binnen de kortste keren was ik zover dat ik nooit meer met mijn emmer tegen de pot stootte.
Je kon ook niet zingen of fluiten. Maar ik en Granpa praatten. Gewoon praten kan in de bergen heel ver doorklinken. De meeste mensen weten niet – maar de Cherokezen wel – dat je op een toonhoogte kunt praten die, als ze door de wind gedragen wordt, klinkt als berggeluiden: geruis in de bomen en de struiken, of stromend water. Op die manier praatten ik en Granpa.
We luisterden naar de vogels terwijl we werkten. Als de vogels wegvlogen en de boomkrekels ophielden met zingen, moest je uitkijken.
Granpa zei dat er zoveel dingen waren die je in je hoofd moest hebben, dat ik me niet druk hoefde te maken om alles in één keer op te nemen; dat het vanzelf zou komen en na een tijdje gewoon zou zijn. En dat was uiteindelijk het geval.
Granpa had een merk voor zijn whisky. Het was zijn handelsmerk, dat in het deksel van elke fruitpot gekrast zat. Het merk van Granpa had de vorm van een tomahawk, en niemand in de bergen gebruikte het verder. Elke producent had zijn eigen merk. Granpa zei dat als hij doodging, wat hij naar alle waarschijnlijkheid ooit wel een keer zou doen, ik het merk zou erven. Hij had het van zijn pa gekregen. In de winkel van mister Jenkins kwamen mensen die geen andere whisky wilden kopen dan die van Granpa, met zijn merk erop.
Granpa zei dat aangezien hij en ik min of meer compagnons waren, de helft van het merk al van mij was. Dat was de eerste keer dat ik ooit iets mijn bezit kon noemen. Daarom was ik apetrots op ons merk, en zag erop toe, net als Granpa, dat we onder ons merk nooit slechte whisky leverden. En dat gebeurde dan ook niet.
Ik geloof dat ik een van de angstigste momenten van mijn le-

ven doormaakte tijdens het whiskystoken. Het was laat in de winter, bijna voorjaar. Ik en Granpa waren net bezig aan onze laatste oogst. We hadden de tweeliter-vruchtenpotten afgesloten en deden ze in de jutezakken. We deden ook altijd wat bladeren in die zakken, want dat hielp voorkomen dat de potten zouden breken.

Granpa droeg altijd twee grote jutezakken met het grootste deel van de whisky. Ik droeg een kleine jutezak met drie tweeliter-potten erin. Uiteindelijk was ik zo ver dat ik vier potten kon dragen, maar toentertijd kon ik er nog maar drie aan. Het was een aardig vrachtje, en ik moest onderweg vaak stoppen en het even neerzetten om uit te rusten. Dat deed Granpa ook.

We hadden de zakken bijna ingepakt toen Granpa zei: 'Verdomme! Daar heb je Blue Boy!'

Daar was-ie, hij lag naast de distilleerderij met zijn tong uit z'n bek. Wat mij en Granpa bang maakte was dat we niet wisten hoe lang hij daar al gelegen had. Hij had zich daar zonder iets te zeggen neergevleid. Ik zei ook: 'Verdomme!' (Zoals ik al zei, Granpa en ik vloekten wel eens als Granma niet in de buurt was.)

Granpa had zijn oren al gespitst. Er viel niets bijzonders te horen. De vogels waren nog niet weggevlogen. Granpa zei: 'Pak je zak en loop vast terug. Als je mensen ziet, ga dan van het pad af tot ze voorbij zijn. Ik maak de boel schoon en verstop de distilleerderij, en dan ga ik langs de andere kant van de berg naar beneden. Ik zie je thuis wel.'

Ik greep mijn zak en gooide die zo snel over mijn schouder dat ik bijna achteroverviel, toen maakte ik dat ik wegkwam, langs het pad van de Engte. Ik was bang... maar ik wist dat het moest. De distilleerderij kwam op de eerste plaats.

Plattelanders konden niet begrijpen wat het voor een berglander betekent wanneer zijn distilleerderij zou worden verwoest. Dat zou net zo'n ramp zijn als de Chicago-brand voor de mensen in Chicago. Granpa had zijn distilleerderij geërfd, en nu, op zijn leeftijd, was het niet waarschijnlijk dat hij hem ooit zou kunnen vervangen. Als hij eraan ging, zou dat niet alleen betekenen dat ik en Granpa geen zaken meer

konden doen, maar het zou hem en Granma en mij in een situatie brengen, waarin het praktisch onmogelijk was onszelf in leven te houden.
Het was buiten kijf dat we niet van maïs van vijfentwintig cent konden leven, zelfs als we genoeg maïs te verkopen hadden - wat bij ons niet het geval was - en zelfs als je het kon verkopen, wat bij ons evenmin het geval was.
Granpa hoefde me niet uit te leggen hoe belangrijk het was om de distilleerderij te redden. Dus ik vertrok. Het viel niet mee om met de drie fruitpotten in mijn zak door te lopen.
Granpa liet Blue Boy met mij meegaan. Ik hield Blue Boy in de gaten, die vlak voor me liep, want hij kon een geur al oppikken voor je ook maar iets hoorde.
De bergen rezen hoog op aan beide kanten van de Engte en er was net genoeg ruimte om langs de oever van de bergbeek te lopen. Ik en Blue Boy waren misschien halverwege de Engte toen we ergens verderop, op het dalpad, een enorme herrie hoorden uitbreken.
Granma had alle honden losgelaten en ze renden huilend en jankend onze kant op. Er was iets aan de hand. Ik stond stil en Blue Boy ook. De honden kwamen eraan, ze draaiden net de Engte in, onze richting uit. Blue Boy spitste zijn oren, stak zijn staart omhoog en snuffelde in de lucht; de haren op zijn rug stonden rechtovereind, en hij begon met stramme poten voor mij uit te lopen. Ik was op dat moment bijzonder op Blue Boy gesteld.
Toen kwamen ze te voorschijn. Ze kwamen plotseling om de bocht van het pad aanzetten, bleven staan en keken naar mij. Het leek wel een leger, maar als ik eraan terugdenk waren het er waarschijnlijk maar vier. Het waren de grootste kerels die ik ooit gezien had en ze droegen glanzende insignes op hun overhemd. Ze stonden daar en staarden mij aan alsof ze nooit eerder zoiets gezien hadden. Ik stond stil en bekeek hen ook. M'n mond werd zo droog als gort en mijn knieën begonnen te knikken.
'Hé!' brulde een van hen, 'God allemachtig... het is een kind!' Een andere zei: 'Het is verdomme een Indianenkind!'
Met mijn mocassins, mijn rendierbroek en shirt aan, en met

mijn lange, zwarte haar zag ik niet in hoe ik ooit voor iets anders kon worden aangezien.

Een van hen zei: 'Wat heb je daar in die zak, jochie?' En een andere brulde: 'Kijk uit voor die hond!'

Blue Boy liep heel langzaam op hen af. Hij gromde laag en liet zijn tanden zien. Blue Boy ging er tegenaan.

Ze begonnen te lopen, voorzichtig, langs het pad mijn kant uit. Ik zag wel dat ik niet om hen heen kon. Als ik in de bergbeek sprong zouden ze me pakken, en als ik langs het pad terugrende zou ik ze naar de distilleerderij leiden. Dan zouden Granpa en ik onze handel kwijt zijn en het was mijn verantwoordelijkheid, net zo goed als die van Granpa, om de distilleerderij te redden. Ik koos de berghelling.

Er is een manier om tegen een berg op te rennen, als je daar tenminste ooit toe gedwongen wordt... wat ik niet hoop. Granpa had me laten zien hoe de Cherokezen dat doen. Je loopt niet recht omhoog, je rent langs de helling zigzaggend omhoog. Maar je voeten raken nauwelijks de grond; dat komt omdat je steeds boven op het sprokkelhout, of de boomstammen, of wortels springt. Dat geeft je meteen een goede houvast, zodat je niet uitglijdt. En je kunt mooi tempo maken, en dat deed ik.

In plaats van meteen tegen de berg op te lopen, weg van de mannen, rende ik met een boog boven het pad langs.

Zo kon ik mooi langs hen heen komen. Ze klauterden ook omhoog, onhandig in het kreupelhout, maar een van hen kon nog bijna bij mijn voet toen ik voorbijkwam. Hij kreeg het stuk sprokkelhout te pakken waar ik opgestapt was en was zo dicht bij dat ik bijna zeker wist dat hij me onmiddellijk zou vermoorden. Maar Blue Boy beet hem in zijn been. Hij schreeuwde en viel achterover op de mannen achter hem, en ik rende door.

Ik hoorde Blue Boy grommen en vechten. Hij werd geschopt of geslagen, want ik hoorde hem kreunen. Hij jankte even, maar toen vocht hij alweer. Ik bleef maar doorrennen – zo snel als ik kon – wat niet zo snel was, omdat de vruchtenpotten me ophielden.

Ik hoorde hoe de mannen achter me tegen de berg opklauterden en op dat moment vielen de andere honden aan. Ik herkende duidelijk het gejank en gegrom van ouwe Rippitt en ouwe Maud. Met het geschreeuw en gebrul en gevloek van de mannen erbij klonk het allemaal behoorlijk angstig. Later zei Granpa dat hij het helemaal aan de andere kant van de berg gehoord had en dat het leek of er een complete oorlog was uitgebroken.

Ik bleef rennen zo lang ik kon. Na een tijdje moest ik stoppen. Ik had het gevoel dat ik uit elkaar zou barsten, maar ik bleef niet lang staan. Ik ging door todat ik boven op de berg stond. Het laatste deel van de klim moest ik mijn vruchtenpotten over de grond achter me aan slepen, zo moe was ik.

Ik hoorde de honden en de mannen nog steeds. Ze gingen terug door de Engte, en langs het pad door het dal. Het geruzie, gevloek en geschreeuw hield niet op; het was als een grote bal van geluid die langs het pad naar beneden rolde tot ik het niet meer horen kon.

Hoewel ik zo moe was dat ik niet meer op mijn benen kon staan, voelde ik me zeer tevreden, want ze gingen niet de kant van de distilleerderij uit, en ik wist dat Granpa daar blij om zou zijn. Mijn benen voelden zwak aan en daarom nestelde ik me in de bladeren en viel in slaap.

Toen ik wakker werd was het donker. De maan was opgekomen boven de berg in de verte, hij was bijna vol en scheen tot ver in het dal, een heel eind beneden me. Toen hoorde ik de honden. Ik wist dat Granpa ze achter mij aan had gestuurd, want ze huilden niet zoals bij het vossespoor; ze klonken weeklagend, alsof ze wilden dat ik antwoord gaf.

Ze hadden mijn spoor te pakken, want ze zigzagden de berg op. Ik floot en hoorde ze keffen en blaffen. Plotseling sprongen ze boven op me en likten me overal in mijn gezicht. Zelfs ouwe Ringer was gekomen, en die was bijna blind.

De honden en ik daalden langs de helling naar beneden. Ouwe Maud had geen geduld en rende blaffend en jankend vooruit om Granpa en Granma te vertellen dat ik terecht was. Ik kon me niet aan de indruk onttrekken dat ze van plan was alle eer voor zichzelf op te eisen, hoewel ze geen spat kon ruiken.

Toen ik beneden in het dal kwam zag ik Granma op het pad staan. Ze had de lantaarn aangestoken en hield die voor zich uit, als een baken waar ik me op kon richten. Granpa was bij haar.
Ze liepen niet verder maar bleven staan wachten en keken hoe ik met de honden aan kwam lopen. Het gaf me een prettig gevoel. Ik had mijn vruchtenpotten bij me en had er niet één gebroken.
Granma zette de lantaarn op de grond en knielde neer om me te begroeten. Ze greep me zo hard beet, dat ik bijna de vruchtenpotten liet vallen. Granpa zei dat hij de potten verder zou dragen.
Granpa zei dat hij het zelf niet beter had kunnen doen, en hij was al in de zeventig. Hij zei dat ik waarschijnlijk wel de beste whiskystoker van de bergen zou worden.
Granpa zei dat ik nog wel eens beter kon worden dan hij. Ik wist dat dat niet waarschijnlijk was, maar ik was trots dat hij het zei.
Granma zei geen woord. Ze droeg me naar huis. Maar ik had het kunnen halen, dat geloof ik bijna zeker.

Zaken doen met een christen

De volgende ochtend liepen de honden nog steeds op hoge poten van trots rond. Ze wisten dat ze iets gedaan hadden wat geholpen had. Ik was ook trots... maar ik schepte er niet over op, want zoiets hoorde bij de whiskyhandel.
Ouwe Ringer was verdwenen. Granpa en ik floten en riepen naar hem, maar hij kwam niet te voorschijn. We zochten de hele open plek rond het huisje af, maar hij was nergens te vinden. Dus vertrokken we met de honden om hem te zoeken. We liepen het dalpad op, door de Engte, maar vonden nergens een spoor van hem. Granpa zei dat we beter dezelfde weg terug bij de berg op konden nemen, waar ik de vorige avond langs naar beneden was gekomen. En dat deden we; eerst door de haag van kreupelhout, al zoekend, en toen de berg op. Blue Boy en Little Red vonden hem.
Ringer was in een boom geklommen. Misschien was het wel de laatste boom waar hij ingeklommen was, want Granpa zei dat hij eruitzag alsof hij in heel wat bomen was geklommen of anders met een stok was geslagen. Zijn kop zat helemaal onder het bloed en hij lag op zijn zij. Zijn tanden staken door zijn tong heen. Hij leefde nog, en Granpa pakte hem op en droeg hem in zijn armen de berg af.
We hielden stil bij de bergbeek, en ik en Granpa wasten het bloed van zijn kop en maakten zijn tong los van zijn tanden. Er zaten grijze haren op zijn kop en toen ik die zag besefte ik dat ouwe Ringer erg oud was en dat het helemaal niet goed voor hem was om in de bergen naar mij te zoeken. We zaten met hem aan de beek, en na een poosje opende hij zijn ogen; ze waren oud en omfloerst en hij kon nauwelijks zien.
Ik boog me naar ouwe Ringer toe en zei tegen 'm dat ik het waardeerde dat-ie naar me was gaan zoeken in de bergen, en dat het me speet. Ouwe Ringer kon het niets schelen, hij lik-

te m'n gezicht en liet me weten dat hij het zo weer over zou doen.
Granpa liet mij helpen ouwe Ringer naar huis te dragen. Granpa droeg het grootste gewicht, maar ik sjouwde z'n achterpoten. Toen we bij het huisje kwamen, legde Granpa 'm neer en zei: 'Ouwe Ringer is dood.' En dat was hij. Hij was onderweg gestorven, maar Granpa zei dat hij had begrepen dat we 'm waren komen halen en dat hij op weg naar huis was, en daar was hij blij om. Ik voelde me nu ietsje beter, maar niet veel.
Granpa zei dat ouwe Ringer was gestorven zoals alle goede berghonden willen sterven: aan het werk voor hun baasje en in de bossen.
Granpa haalde een schep. We droegen ouwe Ringer langs het dalpad naar boven, naar het maïsveldje waarop hij altijd zo trots had gepast. Granma ging ook mee, en alle honden volgden, jankend, met hun staart tussen de poten. Ik voelde me ook zo.
Granpa groef het graf van ouwe Ringer aan de voet van een kleine watereik. Het was een mooie plek, met rondom looiersbomen, die in het najaar rode bladeren droegen, en een kornoelje, die in het voorjaar witte bloesem droeg.
Granma spreidde een witte katoenen zak op de bodem van het graf uit, legde ouwe Ringer erop en wikkelde de zak om 'm heen. Granpa dekte ouwe Ringer af met een grote plank, zodat de wasberen hem niet konden opgraven. We dekten het graf toe. De honden stonden eromheen, ze begrepen dat het ouwe Ringer was, en ouwe Maud jankte. Zij en ouwe Ringer waren collega's geweest bij het maïsveld.
Granpa deed zijn hoed af en zei: 'Vaarwel, ouwe Ringer.' Ik zei ook vaarwel tegen ouwe Ringer. En zo lieten we hem achter, onder de watereik.
Ik voelde me erg verdrietig en leeg. Granpa zei dat hij wist hoe ik me voelde, want hij voelde zich net zo. Maar Granpa zei dat alles waar je van gehouden had en wat je verloor, je dat gevoel gaf. Hij zei dat het enige dat je ertegen kon doen, nergens meer van houden was, maar dat was nog erger, want dan had je altijd een leeg gevoel.

Granpa zei dat als ouwe Ringer niet trouw was geweest, we niet trots op hem zouden zijn geweest. Dat zou een veel naarder gevoel geven. Dat klopt. Granpa zei dat ik me ouwe Ringer zou herinneren wanneer ik oud was, en dat zou ik prettig vinden, om me hem te herinneren. Hij zei dat dat iets geks was, maar wanneer je oud was en je herinnerde je degenen van wie je hield, dan herinnerde je je het goede, nooit het slechte, wat bewees dat het slechte op geen enkele manier meetelde.

Maar we moesten door met onze handel. Ik en Granpa sjouwden onze waren naar de winkel van mister Jenkins op de kruising. 'Waren' noemde Granpa onze whisky.

Ik vond het pad dat we volgden, een kortere route, heel prettig. We liepen eerst een eind langs het pad door het dal, maar voordat we het karrespoor bereikten, sloegen we linksaf naar dat kortere pad. Het liep over de kammen van de bergen, die naar beneden glooiden als grote vingers die in het dal uitrustten.

De dalen die we door moesten waren ondiep en je kon er makkelijk uit omhoogklimmen. Het pad was verscheidene kilometers lang; het doorkruiste pijnbomen en cederbosjes langs de hellingen en voerde langs dadelpruimen en kamperfoeliewingerd.

In het najaar, als de vorst de dadelpruim rood gekleurd had, bleef ik op de terugweg steeds staan en vulde mijn zakken, en dan moest ik rennen om Granpa in te halen. In het voorjaar deed ik hetzelfde, maar dan plukte ik zwarte bessen.

Op een keer bleef Granpa staan kijken hoe ik de zwarte bessen plukte. Het was een van die keren dat hij zich ergerde aan woorden, en aan de manier waarop mensen door woorden voor de gek werden gehouden. Granpa zei: 'Little Tree, weet je wel dat als *zwarte* bessen *groen* zijn, dat ze dan *rood* zijn?'

Dit bracht me danig in de war. Granpa moest lachen. 'De *naam* is gegeven aan *zwarte* bessen om de kleur te beschrijven... de mensen gebruiken de kleur *groen* als ze bedoelen dat iets nog niet rijp is... en als ze nog niet rijp zijn, zijn ze *rood*.' Dat is waar.

Granpa zei: 'Zo worden de mensen gek gemaakt, met al die verdomde woordgebruiken. Als je iemand wóórden hoort gebruiken tegen iemand anders, ga dan niet op zijn woorden af, want die slaan verdomme nergens op. Ga af op zijn tóón, dan weet je pas of hij gemeen is en je wat voorliegt.' Granpa was een fel tegenstander van al te veel woorden. Wat redelijk is.

Meestal lagen er ook hickorynoten, dwergkastanjes, walnoten en gewone kastanjes langs het pad. Dus welke tijd van het jaar het ook was, ik was na afloop van ons bezoek aan de winkel op de kruising altijd bezig met verzamelen.

Het was een flinke klus om onze waren naar de winkel te sjouwen. Soms raakte ik behoorlijk achterop bij Granpa, met mijn drie vruchtenpotten. Als dat het geval was, dan wist ik dat hij ergens verderop op mij wachtte, en als ik er ook was, rustten we uit.

Als je op die manier sjouwde, van de ene rustplaats naar de volgende, dan was het niet zo zwaar. Als we op de laatste bergkam waren aangekomen, gingen Granpa en ik altijd in het struikgewas zitten en keken of het augurkenvat voor de winkel stond. Als het augurkenvat er niet stond, was alles in orde. Als het wel voor de winkel was neergezet, was de politie er en konden we onze waren niet afleveren. Iedereen in de bergen keek uit naar het augurkenvat, want andere mensen hadden ook waren af te leveren.

Ik heb nooit gezien dat het augurkenvat voor de winkel stond, maar ik liet nooit na om het te controleren. Ik had geleerd dat er heel wat haken en ogen aan de whiskyhandel zaten. Maar Granpa zei dat iedere handel, in meer of mindere mate, zijn nadelen had.

Hij vroeg of ik er ooit over had nagedacht hoe het zou zijn om in het tandartsenvak te zitten, en de hele tijd in de monden van mensen te moeten kijken, dag in dag uit, alleen maar monden. Hij zei dat hij stapelgek zou worden van zo'n vak en dat de whiskyhandel met al zijn nadelen toch een stuk aantrekkelijker was. Wat inderdaad zo is.

Ik mocht mister Jenkins graag. Hij was groot en dik en droeg een overall. Hij had een witte baard die tot over het borst-

stuk van zijn overall hing, maar op zijn hoofd zat bijna geen haar meer; het glom alsof hij het dagelijks oppoetste.
Hij had van alles in zijn winkel: grote rekken vol overhemden en overalls en schoenendozen. Er waren bakken met crackers en op een toonbank had hij een grote ronde kaas liggen. En op de toonbank stond ook een glazen kast waarin, op de planken, snoep lag uitgestald. Er waren allerlei soorten snoep en 't leek wel of er meer snoep lag dan hij ooit kwijt zou kunnen. Ik heb er nooit iemand van zien eten, maar ik neem aan dat hij weleens wat verkocht, anders had hij het niet gehad.
Iedere keer als we onze waren afleverden, vroeg mister Jenkins of ik naar z'n stapel brandhout wilde gaan om een zak met houtsnippers te halen voor de grote kachel in de winkel. Dat deed ik altijd. De eerste keer bood hij me een grote gestreepte zuurstok aan, maar die kon ik niet aannemen voor het ophalen van de houtsnippers, want dat was maar een kleine moeite. Hij legde hem terug in de kast en vond nog een stuk, dat oud was en dat hij van plan was weg te gooien. Granpa zei dat ik dat wel mocht aannemen, omdat mister Jenkins het toch wilde weggooien, en daar had niemand iets aan. Dus deed ik dat.
Iedere maand kwam hij een oude zuurstok tegen en ik geloof dat ik hem aardig van z'n oude snoepgoed heb afgeholpen. Hij zei dat hem dat prima van pas kwam.
Het was bij de winkel op de kruising dat iemand mij mijn vijftig cent aftroggelde. Ik had er lang over gedaan om die vijftig cent bij elkaar te sparen. Granma deed iedere maand wanneer we onze waren afleverden een stuiver of een dubbeltje voor me in een pot.
Dat was mijn aandeel in de handel. Ik vond het leuk om al die stuivers en dubbeltjes bij me te hebben, in mijn broekzak, wanneer we naar de winkel gingen. Ik gaf ze nooit uit en iedere keer als we thuiskwamen, deed ik ze terug in de vruchtenpot.
Het deed me goed dat ze in m'n broekzak zaten als we naar de winkel gingen en te weten dat ze van mij waren. Ik had m'n oog min of meer laten vallen op een grote rood met

groene doos die in de snoepkast stond. Ik wist niet hoeveel die kostte, maar ik bedacht dat ik 'm misschien volgende kerstmis voor Granma kon kopen... en dan zouden we opeten wat erin zat. Maar zoals ik al zei, ik werd voor die tijd van mijn vijftig cent afgeholpen.

Op een dag, het was ongeveer etenstijd, hadden we net onze waren afgeleverd. De zon stond hoog aan de hemel en Granpa en ik zaten voor de winkel uit te rusten, op onze hurken onder de luifel, met de rug tegen de muur. Granpa had wat suiker gekocht voor Granma, en drie sinaasappels, die mister Jenkins had liggen. Granma was dol op sinaasappels, en ik ook, als je eraan kon komen. Granpa had er drie, dus ik begreep dat ik er ook eentje zou krijgen.

Ik zat aan mijn zuurstok te knabbelen. Opeens kwamen allemaal mannen met z'n tweeën of drieën tegelijk naar de winkel. Ze zeiden dat er een politicus kwam die een speech ging houden. Ik geloof niet dat Granpa had willen blijven, want zoals ik al eerder zei, gaf hij geen zier om politici, maar voor we goed en wel uitgerust waren kwam de politicus er al aan. Hij zat in een grote wagen, die enorme stofwolken deed opwaaien, zodat iedereen 'm al een hele tijd had zien aankomen. Hij had een vent die de wagen voor hem bestuurde, en hij zat zelf op de achterbank. Er zat een dame naast hem. Al die tijd dat de politicus praatte, gooide ze kleine sigaretten naar buiten, die ze gedeeltelijk had opgerookt. Granpa zei dat het voorgerolde sigaretten waren, die door rijke mensen werden gerookt omdat die te lui waren om hun eigen sigaretten te rollen.

De politicus kwam eraan en schudde handen met iedereen; maar niet met mij, en ook niet met Granpa. Granpa zei dat dat was omdat we eruit zagen als Indianen en toch niet stemden, dus waren we nauwelijks van enig nut voor de politicus. Wat redelijk klinkt.

Hij droeg een zwarte jas en een wit overhemd en had een lint om zijn nek geknoopt; dat was zwart en hing naar beneden. Hij lachte veel en leek allemachtig gelukkig te zijn. Dat wil zeggen, totdat-ie kwaad werd.

Hij klom op een kist en begon zich op te winden over de toestand in Washington City... dat bezig was naar de verdommenis te gaan. Hij zei dat je het alleen maar met Sodom en Gomorrah kon vergelijken, en daar zal hij wel gelijk in hebben gehad. Hij werd kwader en kwader en maakte de strik om zijn nek los. Hij zei dat het goddomme wel zo was, dat de katholieken daar allemaal achter zaten. Hij zei dat die zo'n beetje alle macht in handen hadden en van plan waren om mister Paus in het Witte Huis neer te zetten. Katholieken, zei hij, waren de meest verdorven en gemene serpenten die ooit hadden bestaan. Hij zei dat ze kerels hadden, priesters genaamd, die paarden met vrouwen die ze nonnen noemden. De kleintjes die daaruit voortkwamen werden aan de honden gevoerd. Hij zei dat dat het vreselijkste was wat hij ooit had gezien of waar hij ooit over had horen spreken. En dat was het.

Hij begon nogal te schreeuwen, en ik denk dat de toestand in Washington City inderdaad beroerd genoeg was om een mens een flinke keel te laten opzetten. Hij zei dat als hij niet de strijd met hen had aangebonden, ze nu alle macht in handen zouden hebben en ook bij ons zouden zijn neergestreken... wat me nogal erg in de oren klonk.

Hij zei dat als dat het geval was, ze alle vrouwen in kloosters en zo zouden stoppen... en de kinderen zouden ze zowat uitroeien. Er scheen nauwelijks een manier te zijn om ze ervan langs te geven, tenzij iedereen hem naar Washington City zou sturen om dat persoonlijk in orde te maken; en hij zei dat het zelfs dan een harde dobber zou zijn, omdat er overal kerels zaten die zich door hen lieten omkopen. Hij zei dat hij geen geld zou aannemen, omdat hij dat niet nodig had, en omdat hij erop tegen was.

Hij zei dat hij soms bijna de moed opgaf en zin had ermee op te houden en er niet meer zo zwaar aan te tillen, zoals wij. Ik voelde me behoorlijk opgelaten dat ik er niet zo zwaar aan tilde; maar toen hij klaar was met praten, stapte hij van de kist af, begon breed te lachen en schudde iedereen de hand. Hij scheen genoeg zelfvertrouwen te hebben om de situatie in Washington City het hoofd te bieden.

Ik begon me weer wat beter te voelen, omdat hij naar de hoofdstad zou gaan om de katholieken ervan langs te geven.

Terwijl hij aan het handen schudden was en met mensen praatte, drong een kerel met een klein, bruin kalf aan een touw zich door de mensen naar voren.
Hij bleef in de buurt staan, keek naar de mensen en schudde twee keer de hand van de politicus, iedere keer dat hij voorbijkwam. Het kalfje stond wijdbeens achter hem en liet zijn kop hangen. Ik stond op en liep tussen de mensen door naar het kalf. Ik streelde het, maar het kopje bleef hangen. De kerel keek op me neer van onder een grote hoed. Hij had priemende ogen, die hij bijna dichtkneep als hij glimlachte. Hij glimlachte.
'Vind je m'n kalf mooi, jochie?'
'Ja, meneer,' zei ik en deed een stap achteruit bij het kalf vandaan, omdat ik niet wilde dat hij dacht dat ik het lastigviel.
'Ga je gang,' zei hij, heel vrolijk. 'Ga je gang en aai het kalf. Je doet 'm geen pijn.' Ik aaide het kalf.
De kerel spuugde tabakssap op de rug van het kalf. 'Ik kan zien', zei hij, 'dat m'n kalf jou aardig vindt... aardiger dan andere mensen die hij ooit aardig heeft gevonden... het lijkt wel of hij bij je wil blijven.' Ik kon niet zeggen dat dat aan het kalf te zien was, maar het was zijn kalf, en hij zou het wel weten. Hij hurkte voor me neer. 'Heb je een beetje geld, jochie?'
'Ja, meneer,' zei ik, 'ik heb vijftig cent.' De kerel fronste zijn wenkbrauwen. Ik begreep dat dat niet veel was en vond het jammer dat ik niet meer had.
Maar hij glimlachte en zei: 'Nou, dit kalf is meer dan honderd keer zoveel waard.' Dat had ik meteen al wel gezien. 'Ja, meneer,' zei ik, 'maar ik was helemaal niet van plan het te kopen.' De kerel fronste zijn wenkbrauwen weer. 'Nou,' zei hij, 'ik ben een christen. Op de een of andere manier, ook al kost het me alles wat dit kalf waard is, geeft mijn hart me in dat jij het moet hebben, omdat hij je meteen zo aardig vindt.' Hij dacht er nog een poosje over na en ik zag meteen dat het hem heel zwaar viel om aan een afscheid van het kalf te moeten denken.
'Ik eh... wou hem helemaal niet, meneer,' zei ik.

Maar de kerel stak z'n hand op om me het zwijgen op te leggen. 'Je mag het kalf hebben, jongen,' zuchtte hij, 'voor vijftig cent, omdat ik voel dat het m'n christenplicht is, en – nee – ik accepteer niet dat je hem weigert. Geef me je vijftig cent maar, en het kalf is van jou.'
Nu hij het zo stelde kon ik hem moeilijk teleurstellen. Ik haalde al m'n stuivers en dubbeltjes te voorschijn en gaf ze aan hem. Hij duwde me het touw van het kalf in de hand en haastte zich zo snel weg dat ik niet wist waar hij bleef.
Maar ik was heel trots op m'n kalf, ook al had ik min of meer misbruik gemaakt van die kerel, hij was een christen, wat hem, zoals hij zelf zei, enigszins belemmerde. Ik trok m'n kalf mee naar Granpa en liet het aan 'm zien. Granpa leek niet zo trots op het kalf als ik was, maar ik dacht dat dat was omdat het van mij was en niet van hem. Ik zei dat hij het voor de helft mocht hebben, omdat we toch vennoten waren in de whiskyhandel. Maar Granpa bromde alleen maar.
De groep mensen om de politicus heen brak op, iedereen was het er zo ongeveer over eens dat de politicus beter meteen naar Washington City kon vertrekken om tegen de katholieken te strijden. Hij deelde vellen papier rond. Mij gaf hij niets, maar ik pakte er een van de grond op. Zijn foto stond erop, glimlachend alsof er niets aan de hand was in Washington City. Hij zag er heel jong uit op de foto.
Granpa zei dat we klaar waren om naar huis te gaan, dus stopte ik de foto van de politicus in m'n zak en liep met mijn kalf achter Granpa aan. Dat was nogal lastig. Mijn kalf kon bijna niet lopen. Het strompelde en schommelde voort en ik trok zo goed en zo kwaad als het ging. Ik was bang dat als ik te hard trok, mijn kalf zou omvallen.
Ik begon me zorgen te maken of ik er ooit mee thuis zou komen, en of hij misschien ziek was... ook al was hij meer dan honderd keer zoveel waard als wat ik ervoor betaald had.
Tegen de tijd dat ik de top van de eerste bergkam had bereikt, was Granpa al bijna aan de voet en zette koers door het dal. Ik begreep dat ik achter zou blijven, dus schreeuwde ik: 'Granpa... ken je ook katholieken?' Granpa bleef staan. Ik

trok harder aan m'n kalf en begon in te lopen. Granpa wachtte totdat ik en het kalf bij hem waren.
'Ik heb er een keer eentje gezien,' zei Granpa, 'in de stad.'
Ik en het kalf waren weer bij en we probeerden goed uit te rusten. 'Die ik gezien heb', zei Granpa, 'zag er niet bijzonder gemeen uit... hoewel ik wel kon zien dat hij gevochten had... zijn kraag zat helemaal verkeerd om. Hij was waarschijnlijk net dronken genoeg om dat zelf niet te merken, maar het leek me geen vechtersbaas.'
Granpa nam plaats op een rots, en ik zag dat hij erover ging nadenken, en daar was ik blij om. M'n kalf stond met z'n voorpoten wijd uiteen en hijgde erop los.
'Hoe dan ook,' zei Granpa, 'als je een halve dag lang met een mes door de woordenbrij van die politicus sneed, zou je nog moeite hebben om er een kern van waarheid in te vinden. Heb je gemerkt dat die klootzak geen woord gezegd heeft over het afschaffen van de whiskybelasting... of de maïsprijs... of iets van dien aard?' Dat was waar.
Ik zei tegen Granpa dat het mij opgevallen was dat de klootzak daar geen woord aan had vuil gemaakt.
Granpa drukte me op het hart dat 'klootzak' een nieuw scheldwoord was, dat in geen geval gebruikt mocht worden als Granma in de buurt was. Granpa zei dat het hem goddomme geen zak kon schelen als priesters en nonnen het op iedere dag van de week met elkaar deden, net zo min als het hem kon schelen wanneer de konijnen het met elkaar deden. Hij zei dat dat hun eigen zaakje was.
Granpa zei verder dat voor wat betreft het voeren van de jonkies aan de honden, het nooit van z'n leven zou gebeuren dat een konijn haar jong door een hond liet opeten, en met een vrouw was dat precies zo, dus hij wist dat dat een leugen was. En dat is waar.
Ik begon een beetje beter over de katholieken te denken. Granpa zei dat hij er geen moment aan twijfelde dat de katholieken graag de touwtjes in handen zouden willen hebben... maar hij zei dat wanneer je een zwijn had dat je niet kwijt wilde, je ervoor moest zorgen dat een man of tien, twaalf, die het allemaal graag zouden willen stelen, hem met

z'n allen bewaakten. Hij zei dat het zwijn dan net zo veilig was als in je eigen keuken. Granpa zei dat ze allemaal zo oneerlijk waren daar in Washington City, dat ze elkaar steeds in de gaten moesten houden.
Granpa vertelde dat er zoveel mensen waren die probeerden de macht in handen te krijgen, dat het sowieso een voortdurende strijd was. Hij zei dat het grootste probleem in Washington City was, dat er zo verdomd veel politici rondliepen.
Granpa zei dat als we naar een orthodoxe baptistenkerk gingen, hij het vreselijk zou vinden als de fanatiekelingen de touwtjes in handen kregen. Hij zei dat ze fel tegen drank waren, behalve misschien een beetje voor henzelf. Hij zei dat ze 't hele land droog zouden leggen.
Ik begreep meteen dat er andere gevaren bestonden behalve de katholieken. Als de orthodoxen de macht in handen kregen, zouden ik en Granpa van onze whiskyhandel worden beroofd en dan zouden we vermoedelijk van de honger omkomen.
Ik vroeg Granpa of het niet waarschijnlijk was dat de hoge heren die vatensnuffelwhisky maakten, ook zouden proberen om de macht over te nemen; wij zaten hen immers in de weg en zo, dus ze zouden ons wel liever aan de kant willen schuiven. Granpa zei dat ze zonder twijfel hun uiterste best deden door praktisch elke dag politici om te kopen in Washington City.
Granpa zei dat er maar een ding vaststond. En dat was dat de Indiaan nooit de macht zou krijgen. Wat inderdaad niet erg waarschijnlijk leek.
Terwijl Granpa praatte, ging m'n kalf erbij liggen en stierf. Hij ging gewoon op zijn zij liggen en dat was dat. Ik stond voor Granpa met het touw in mijn hand, en Granpa wees achter me en zei: 'Je kalf is dood.' Hij heeft nooit aanspraak gemaakt op zijn eigen helft.
Ik ging op mijn knieën zitten en probeerde zijn kop omhoog te duwen en hem weer overeind te trekken, maar hij was helemaal slap. Granpa schudde zijn hoofd. 'Hij is dood, Little Tree. Als iets dood is... is het dood.' En dat was het. Ik hurkte bij m'n kalf neer en keek ernaar. Het was zo'n beetje de

vreselijkste ervaring die ik me kan herinneren. M'n vijftig centen waren verdwenen, en de rood met groene doos met snoep. En nu m'n kalf, dat honderd keer zoveel waard was als wat ik ervoor betaald had.
Granpa trok z'n lange mes uit z'n mocassinlaars, sneed het kalf open en trok z'n lever eruit. Hij wees naar de lever. 'Die is gespikkeld en ziek. Die kunnen we niet eten.'
Het leek mij toe dat er verder niets met hem gedaan kon worden. Ik huilde niet, maar wel bijna. Granpa knielde neer en vilde het kalf. 'Ik denk dat Granma je wel een dubbeltje wil betalen voor de huid: die kan ze waarschijnlijk wel gebruiken,' zei hij. 'En we sturen de honden hier naartoe... die kunnen het kalf opeten.' Ik denk dat dat alles was wat er nog mee te doen viel. Ik volgde Granpa langs het pad – ik met de huid van m'n kalf – de hele weg naar het huisje.
Granma vroeg me niets, maar ik vertelde haar dat ik m'n vijftig cent niet terug kon doen in de pot, omdat ik 't aan een kalf had uitgegeven, dat ik niet had. Granma gaf me een dubbeltje voor de huid en dat deed ik in de pot.
Ik kon die avond bijna geen hap door m'n keel krijgen, hoewel ik dol was op erwten en maïsbrood.
Terwijl we zaten te eten keek Granpa naar me en zei: 'Zie je, Little Tree, de enige manier om jou iets te leren is door het je te laten doen. Als ik je ervan had weerhouden om het kalf te kopen, was je altijd blijven denken dat je het had moeten hebben. Als ik je gezegd had dat je het moest kopen, had je mij kwalijk genomen dat het kalf dood was gegaan. Al doende leert men.'
'Ja, Granpa,' zei ik.
'Nou,' zei Granpa, 'wat heb je geleerd?'
'Wel,' zei ik, 'ik denk dat ik geleerd heb dat je nooit zaken moet doen met christenen.'
Granma schoot in de lach. Ik zag er de humor nauwelijks van in. Granpa keek verbouwereerd; toen begon hij zo hard te lachen dat hij zich in z'n maïsbrood verslikte. Ik kreeg de indruk dat ik iets grappigs had gezegd, maar ik begreep niet wat.
Granma zei: 'Wat je bedoelt, Little Tree, is dat je waar-

schijnlijk wel op je tellen zult passen met de volgende kerel die opschept over hoe geweldig goed en aardig hij wel niet is.'
'Ja, Granma,' zei ik, 'dat denk ik wel.'
Ik was nergens meer zeker van... behalve dat ik vijftig cent had verloren. Ik was doodmoe en viel aan tafel in slaap. Mijn hoofd viel op m'n bord. Granma moest de erwten van m'n gezicht wassen.
Die nacht droomde ik dat de orthodoxen en de katholieken bij ons waren gekomen. De orthodoxen vernietigden onze distilleerderij en de katholieken aten m'n kalf op.
Er was een grote christen bij die erom moest glimlachen. Hij hield een rood met groene snoeptrommel in zijn handen en zei dat die meer dan honderd keer zoveel waard was, maar dat ik 'm voor vijftig cent mocht hebben. Die ik niet had, vijftig cent; en dus kon ik 'm niet kopen.

Bij de winkel op het kruispunt

Granma had pen en papier gepakt en liet me zien hoeveel ik had verloren op m'n handel met de christen. Het bleek dat ik maar veertig cent had verloren, aangezien ik een dubbeltje voor de huid van het kalf had gekregen. Ik deed het dubbeltje in de vruchtenpot en nam het niet meer mee in m'n zak, want in de pot was het veiliger.

Op onze volgende whisky-oogst verdiende ik een dubbeltje en Granma deed er nog een stuiver bij. Nu had ik dus vijfentwintig cent, dus het begon er weer op te lijken met mijn spaarcentjes.

Hoewel ik vijftig cent had verloren bij de winkel, keek ik altijd uit naar de keren dat we onze waren gingen afleveren; ondanks dat het dragen van mijn jutezak een zwaar karwei was.

Ik leerde vijf woorden per week uit het woordenboek. Granma legde de betekenissen uit en liet me dan de woorden in een zin gebruiken. Ik gebruikte mijn zinnen nogal vaak op weg naar de winkel. Granpa stond geregeld even stil om uit te vogelen wat ik eigenlijk zei. Ik kon hem dan mooi inlopen en even uitrusten met mijn potten. Soms schrapte Granpa hele woorden en zei dat ik dat woord niet meer hoefde te gebruiken, zodat ik lekker opschoot in het woordenboek.

Net als die keer toen ik het woord 'afketsen' had geleerd. Granpa was me al een heel eind vooruit op het pad en ik had geoefend op een zinnetje met dat woord, dus riep ik naar Granpa: 'Je kunt een voorstel aannemen of afketsen.'

Granpa stond stil. Hij wachtte totdat ik hem had ingehaald en ik zette mijn vrachtje vruchtenpotten op de grond. 'Wat zei je?' vroeg Granpa.

'Ik zei, je kunt een voorstel aannemen of afketsen,' zei ik. Granpa keek me zo doordringend aan, dat ik me ongemakke-

lijk begon te voelen over de hele zaak. 'Wat in hemelsnaam,' zei Granpa, 'heeft ketsen te maken met aannemers?'
Ik vertelde hem dat ik dat niet kon weten, en ik wist 't ook niet, maar het woord was 'afketsen' en het betekende gewoon dat je iets verwierp.
'Waarom zeg je dan niet meteen verwerpen,' vroeg Granpa, 'in plaats van "afketsen" te gebruiken?' Ik zei dat ik dat ook niet wist, maar dat het in het woordenboek stond. Granpa begon zich er behoorlijk over op te winden. Hij zei dat die bemoeizieke klootzak die het woordenboek had uitgevonden, moest worden opgepakt en doodgeschoten.
Granpa zei dat het wel bijna zeker was dat diezelfde kerel nog wel meer dan een dozijn woorden had verzonnen die de betekenis van eenzelfde soort woord konden vervagen. Hij zei dat politici zich daarom overal uit wisten te praten en altijd beweerden dat ze dit of dat niet hadden gezegd, of juist wel. Granpa zei dat als je het uitzocht, dat dan zou blijken dat dat hele verdomde woordenboek door een politicus was samengesteld, of dat politici zich er in elk geval mee bemoeid hadden. Wat me redelijk in de oren klinkt.
Granpa zei dat ik dat woord wel kon schrappen. En dat deed ik. In de winterperiode of in de rustige tijd waren er vaak veel mannen in de buurt van de winkel. De 'rustige tijd' was gewoonlijk in augustus. Dat was de periode dat de boeren klaar waren met het wieden van onkruid tussen hun gewassen, wat een keer of vier à vijf gebeurde; en de gewassen waren nu groot genoeg om met 'rust' gelaten te worden, wat wil zeggen, dat er niet meer gewied hoefde te worden. De gewassen rijpten en de mannen wachtten tot ze konden gaan oogsten.
Nadat we onze waren hadden afgeleverd, en Granpa z'n geld had gehad, en ik de houtsnippers voor mister Jenkins had gehaald en hem van de ouwe zuurstok had afgeholpen, gingen Granpa en ik altijd onder de winkelluifel zitten, met onze rug tegen de muur, en dan rustten we zo'n beetje uit.
Granpa had achttien dollar in z'n zak... waarvan ik zeker een dubbeltje zou krijgen als we thuiskwamen. Hij kocht meestal suiker of koffie voor Granma... soms een beetje tarwebloem,

als de zaken heel goed gingen. Bovendien hadden we juist een week flink aangepoot in de whiskystokerij.
Ik at de oude zuurstok altijd helemaal op terwijl we daar zaten. Het was leuk.
We luisterden naar de mannen die over van alles en nog wat praatten. Sommigen zeiden dat er een crisis aan de gang was en dat er heel wat uit het raam waren gesprongen in New York of dat ze zich door het hoofd hadden geschoten. Granpa zei nooit iets. En ik ook niet. Maar Granpa vertelde me dat New York tjokvol zat met mensen die niet genoeg land hadden om van te leven, en waarschijnlijk was de helft van de mensen daar stapelgek van geworden, wat een verklaring was voor al dat schieten en uit het raamspringen.
Gewoonlijk zat er iemand bij de winkel haar te knippen. Er werd dan een rechte stoel onder de luifel geplaatst en om beurten lieten ze zich door een of andere vent knippen.
Een andere man - iedereen noemde hem ‘ouwe heer Barnett’ - trok kiezen. Er waren niet veel mensen die konden ‘trekken’. Dat gebeurde wanneer je een rotte kies had die getrokken moest worden.
Iedereen vond het leuk om ouwe heer Barnett aan het werk te zien met kiezen trekken. Hij zette de man van wie hij een kies ging trekken in een stoel neer. Dan maakte hij een draad heet boven een vuurtje totdat de draad roodgloeiend was. Hij klemde de draad om de kies en pakte dan een spijker en zette die tegen de kies. Met een hamer gaf hij er op een geheime manier een klap op. De kies schoot uit de mond en viel op de grond. Hij was heel trots op z’n handel en liet iedereen op een afstandje staan, zodat niemand de kunst van ’m kon afkijken.
Op een keer kwam een andere ouwe kerel van ongeveer dezelfde leeftijd als ouwe heer Barnett aanzetten - ze noemden hem mister Lett - om een rotte kies te laten trekken. Ouwe heer Barnett liet mister Lett op de stoel plaatsnemen en verhitte de draad. Hij zette de draad tegen de kies van mister Lett, maar mister Lett wond z’n tong om de draad. Hij brulde harder dan een stier en schopte ouwe heer Barnett in de maag, zodat die achterovertuimelde.

Ouwe heer Barnett werd zo kwaad dat hij mister Lett met de stoel tegen z'n hoofd sloeg. Ze vochten op de grond verder tot iedereen zich ermee ging bemoeien en ze uit elkaar trok. Ze stonden nog een tijdje tegen elkaar te vloeken, dat wil zeggen ouwe heer Barnett vloekte. Je kon niet verstaan wat mister Lett zei, maar die was woest!

Uiteindelijk kalmeerden ze. Een stel mannen hielden mister Lett vast, trokken de tong uit z'n mond en goten er terpentijn overheen. Hij droop af. Het was de eerste keer dat ik zag dat het ouwe heer Barnett niet lukte om een kies te trekken. Het was een klap in zijn gezicht. Hij was trots op z'n vak en liep rond om iedereen uit te leggen waarom hij die kies niet had kunnen trekken. Hij zei dat 't de fout van mister Lett was. En dat denk ik ook.

Ik besloot toen meteen dat ik nooit een rotte kies zou hebben. Of als ik er wel één kreeg, dan zou ik dat niet tegen ouwe heer Barnett zeggen.

Bij de winkel maakte ik kennis met het kleine meisje. Ze kwam altijd met haar vader mee tijdens de rustige tijd, of in de winter. Haar vader was een jonge man die een gescheurde overall droeg en meestal blootsvoets liep. Het kleine meisje was altijd blootsvoets, zelfs als het koud was.

Granpa zei dat ze deelpachters waren. Hij zei dat deelpachters zelf geen land bezaten, en ook niets anders noemenswaardigs, gewoonlijk bezaten ze niet eens een stoel of ledikant. Ze werkten op het land van een ander en kregen soms de helft van wat de eigenaar voor zijn gewassen ontving, maar meestal kregen ze een derde.

Granpa zei dat als je al hun kosten bij elkaar optelde, wat ze 't hele jaar gegeten hadden, en het zaad en de mest - waar de landeigenaar voor betaalde - en het gebruik van muilezels, en al het andere, dan bleek altijd dat de deelpachter niet meer had verdiend dan dat eten. En dat was nog niet eens veel ook.

Granpa zei dat hoe groter het gezin van de deelpachter was, hoe meer kans hij had om bij een landeigenaar in een goed blaadje te komen, want ieder lid van het gezin werkte op het land. Een groot gezin kon meer werk verzetten. Hij zei dat

alle deelpachters hun best deden om grote gezinnen te maken, want dat was van levensbelang. Hij zei dat de vrouwen op het land werkten, ze plukten katoen en wiedden en dergelijke, en zetten hun baby's in de schaduw van de bomen en lieten ze daar een beetje rondkruipen.
Granpa zei dat Indianen zoiets niet zouden doen. Hij zei dat hij nog liever het bos inging om konijnen te vangen, dan zoiets. Maar hij zei dat sommige mensen er op de een of andere manier in vast raakten en er niet meer uit konden komen.
Granpa zei dat het de schuld was van al die verdomde politici die al hun tijd besteden aan geouwehoer, aan woorden rondstrooien, in plaats van te werken in het vak waarin ze geacht werden te werken. Hij zei dat sommige landeigenaren gemeen waren en andere niet, net als bij andere mensen, maar het kwam er altijd op neer dat wanneer het 'afreken'-tijd was, na de oogst, de teleurstelling dan bijna nooit uitbleef.
Daarom verhuisden deelpachters ieder jaar. Iedere winter gingen ze op zoek naar een nieuwe landeigenaar. Ze verhuisden dan naar een andere hut, zaten 's avonds om de keukentafel, de vader en de moeder, en droomden erover dat ze het dìt jaar en op déze plek zouden gaan maken.
Granpa zei dat ze zich het hele voorjaar en de hele zomer aan dat idee vastklampten, totdat de oogst was binnengehaald, dan was het weer een bittere pil. Daarom verhuisden ze elk jaar, en de mensen die dat niet begrepen zeiden dat ze geen 'rust in de kont' hadden, weer zo'n verdomde uitdrukking, volgens Granpa, net zoiets als ze 'onverantwoordelijk' te noemen omdat ze zoveel kleintjes hadden, wat wel moest.
Ik en Granpa praatten hierover op weg naar huis en hij wond zich er zo over op dat we wel een uur moesten uitrusten.
Ik maakte me er ook boos over en begreep onmiddellijk dat Granpa de politici helemaal door had. Ik zei tegen Granpa dat die klootzakken uit de weg geruimd moesten worden. Granpa stapte van het onderwerp af en drukte me op het hart dat 'klootzak' een splinternieuw scheldwoord was met

een sterke betekenis, en dat Granma ons het huisje uit zou zetten als ik het in haar buurt gebruikte. Ik prentte 't meteen in m'n hoofd. Het was inderdaad een aardige krachtterm.
Het kleine meisje kwam op een dag voor me staan toen ik gehurkt onder de luifel van de winkel het ouwe snoepgoed zat op te eten. De vader van het kleine meisje was in de winkel. Ze had klitten in haar haar en rotte tanden; ik hoopte dat ouwe heer Barnett haar niet zou zien. Ze droeg een jutezak als jurk en stond maar naar me te kijken terwijl ze haar tenen heen en weer bewoog in de modder. Ik voelde me meteen ongemakkelijk omdat ik zat te snoepen en daarom zei ik dat ze wel even aan m'n zuurstok mocht likken, als ze er maar niets afbeet, want ik wou 'm wel terug. Ze pakte de zuurstok en likte er flink aan.
Ze zei dat ze honderd pond katoen per dag kon plukken. Ze zei dat ze een broer had die tweehonderd pond kon plukken en dat haar moeder – als ze zich goed voelde – driehonderd pond kon plukken. Ze zei dat het weleens was voorgekomen dat haar vader vijfhonderd pond had geplukt, maar dan moest hij wel 's avonds doorwerken.
Ze zei dat ze ook geen stenen in hun zakken stopten om het gewicht op te voeren, en dat ze bekend stonden als eerlijke werkers. Ze zei dat haar hele, complete familie daarom bekend stond.
Ze vroeg me hoeveel katoen ik kon plukken en ik vertelde haar dat ik dat nog nooit had gedaan. Ze zei dat ze dat wel had gedacht. Iedereen wist dat Indianen lui waren en niet wilden werken. Ik pakte m'n zuurstok terug. Maar ze zei erachteraan, dat we dat niet konden helpen, dat we gewoon anders waren en misschien wel andere dingen deden. Ik liet haar nog een likje van het snoepgoed nemen.
Het was nog steeds winter en ze zei dat al haar familieleden naar de tortelduif luisterden. Het was algemeen bekend, zei ze, dat waar je de tortelduif vandaan hoorde roepen, daar 't volgend jaar naar toe moest trekken.
Ze zei dat ze 'm nog niet gehoord hadden, maar 'm ieder moment verwachtten, want ze waren vreselijk bedrogen door de landeigenaar en haar vader had ruzie met hem en daarom

moesten ze wel verhuizen. Ze zei dat haar vader naar de winkel was gekomen om te kijken of er misschien iemand was die een gezin zocht dat bekend stond om hun eerlijke werk en dat nooit problemen veroorzaakte. Ze zei dat ze verwachtte dat ze elk moment op het mooiste landgoed terecht zouden komen waar ze ooit van hadden gedroomd, want haar vader zei dat het verhaal de ronde deed dat ze zulke harde werkers waren, en dus zouden ze het 't volgend jaar mooi voor mekaar hebben.

Ze zei dat ze, zodra de oogst binnen was op het nieuwe landgoed waar ze naartoe gingen, een pop zou krijgen. Ze zei dat haar moeder zei dat het een pop uit de winkel zou worden met echt haar en ogen die open en dicht konden. Ze zei dat het heel waarschijnlijk was dat ze nog meer dingen zou krijgen, aangezien ze rijk zouden worden.

Ik vertelde haar dat we geen land hadden, alleen het bergdal met ons maïsveldje, en dat we bergmensen waren die niets ophadden met akkerbouw in een vallei of op vlak land. Ik vertelde haar dat ik een dubbeltje had.

Ze wilde het zien, maar ik zei haar dat ik het thuis bewaarde, in de vruchtenpot. Ik zei dat ik het niet meenam, omdat een christen me een keer vijftig cent had afgetroggeld, en ik zo verstandig was om me niet ook nog eens een keer m'n dubbeltje te laten afpakken.

Ze zei dat ze christelijk was. Ze vertelde dat ze de Heilige Geest een keer had ontvangen tijdens een geloofsbijeenkomst in de openlucht en dat ze toen was gered. Ze zei dat haar vader en moeder zo'n beetje iedere keer dat ze er naartoe gingen de Heilige Geest ontvingen, en dat ze dan in vreemde tongen spraken. Ze zei dat je gelukkig werd als je christelijk was en dat de geloofsbijeenkomsten de gelukkigste momenten waren, als je met de Heilige Geest vervuld was en zo. Ze zei dat ik naar de hel ging, aangezien ik niet gered was.

Ik had meteen door dat ze een christen was, want terwijl ze praatte, had ze zo'n beetje m'n hele zuurstok opgelikt. Ik kreeg nog een stompje terug.

Ik vertelde Granma over het kleine meisje. Granma maakte

een paar mocassinsloffen. De bovenkant van de mocassins maakte ze van een deel van mijn kalfshuid. Ze liet het haar erop zitten. Ze waren mooi. Granma deed twee rode kralen op de bovenkant van elke mocassin.

De volgende maand, toen we weer naar de winkel gingen, gaf ik de mocassins aan het kleine meisje en ze trok ze aan. Ik vertelde haar dat Granma ze voor haar gemaakt had en dat ze niets kostten. Ze rende voor de winkel heen en weer, alsmaar naar haar voeten kijkend, en je kon zien dat ze trots was op de mocassins, want ze bleef steeds stilstaan om de rode kralen te strelen. Ik vertelde haar dat de huid van mijn kalf kwam, dat ik aan Granma verkocht had.

Toen haar vader uit de winkel kwam liep ze huppelend op haar mocassins achter hem aan. Granpa en ik keken hen na. Toen ze een eindje door waren gelopen, bleef de man staan en keek naar het kleine meisje. Hij praatte tegen haar en zij wees achterom naar mij.

De man liep naar de kant van de weg en sneed een zwiepende tak van een dadelstruik. Hij hield het kleine meisje bij een arm vast en ranselde haar met de tak tegen haar benen, heel hard, en op haar rug. Ze huilde, maar ze bewoog niet. Hij gaf haar een pak rammel tot de tak kapot was... en iedereen onder de winkelluifel keek toe... maar niemand zei iets.

Toen liet hij het meisje op de weg zitten om haar mocassins uit te trekken. Hij liep terug met de mocassins in de hand en ik en Granpa stonden op. Hij schonk geen aandacht aan Granpa, maar kwam recht op mij af en keek op me neer. Z'n gezicht was hard en z'n ogen glinsterden. Hij drukte me de mocassins in de handen en zei: 'Ons soort neemt geen liefdadigheid aan... van niemand... en zeker niet van heidense barbaren!'

Ik was doodsbenauwd. Hij draaide zich om en liep weg, zijn gescheurde overall fladderde om 'm heen. Hij liep straal langs het meisje heen en zij volgde hem. Ze huilde niet. Ze liep stijfjes en trots, met opgeheven hoofd, en keek naar niemand om. Je zag de grote rode striemen op haar benen. Ik en Granpa stapten op.

Toen we langs het pad liepen zei Granpa dat hij de deelpachter geen kwaad hart toedroeg. Granpa zei dat hij dacht dat trots zijn enige bezit was... hoe misplaatst ook. Hij zei dat hij het waarschijnlijk niet toe kon staan dat het kleine meisje, of een van z'n andere kleintjes, om mooie dingen ging geven, want die zouden ze toch nooit hebben. Daarom sloeg hij ze als ze lieten merken dat ze iets mooi vonden wat ze niet konden hebben... hij sloeg ze tot ze het doorhadden; zodat ze na een poosje begrepen dat ze zulke dingen niet moesten verwachten.

Ze hadden de Heilige Geest om naar uit te kijken en om gelukkig mee te zijn en ze hadden hun trots en volgend jaar.

Granpa zei dat hij me niet kwalijk nam dat ik dat niet meteen door had gehad. Hij zei dat hij in het voordeel was, want jaren geleden, toen hij een keer langs een pad in de buurt van een deelpachtershut was gekomen, had hij een kerel z'n achtertuin zien instappen waar twee van zijn kleine meisjes, gezeten in de schaduw van een boom, in een warenhuiscatalogus zaten te bladeren.

Granpa zei dat die kerel een zweep had gepakt en die kleintjes had afgeranseld tot het bloed uit hun benen liep. Hij zei dat hij had gezien hoe de kerel de catalogus had gepakt en achter de schuur ging staan. Daar verbrandde hij de catalogus, nadat hij hem eerst in stukjes had gescheurd, alsof hij die catalogus haatte. Granpa zei dat die kerel toen tegen de schuur was gaan zitten, waar niemand 'm kon zien, en was gaan huilen. Granpa zei dat hij dat had gezien en het daarom geweten had.

Granpa zei dat je begrip moest hebben. Maar de meeste mensen konden dat niet opbrengen, dat was te veel moeite. Dus gebruikten ze woorden om hun eigen luiheid te verbergen en noemden andere mensen lui.

Ik nam de mocassinsloffen mee naar huis. Ik stopte ze onder m'n jutezak, bij m'n overall en hemd. Ik keek er niet meer naar; ze herinnerden me aan het kleine meisje.

Ze kwam niet meer naar de winkel op de kruising en haar vader ook niet. Dus ik denk dat ze waren vertrokken.

Ik denk dat ze heel uit de verte de tortelduif hadden horen roepen.

Een gevaarlijk avontuur

Als het voorjaar wordt, piepen in de bergen de Indiaanse viooltjes als eerste de grond uit. Net als je je begint af te vragen of er nog wel een voorjaar komt, zijn ze er. IJsblauw, als de wind in maart, liggen ze tegen de grond, zo klein dat je ze over het hoofd ziet, tenzij je heel goed en van dichtbij kijkt. We plukten ze op de berghelling. Ik hielp Granma totdat onze vingers gevoelloos werden in de koude wind. Granma maakte er een opwekkende thee van. Ze zei dat ik een snelle plukker was. En dat was ik.

Op het hoge pad, waar het ijs nog steeds kraakte onder onze mocassins, zochten we sparrenaalden. Granma deed ze in heet water en dat dronken we ook. Het is gezonder dan fruit en je wordt er fit van. Net als de wortels en zaden van de stinkende moerasplant.

Toen ik één keer wist hoe het moest, was ik de snelste bij het verzamelen van eikels. Eerst bracht ik iedere eikel die ik vond naar de tas van Granma; maar ze legde me uit dat ik beter kon wachten totdat ik een handjevol had alvorens naar de tas te rennen. Het was makkelijk voor mij omdat ik klein was, zodat ik al gauw meer eikels kon verzamelen dan Granma.

Ze maalde ze tot een meel dat geelgoud van kleur was, mengde hickorynoten en walnoten door het meel en bakte er broodbeignets van; ik heb nooit iets gegeten dat die heerlijke smaak kon benaderen.

Soms beging ze een ongelukje in de keuken en morste ze suiker in het eikeltjesmeel. Ze zei dan: 'Verdorie, Little Tree. Ik heb suiker in het meel gemorst.' Ik zei nooit iets, maar als dat gebeurde kreeg ik altijd een extra beignet.

Ik en Granpa waren stevige eikelbeignet-eters.

Soms, als het al eind maart was, en de Indiaanse viooltjes er

al stonden, waren we op de berg aan het plukken en de wind, ruw en gemeen, veranderde dan heel even van karakter. Hij streek zo zacht als een veertje over je gezicht. Hij had de geur van aarde. Dan wist je dat het voorjaar eraankwam.
De volgende dag, of de dag daarna (je begon je hoofd uit te steken om dat gevoel op te vangen) kwam de zachte aanraking terug. Deze duurde een beetje langer, was zoeter en rook sterker.
Het ijs brak en smolt op de hoge bergkammen, het smeltwater vormde stroompjes die naar de bergbeek afdaalden.
Dan kwamen overal in het dal de gele paardebloemen op, die we plukten als groente, ze zijn erg lekker als je ze vermengt met wilgeroosje, karmozijnbes en brandnetel. Brandnetels zijn de lekkerste groente, maar hebben hele kleine haartjes, die je overal prikken wanneer je ze plukt. Ik en Granpa zagen vaak een brandnetelstruik over het hoofd, maar Granma zag 'm altijd en dan plukten we hem. Granpa zei dat hij nog nooit iets in z'n leven had gekend, dat plezierig was en waarbij niet ergens een of ander verdomd addertje onder het gras zat. En dat is waar.
Het wilgeroosje heeft een grote paarse bloem. Hij heeft een lange steel die je kunt schillen en rauw kunt eten, maar je kunt 'm ook koken en dan smaakt-ie als asperges.
De mosterdplant groeit in groepjes, als een gele deken op de berghelling. Er komen kleine, felle, kanariegele knoppen aan met pikante bladeren. Granma mengde ze met andere kruiden en soms maalde ze de zaden tot een pasta en maakte daar tafelmosterd van.
Alles wat in het wild groeit is honderd keer sterker dan gekweekte dingen. We trokken de wilde uien uit de grond. Een handjevol van deze uien heeft een krachtiger geur dan een hele bos gekweekte uien.
Als de lucht opwarmt en de regens komen, komt er door al die bergbloemen een kleurenpracht te voorschijn alsof er emmers vol verf op de berghellingen zijn gemorst. De bloemen van de vuurdoorn hebben lange, ronde rode bloesems die zo fel van kleur zijn, dat het lijkt alsof ze van gekleurd papier zijn gemaakt; de wilde hyacint brengt kleine blauwe

klokjes voort, die aan de steel bungelen als tere wijnbladeren, en uit rotsen en rotsspleten piepen. Bitterwortel heeft grote lavendelroze kopjes met gele haartjes die zich tegen de grond vleien, terwijl de wilde kamperfoelie diep in het dal verborgen zit, op lange stelen, deinend als wilgen met hun rozerode franje aan de bovenkant.

Allerlei soorten zaden worden bij verschillende lichaamstemperaturen uit de baarmoeder van Mon-a-lah geboren. Wanneer Ze warm begint te worden, komen alleen de kleinste bloemen door. Naarmate Ze warmer wordt, worden grotere bloemen geboren, en het sap begint de bomen in te stromen en laat ze opzwellen als een vrouw die hoogzwanger is, tot ze hun knoppen open laten barsten.

Als de lucht zwaar begint te worden, zodat het moeilijk is om adem te halen, weet je wat er op til is. De vogels komen van de bergkammen naar beneden en verbergen zich in de dalen en in de pijnbomen. Zware donkere wolken drijven over de berg en je vlucht pijlsnel je huisje binnen.

Vanuit de voordeur van het huisje keken we altijd naar de dikke lichtstralen die gedurende een volle seconde, soms twee, op de bergtop bleven staan en van waaruit het weerlicht alle richtingen uitspoot, voordat het met een ruk weer terug de hemel in werd getrokken. Donderklappen kraakten, zo snerpend dat je wist dat er iets opengespleten was, dan rommelde de donder over de bergkammen en rolde weer terug de dalen in. Ik was er een paar keer bijna zeker van dat de bergen naar beneden kwamen, maar Granpa zei dat dat niet het geval was. En het was natuurlijk ook niet zo.

Dan komt hij er weer aan, en schiet blauwe vuurballen vanaf de rotsen tegen de bergtoppen. Het blauw spettert tegen het hemeldak. De bomen zwiepen en buigen door de plotselinge windvlagen en de zware regen komt in dikke druppels uit de wolken vallen, zodat je weet dat er nog heel wat verpletterende muren van water in aantocht zijn.

Mensen die lachen en beweren dat alles over de Natuur bekend is en dat de Natuur geen geest heeft, zijn nog nooit in een voorjaarsstorm in de bergen geweest. Wanneer Ze het voorjaar baart, begint Ze aan de bergen te trekken als een barende vrouw aan de beddesprei.

Als een boom het volhoudt en alle winterstormen heeft doorstaan, en Zij heeft toch de indruk dat hij opgeruimd moet worden, tilt Ze 'm op van de grond en slingert 'm tegen de berg. Ze gaat elke boomtak langs en nadat Ze de takken een beetje met Haar windvingers heeft beroerd, veegt Ze de vloer aan met alles wat zwak is.

Als Ze vindt dat een boom verwijderd moet worden en niet door de wind mag omvallen, dan doet Ze bóem! en het enige dat je ziet is een bliksemschicht, gevolgd door een gloeiende fakkel. Ze leeft en lijdt. Jij zou 't ook geloven.

Granpa zei dat Ze – onder andere – bezig was de nageboorte op te ruimen die overgebleven kon zijn van vorig jaar; Haar nieuwe worp zou dan schoon en sterk zijn.

Als de storm voorbij is, begint de nieuwe groei zich nietig en licht, als een zachtgroen waas, uit te breiden over bosjes en boomtakken. Dan brengt de Natuur de aprilregen. Die valt zachtjes fluisterend en eenzaam, en blijft in mistflarden in de dalen en op de paden hangen, waar je dan onder druppende boomtakken doorloopt.

Die aprilregen geeft een fijn gevoel, opwindend, maar ook triest. Granpa zei dat hij dan altijd zo'n onbestemd gevoel kreeg. Hij zei dat het opwindend was omdat er iets nieuws was geboren, en dat het verdrietig was omdat je het nieuwe leven niet kon vasthouden. Het ging te snel voorbij.

De aprilwind is zacht en warm als de wieg van een baby. Hij ademt op de wilde appelboom, totdat de witte bloesems met roze vlekken opengaan. De geur is zoeter dan kamperfoelie en trekt bijen aan die over de bloesems zwermen. Berglaurier met rozewitte bloei en paarse harten groeien overal, van diep in het dal tot op de top van de berg, samen met de oogtandviooltjes die lange, puntige gele bloemblaadjes hebben en waaruit een witte tand hangt (ik vond dat ze er altijd als tongen uitzagen).

Daarna, als april z'n hoogste temperatuur bereikt, word je plotseling overvallen door de kou. Het blijft een dag of vier, vijf koud. Dat is om de zwarte bessen te laten bloeien en

wordt ‘zwarte bessen winter’ genoemd. De zwarte bessen bloeien anders niet. Daarom zijn er niet alle jaren zwarte bessen. Wanneer dat afgelopen is, begint de kornoelje te bloeien, als sneeuwballen op de berghellingen, zelfs op plaatsen waar je ze nooit had verwacht: tussen een groepje pijnbomen of in een eikebosje zie je dan plotseling een explosie van wit.
De blanke boeren doen dat alleen in de late zomer buiten hun landerijen, maar de Indiaan zoekt eikels en noten van het vroege voorjaar, als de eerste planten beginnen te groeien, de hele zomer door, tot in het najaar. Granpa zei dat de bossen je altijd voedden als je met de bossen leefde in plaats van ze kapot te maken.
Hoe dan ook, er komt nog heel wat bij kijken. Ik had wel door dat ik verreweg de beste was met bessenplukken, want ik kon midden in een groepje bessenstruiken komen, zonder dat ik me hoefde te bukken om erbij te kunnen. Ik werd nooit erg moe van het bessenplukken.
Er waren dauwbraambessen, zwarte bessen, vlierbessen, waar je volgens Granpa de beste wijn van kon maken, blauwe bosbessen en de rode beredruif, waar ik niets aan vond, maar Granma gebruikte ze in de keuken. Ik nam altijd meer rode beredruiven in mijn emmer mee, aangezien ze niet zo lekker waren om zo te eten en ik at nogal regelmatig van de bessen als ik aan het plukken was. Granpa ook. Maar hij zei dat dat geen verspilling was, omdat we ze uiteindelijk toch zouden opeten. Wat waar was. Karmozijnbessen zijn echter giftig en je gaat er nog sneller de pijp van uit dan van ouwe maïsstengels. Alle bessen waar je de vogels niet van ziet eten, daar kun je beter vanaf blijven.
Tijdens het bessenplukken waren mijn tanden, tong en mond zo ongeveer de hele tijd diep donkerblauw. Als ik en Granpa daarna onze waren afleverden bij de winkel op de kruising, merkten er altijd wel een paar plattelanders op dat ik ziek was. Zo nu en dan maakte een nieuwe plattelander zich vreselijk ongerust. Granpa zei dat daaruit bleek dat ze geen enkel benul hadden van wat een bessenplukker zich allemaal moest laten welgevallen en dat ik maar niet op ze moest letten. Wat ik niet deed.

De vogels deden kunstjes in de wilde kersebomen. Ergens in juli hadden de kersen net genoeg zon gehad.
Soms, in de luie zomerzon, na de warme maaltijd, wanneer Granma een dutje deed, zaten ik en Granpa op het stoepje van de achterdeur. Granpa zei dan: 'Kom, laten we over het pad naar boven lopen, wie weet wat we daar aantreffen.' Dan gingen we naar boven en zaten in de schaduw van een kerseboom met onze rug tegen de stam. En dan keken we naar de vogels.
Op een keer zagen we een lijster salto's maken op een tak en naar het uiterste puntje waggelen, alsof hij aan het koorddansen was, en toen stapte hij er domweg af. Een roodborstje voelde zich zo goed dat hij recht op mij en Granpa afstapte en op Granpa z'n knie hipte. Hij maakte een hoop kouwe drukte en vertelde Granpa eens goed wat hij ervan dacht. Uiteindelijk besloot hij te gaan zingen, maar z'n stem kraste en hij gaf 't op. Hij waggelde de struiken in en liet Granpa en mij gierend van de lach achter. Granpa zei dat hij zo hard moest lachen dat z'n maag er zeer van deed. En de mijne deed er ook zeer van.
We zagen een rode kardinaalsvogel zoveel kersen eten dat hij omviel en op de grond buiten bewustzijn raakte. We legden 'm in een holletje van een boom, zodat hij 's nachts niet te grazen kon worden genomen.
De volgende ochtend, in alle vroegte, gingen ik en Granpa terug naar de boom en daar lag hij nog te slapen. Granpa schudde 'm wakker en nijdig stond hij op. Hij vloog een paar keer op Granpa's hoofd af, maar Granpa verjoeg 'm met z'n hoed. Hij vloog naar beneden naar de bergbeek, stak z'n kopje in het water, haalde het er weer uit... en pufte en spuwde en keek om zich heen alsof hij de eerste de beste die hij tegenkwam wel eens even een flink pak rammel zou geven.
Granpa zei dat hij dacht dat de ouwe kardinaal mij en hem persoonlijk verantwoordelijk hield voor zijn gezondheid, hoewel hij volgens Granpa beter zou moeten weten. Granpa zei dat hij hem eerder had gezien, het was een ouwe getrouwe kerseneter.
Elke vogel die in de buurt van je huisje in de bergen komt, is

een teken van het een of ander. Dat geloven de bergbewoners en als je het ook wilt geloven ga gerust je gang, want het is waar. Ik geloofde het. En Granpa ook.

Granpa kende alle vogeltekens. Je kunt van geluk spreken als er een winterkoninkje in je huisje woont. Granma had een klein vierkantje boven in de hoek van de keukendeur uitgehold. Onze huiswinterkoning vloog in en uit en bouwde haar nest op de houten rand boven het fornuis. Ze broedde daar en haar mannetje kwam om haar te voeden.

Winterkoninkjes vinden het prettig om in de buurt van mensen te wonen die van vogels houden. Ze lag lekker in haar nestje en observeerde ons in de keuken met haar kleine zwarte kraaloogjes die glansden in het lamplicht. Als ik een stoel had aangesleept en erop ging staan, zodat ik haar beter kon bekijken, dan deed ze altijd heel druk tegen me; maar ze bleef in haar nest.

Granpa zei dat ze het leuk vond om zo tegen me op te spelen. Het was voor haar het bewijs dat ze belangrijker was in het gezin dan ik.

Nachtzwaluwen beginnen te zingen als de schemering valt. Ze zingen 's avonds en 's nachts met een snorrend geluid: *errr-urrr-errr-urrr*. Als je de lamp aansteekt komen ze steeds dichter naar het huisje toe en uiteindelijk zingen ze je in slaap. Volgens Granpa zijn ze het signaal van nachtelijke vrede en prettige dromen.

De dwergooruil roept in de nacht en is een zeurpiet. Er is maar één manier om de dwergooruil de bek te snoeren; leg een bezem voor de openstaande keukendeur. Granma deed dat en het werkte altijd. De dwergooruil houdt dan altijd op met zeuren.

Het Noordamerikaanse roodborstje zingt alleen overdag en alles wat hij zingt is 'teriet, teriet', steeds maar weer, maar als hij dicht bij het huisje komt, kun je er zeker van zijn dat je de hele zomer niet ziek zult worden.

Als de blauwe gaai in de buurt van je huisje dartelt, betekent dat, dat je een prettige en vrolijke tijd tegemoet gaat. De blauwe gaai is een clown. Hij danst op de uiteinden van takken, maakt salto's en plaagt andere vogels.

De rode kardinaalsvogel is het teken dat je wat geld gaat krijgen en de tortelduif betekent voor bergbewoners niet wat hij voor een deelpachter betekent. Als je een tortelduif hoort, betekent dat dat er iemand van je houdt en een tortelduif naar je toe heeft gestuurd om je dat te vertellen.
De treurduif roept laat in de avond en komt nooit dichtbij. Hij roept van heel ver uit de bergen, met een lange, eenzame roep die klinkt alsof hij in de rouw is. Granpa zei dat dat ook zo was. Hij zei dat als iemand doodging en helemaal niemand op de wereld had die zich hem herinnerde en om hem huilde, dan dacht de treurduif aan hem en huilde voor hem. Granpa zei dat als je ergens heel ver weg dood ging, zelfs over de grote wateren, en je was een bergbewoner, dan wist je dat de treurduif aan je zou denken. Hij zei dat dat de mensen geruststelde. Dat deed het mij in ieder geval wel.
Granpa zei dat als je aan iemand dacht van wie je hield, die was overleden, dan hoefde de treurduif niet voor hem te treuren. Dan wist je dat hij om iemand anders rouwde en dan klonk hij niet zo eenzaam. Als ik 'm hoorde, laat op de avond als ik al in bed lag, dacht ik aan ma. Dan was ik niet zo eenzaam.
Vogels weten of je ze mag. Als je ze mag dan komen ze allemaal naar je toe. Onze bergen en dalen waren vol vogels: spotvogels en ivoorsnavelspechten, roodvleugelige koperwieken en kuifspechten, piepers en mussen, roodborstjes en sialias, kolibries en huiszwaluwen, zoveel dat 't niet te doen is om er allemaal over te vertellen.

In 't voorjaar en in de zomer zetten we geen vallen. Granpa zei dat je onmogelijk tegelijkertijd kon paren en vechten. Hij zei dat dieren dat ook niet konden. Granpa zei dat als je op ze joeg terwijl ze paarden, ze hun jongen niet konden grootbrengen en dat het einde van het liedje zou zijn dat je van de honger omkwam. In het voorjaar en in de zomer waren we altijd aan het vissen.
De Indiaan vist of jaagt nooit voor de sport, alleen voor voedsel. Granpa zei dat het de grootst mogelijke waanzin was om te moorden voor de sport. Hij zei dat dat hele gedoe

met aan zekerheid grenzende waarschijnlijkheid tussen twee oorlogen door bedacht was door politici: in die tussentijd vermoordden ze geen mensen, maar op die manier konden ze toch blijven moorden. Granpa zei dat een stelletje idioten ermee begonnen was zonder er ook maar één seconde over na te denken, maar als je het kon uitzoeken, politici waren ermee begonnen. Wat waarschijnlijk zo is.
We maakten vismanden van wilgetakken. We vlochten de takken dooreen en maakten manden van zo'n meter diep. Bij de opening van de mand draaiden we de uiteinden van de wilgetakken naar binnen en maakten er scherpe punten aan. Op die manier konden alle vissen naar binnen zwemmen en konden de kleintjes er weer uit, maar de grote vissen niet, vanwege die scherpe punten. Granma stopte meelballen in de manden als lokaas.
Soms deden we er fiedelwormen aan. Je kunt fiedelwormen vangen door een stok in de grond te steken en met een plankje over het uiteinde van de stok te wrijven of te 'fiedelen'. De fiedelwormen komen dan de grond uit.
We sleepten de manden langs de Engte naar de kreek. Daar bonden we ze met een touw aan een boom vast en lieten ze in het water zakken. De volgende dag kwamen we terug om onze vissen te halen.
Er zaten dan grote meervallen en baarzen in de mand... soms een brasem, en op een keer zat er een forel in. Soms vingen we ook zoetwaterschildpadden. Gekookt met mosterdplant zijn ze heerlijk. Ik vond het leuk om de manden naar boven te halen.
Granpa leerde me hoe ik met m'n handen kon vissen. Dat werd bijna, de tweede keer in mijn vijf levensjaren, mijn dood. De eerste keer was natuurlijk toen ik in de whiskyhandel werkte en de belastingwet me bijna te pakken had. Ik was ervan overtuigd dat ze me naar het dorp zouden meenemen om me daar op te hangen. Granpa zei dat ze dat naar alle waarschijnlijkheid niet gedaan zouden hebben, want hij had nog nooit zoiets gehoord. Maar Granpa had die lui niet gezien. Ze zaten niet achter hem aan. Deze keer echter was Granpa er ook bijna geweest.

Het was midden op de dag en dat is de beste tijd voor handvissen. De zon schijnt in het midden van de beek en de vissen trekken zich terug langs de oever, waar ze wat in de koelte gaan liggen dommelen.
Dat is het moment dat je op de oever van de beek gaat liggen en voorzichtig je handen in het water steekt en voelt waar de visseholen zitten. Als je er een vindt, breng je langzaam en voorzichtig je handen ernaartoe, totdat je de vis voelt. Als je geduldig bent, kun je je handen langs de flanken van de vis laten glijden terwijl hij gewoon in het water blijft liggen.
Dan pak je hem bij kop en staart en tilt hem uit het water. Je moet even de tijd nemen om de slag te pakken te krijgen.
Deze keer lag Granpa op de oever en had al een meerval uit het water gehaald. Ik kon geen vissehol vinden, dus ik liep een eindje verder langs de oever. Ik ging liggen en liet m'n handen voorzichtig in het water glijden, op zoek naar een vissehol. Vlak naast me klonk geritsel, een droog geritsel dat langzaam begon en steeds sneller werd totdat het overging in gezoem.
Ik draaide me om naar het geluid. Het was een ratelslang. Hij stond op het punt tot de aanval over te gaan, z'n kop in de lucht en op me neerkijkend, nog geen vijftien centimeter bij m'n gezicht vandaan. Ik bleef roerloos liggen. Hij was dikker dan mijn been en ik zag hem rimpelen onder z'n droge huid. Hij was woest. Ik en de slang staarden elkaar aan. Zijn tong flitste bijna in m'n gezicht en hij had ogen als spleetjes, rood en vals.
De punt van z'n staart begon sneller en sneller heen en weer te bewegen, het zoemende geluid werd hoger. Toen begon zijn kop, in de vorm van een grote V, een beetje te wiebelen, heen en terug, want hij was bezig te beslissen welk deel van m'n gezicht hij raken wilde. Ik wist dat hij klaar was om me aan te vallen, maar ik kon me niet bewegen.
Er viel een schaduw op de grond, over mij en de slang heen. Ik had niet gehoord dat hij eraan kwam, maar ik wist dat 't Granpa was. Zachtjes en rustig, alsof hij het over het weer had, zei Granpa: 'Je hoofd niet omdraaien. Niet bewegen, Little Tree. Niet met je ogen knipperen.' Wat ik niet deed.

De slang tilde z'n kop nog hoger de lucht in, bijna klaar om tot de aanval over te gaan. Ik dacht dat hij nooit zou ophouden met stijgen.
Toen, plotseling, kwam de grote hand van Granpa tussen mijn gezicht en de kop van de slang in. De hand bleef daar. De ratelslang trok zich nog hoger op. Hij begon te sissen en ratelde een eentonige zoemtoon. Als Granpa z'n hand had bewogen, of terug had gedeinsd, zou de slang me vierkant in m'n gezicht hebben geraakt. Dat wist ik ook.
Maar dat deed hij niet. De hand bleef roerloos hangen, stevig als een rots. Ik kon de grote aderen op de rug van Granpa's hand zien. Er zaten zweetdruppels op, die glansden op zijn bronskleurige huid. Zijn hand beefde noch bewoog.
De ratelslang viel aan, snel en hard. Hij trof Granpa's hand als een kogel, maar de hand bewoog geen moment. Ik zag hoe de naaldvormige tanden zich in het vlees begroeven, de kaken van de ratelslang slokten Granpa's halve hand op.
Granpa bewoog z'n andere hand, greep de ratelslang achter de kop beet en kneep. De ratelslang kwam van de grond overeind en slingerde zich een paar keer om de arm van Granpa. Hij sloeg met zijn ratelende achtereind tegen het hoofd van Granpa en knalde ermee in zijn gezicht. Maar Granpa liet niet los. Hij wurgde de slang met één hand, tot ik de ruggewervel hoorde kraken. Toen smeet hij 'm tegen de grond.
Granpa ging zitten en haalde fluks z'n lange mes te voorschijn. Hij maakte een paar grote japen in z'n hand, daar waar de slang hem gebeten had. Het bloed gutste over z'n hand en langs z'n arm. Ik kroop naar Granpa toe... want ik was zo slap als een vaatdoek en dacht dat ik niet meer kon lopen. Aan de schouder van Granpa hees ik me overeind. Hij zoog het bloed uit de wonden en spuugde het op de grond. Ik wist niet wat ik doen moest, daarom zei ik: 'Bedankt, Granpa.' Granpa keek naar me en grijnsde. Z'n mond en z'n hele gezicht zaten onder het bloed.
'Godverdegodver!' zei Granpa. 'Hebben we die klootzak even een lesje geleerd of niet?'
'Ja, Granpa,' zei ik en voelde me weer wat prettiger. 'We

hebben die klootzak een lesje geleerd.' Hoewel ik me niet kon herinneren dat ik veel aan dat lesje had bijgedragen.
De hand van Granpa begon steeds meer op te zwellen en werd helemaal blauw. Hij pakte z'n lange mes en sneed de mouw van zijn rendiershirt. De arm was twee keer zo dik geworden. Ik schrok me wild.
Granpa had z'n hoed afgedaan en wuifde zich er koelte mee toe. 'Verdomd heet,' zei hij, 'voor de tijd van 't jaar.' Z'n gezicht zag er raar uit. Nu begon z'n arm ook nog blauw te worden.
'Ik ga Granma halen,' zei ik en ging ervandoor. Granpa keek me na en z'n ogen draaiden weg, ver weg.
'Ik geloof dat ik maar even wat ga rusten,' zei hij zo kalmpjes als wat. 'Ik kom zo achter je aan.'
Ik rende langs het pad van de Engte en ik geloof dat alleen m'n tenen de grond nog raakten. Ik zag niet goed, want m'n ogen waren verblind door tranen, hoewel ik niet huilde. Toen ik het pad naar het dal indraaide had ik 't gevoel dat m'n borstkas in vuur en vlam stond. Ik struikelde voortdurend en viel een paar keer in de bergbeek, maar krabbelde steeds meteen weer overeind. Ik verliet het pad en baande me een weg door de struiken. Ik wist dat Granpa op sterven lag.
Het huisje zag er vreemd en scheef uit toen ik de open plek op rende en ik probeerde Granma te roepen... maar niemand reageerde. Ik viel met de keukendeur in huis, recht in de armen van Granma. Granma sloeg haar armen om me heen en deed wat koud water op m'n gezicht. Ze keek me strak aan en vroeg: 'Wat is er gebeurd, waar?' Ik probeerde het te vertellen. 'Granpa ligt op sterven...' fluisterde ik, 'ratelslang... beekoever.' Granma liet me op de grond vallen, waar ik even beduusd bleef liggen.
Ze greep een tas en was vertrokken. Ik zie haar nog voor me: een wijduitstaande rok, haarvlechten die achter haar hoofd wapperden en kleine voetjes in mocassins die over de grond vlogen. Die kon hard lopen! Ze had niet eens zoiets gezegd als: 'Oh, mijn God!' Ze aarzelde geen moment en keek op noch om. Ik zat op handen en knieën in de keukendeur en

schreeuwde haar na: 'Laat Granpa niet doodgaan!' Ze verminderde haar snelheid niet, rende van de open plek het pad op. Ik riep zo hard als ik kon en het echode in het dal: 'Laat hem niet doodgaan, Granma!' Ik wist bijna zeker dat Granma 'm niet zou laten doodgaan.

Ik liet de honden los en die renden huilend en blaffend achter Granma aan. Ik volgde ze zo snel als ik kon.

Toen ik op de plek des onheils aankwam, lag Granpa languit op de grond. Granma ondersteunde z'n hoofd en de honden cirkelden jankend om hen heen. Granpa had z'n ogen dicht en z'n arm was bijna zwart.

Granma had weer een snee gemaakt in z'n hand en zoog die uit. Ze spuugde het bloed op de grond. Toen ik naast haar kwam staan, wees ze naar een berkeboom. 'Trek daar een stuk bast af, Little Tree.'

Ik greep het grote mes van Granpa en pelde de bast van de boom. Granma maakte een vuurtje met de berkebast, want berkebast brandt net zo makkelijk als papier. Ze schepte water uit de beek, hing een kannetje boven het vuur en deed er wortels en zaden in; en wat bladeren die ze uit haar tas had gehaald. Ik weet niet wat ze er allemaal in deed, maar de bladeren waren van de lobelia, want Granma zei dat Granpa die nodig had om te ademen.

De borstkas van Granpa bewoog langzaam en met moeite. Terwijl de kan boven het vuur hing stond Granma op en keek om zich heen. Ik had helemaal niets gezien... maar vijftig meter verderop, tegen de berg aan, zat een kwartel op de grond te broeden. Granma deed haar grote rok uit en liet die op de grond vallen. Ze had er niets onder aan. Haar benen zagen eruit als die van een meisje, met lange spieren die zich roerden onder de bronskleurige huid.

Ze bond het bovenstuk van de rok samen en bond wat steentjes in de zoom van de rok. Toen liep ze, zachtjes als een zuchtje wind, naar het nest van de kwartel. Precies op het goeie moment – dat wist ze – verliet de kwartel het nest en gooide zij de rok er overheen.

Ze nam de kwartel mee terug en terwijl de vogel nog springlevend was sneed ze haar open, van borst tot staart, en drukte haar met de gapende wond wijduit op de slangebeet van Granpa. Ze hield de tegenstribbelende kwartel een hele tijd op Granpa's hand gedrukt. Toen ze de kwartel erafhaalde, was die aan de binnenkant helemaal groen. Dat was 't slangegif.

Het werd avond en Granma bleef druk bezig met Granpa. De honden zaten in een cirkel om ons heen. De nacht viel in en Granma liet me het vuur opstoken. Ze zei dat we Granpa warm moesten houden en hem niet konden vervoeren. Ze had haar rok over hem heen gelegd. Ik deed m'n rendierhemd uit en legde dat ook over hem heen en wilde ook nog m'n broek uittrekken, maar Granma zei dat dat niet nodig was, omdat die nauwelijks groot genoeg was om een voet van Granpa te bedekken. En dat was inderdaad waar.

Ik hield het vuur brandende. Granma liet me nog een vuur maken bij het hoofd van Granpa en dus hield ik ze allebei aan de gang. Granma ging naast Granpa liggen, dicht tegen hem aan, want ze zei dat haar lichaamswarmte hielp... en dus ging ik aan de andere kant van Granpa liggen; hoewel ik meende dat m'n lichaam nauwelijks groot genoeg was om Granpa warmte te geven. Maar Granma zei dat 't toch hielp.

Ik zei tegen Granma dat ik me niet kon voorstellen dat Granpa zou sterven.

Ik vertelde haar hoe 't allemaal was gebeurd en dat ik dacht dat 't mijn schuld was, omdat ik niet goed had opgelet. Granma zei dat het niemand z'n schuld was, zelfs niet van de ratelslang. Ze zei dat we niets van wat gebeurde als fout of goed moesten beoordelen. Daardoor voelde ik me weer wat beter, maar niet veel.

Granpa begon te praten. Hij was weer een jongen, rende door de bergen en vertelde honderduit. Granma zei dat dat kwam omdat de herinneringen in z'n slaap naar bovenkwamen. Hij praatte met tussenpozen de hele nacht door. Vlak voor zonsopgang werd hij rustig en werd z'n ademhaling kalmer en gelijkmatiger. Ik vertelde Granma hoe ik erover dacht, dat het volgens mij onmogelijk was dat Granpa nu nog zou sterven. Ze zei dat hij dat ook niet zou doen. Daardoor viel ik tegen hem aangedrukt in slaap.

Ik werd wakker toen de zon opkwam... net toen het eerste licht de bergtoppen bescheen. Granpa kwam plotseling overeind. Hij keek naar mij en toen naar Granma. 'Bij God!' zei hij. 'Bonnie Bee, een man kan nergens even rustig gaan liggen zonder dat jij meteen poedelnaakt tegen 'm aankruipt.'
Granma gaf Granpa een klap in z'n gezicht en lachte. Ze stond op en trok haar rok aan. Ik begreep dat Granpa weer in orde was. Hij wilde niet eerder naar huis, dan dat hij de ratelslang gevild had. Hij zei dat Granma van de slangehuid een riem voor mij zou maken. Wat ze ook deed.
We gingen op weg door de Engte, terug naar huis. De honden liepen voorop. Granpa z'n knieën waren nog wat slap en hij hield Granma goed vast. Zo kon hij beter lopen, denk ik. Ik kwam achter hen aan, het was zo'n beetje een van m'n gelukkigste momenten sinds ik in de bergen woonde.
Hoewel Granpa het er nooit meer over had dat hij z'n hand tussen mij en de slang had gehouden, denk ik dat Granpa, op Granma na, het meeste van mij hield, meer nog dan van Blue Boy.

De boerderij op de open plek

Die avond bij de beek, toen ik naast Granpa lag, was ik geloof ik verbaasd te horen dat Granpa ooit een jongen was geweest. Maar dat was hij wel.

In die nacht had zijn geest hem mee terug in de tijd genomen en was hij weer een jongen. Granpa was in 1867 negen jaar oud. De bergen waren zijn thuis. Zijn moeder heette Red Wing, een volbloed Cherokese, en hij was net zo opgevoed als alle andere Cherokee jongens, wat betekende dat hij naar hartelust in de bergen kon rondtrekken.

Het land was bezet door soldaten van de Unie en werd geregeerd door politici. Granpa z'n pa had aan de kant van de verliezers gevochten. Hij had vijanden... en daarom waagde hij zich nauwelijks buiten de bergen. Als het nodig was bracht Granpa boodschappen over naar het dorp, want er was toch niemand die aandacht schonk aan een Indiaanse jongen.

Het was op een van zijn zwerftochten dat Granpa de kleine vallei vond. Die lag laag tussen hoge bergen in en was begroeid met onkruid en struiken en overwoekerd door wingerd. Lange tijd was er niets geplant in de vallei, maar Granpa zag dat er ooit iets gekweekt moest zijn, want de bomen waren verwijderd.

Aan het eind van de vallei stond een oud huis, dicht tegen de bergen aan. Het had een verzakte veranda en de bakstenen vielen uit de schoorsteen. Aanvankelijk besteedde Granpa geen aandacht aan het huis. Toen begon hij leven rondom het huis te bespeuren en begreep hij dat er iemand woonde. Hij sloop er naartoe om tussen de struiken door de mensen van het huis te bespieden. Dat waren er niet veel.

Er liep geen kip op het erf, zoals bij de meeste blanke mensen het geval was, noch een koe voor de melk, en ook geen

muilezel voor het ploegen. Er was niets behalve wat kapotte landbouwwerktuigen bij een ouwe schuur. De mensen leken wel wat op het huis.
De vrouw zag er in de ogen van Granpa mager en uitgeput uit. Ze had twee kleintjes, die er nog slechter aan toe schenen; kleine meisjes met ouwe gezichtjes. Ze waren vies en hadden vlassig haar en benen als wandelstokken.
Een ouwe zwarte man woonde in de schuur. Hij was kaal met een krans van witte haren om zijn hoofd. Granpa dacht dat hij doodging, want hij schuifelde zonder z'n voeten op te tillen, het hoofd voorovergebogen naar de grond, en hij kwam bijna niet vooruit.
Granpa stond op 't punt zich om te draaien toen hij nog iemand zag. Het was een man in de restanten van een grijs uniform. Hij was lang en had maar één been. Hij kwam het huis uit, steunend op een hickoryhouten stammetje, dat hij onder de stomp van z'n andere been had gebonden. Granpa keek toe hoe de eenbenige man en de vrouw naar de schuur liepen. Ze trokken een lederen tuig aan. Granpa begreep niet wat ze aan het doen waren tot hij zag dat ze naar de vallei voor het huis gingen.
De ouwe zwarte man volgde. Hij strompelde voort en zeulde de ploeg mee. Ze kwamen aan waar ze wezen moesten en begonnen in hun tuig te buigen en te trekken. De ouwe zwarte man probeerde de ploeg te leiden. Granpa dacht dat ze stapelkrankjorem waren: als muilezels probeerden ze de ploeg te trekken. Maar ze kregen 't voor elkaar. Niet snel, een paar stappen per keer maar, maar ze trokken 'm steeds weer vooruit. Dan stopten ze en begonnen opnieuw.
Ze waren niet erg bedreven. Als de ouwe zwarte man de ploeg te scheef hield, boorde hij zich diep de grond in, zodat de anderen niet konden trekken en dan moesten ze terug, terwijl de ouwe zwarte man aan de ploeg rukte en trok, viel, weer overeind krabbelde en probeerde de ploeg weer goed neer te zetten. Meestal ging de ploeg niet diep genoeg om het land echt om te ploegen. Granpa dacht dat ze 't nooit voor elkaar zouden krijgen.
Die avond vertrok hij, terwijl ze nog steeds bezig waren met

sjorren en trekken. De volgende morgen kwam hij weer terug om te kijken. Ze waren in het veld toen Granpa bij zijn schuilplaats aankwam. Ze hadden nog niet eens genoeg geploegd om over het onkruid heen te kunnen kijken. Terwijl Granpa toekeek, bleef het puntige uiteinde van de ploeg achter een wortel steken en werd de ouwe zwarte man tegen de grond getrokken. Hij bleef een hele tijd op handen en knieën zitten voor hij weer overeind kwam. Dat was 't moment waarop Granpa de soldaten van de Unie zag.

Hij trok zich terug in een uitgestrekte varenstruik en hield ze in het oog. Hij was niet bang, want hij mocht dan nog maar negen zijn, hij was een echte Indiaan en kon zich door een hele patrouille heen manoeuvreren zonder dat ze 'm zagen, en dat wist hij.

De patrouille bestond uit een man of twaalf, allen te paard. Een grote man met gele strepen op z'n mouw had de leiding. Hij liet zijn manschappen halt houden in een pijnbosje om ook naar het ploegen te kijken. Ze keken een poosje toe en reden weer weg.

Granpa ging in een beekje handvissen en kwam laat die avond met z'n vis terug. Ze waren nog steeds bezig, maar zo langzaam, en ze waren zo moe, dat ze zowat kropen. Toen kregen de haviksogen van Granpa het geel in de bomen in de gaten. Dat was de patrouilleleider van de Unie, die zich daar schuilhield. Hij was alleen en keek weer toe. Granpa sloop via een ander pad terug naar huis.

Die nacht lag hij na te denken. Hij dacht dat de Uniesoldaat met de gele strepen iets slechts in de zin had en hij besloot dat hij de mensen in het oude huis moest waarschuwen. De volgende morgen besloot hij er meteen op af te gaan.

Hij arriveerde bij zijn schuilplaats, maar Granpa was mensenschuw. Hij wachtte en probeerde te bedenken hoe hij het aan moest pakken. Ze waren in het veld en trokken weer aan de ouwe ploeg. Hij had net zo ongeveer besloten om het veld in te springen, te roepen wat hij hen wilde vertellen en er dan vandoor te gaan, maar toen was hij al te laat. Hij zag de Uniesoldaat met de gele strepen.

Hij hield zich nog steeds schuil tussen de pijnbomen en had

een tweede paard bij zich, waar niemand op zat. Toen hij dichterbijkwam, zag Granpa dat 't geen paard was, maar een muildier. Granpa had nog nooit een muilezel gezien die er zo beroerd uitzag: de heupbeenderen en de ribben staken er aan alle kanten uit. Z'n oren hingen slap over z'n magere kop, maar het was een muilezel. De Uniesoldaat dreef de ouwe muilezel voor zich uit. Net toen hij aan de rand van het bos aankwam, ranselde hij de ouwe ezel af met een zweep, waarop het dier er vandoor ging, dwars over het veld. De soldaat bleef te paard in het bos achter.

De vrouw zag de muilezel 't eerst. Ze liet haar tuig vallen en staarde naar het dier dat over het veld rende. Toen riep ze: 'God allemachtig! Dat is een ezel. Hij heeft ons een ezel gezonden!' Ze ging achter de muilezel aan, tussen de struiken door. De ouwe zwarte man ging er ook achteraan, rennend en vallend, in een verwoede poging ze bij te houden.

De muilezel rende recht op Granpa in zijn schuilplaats af. Toen het dier dichterbijkwam, sprong Granpa op en zwaaide met z'n armen en de muilezel boog af, het veld weer in, en liep op de bossen aan de overkant af. De soldaat joeg de ezel weer het veld in. Noch Granpa, noch de soldaat werden opgemerkt, want de vrouw en de oude zwarte man hadden alleen maar aandacht voor de ezel.

De eenbenige man probeerde ook te rennen, hij strompelde met z'n hickoryhouten stok over het veld en viel bij elke paar stappen languit op de grond. De twee kinderen holden schreeuwend door de struiken om de ezel de pas af te snijden.

De ouwe muilezel raakte in de war en rende terug, dwars tussen zijn belagers door. De vrouw greep 'm bij z'n staart. Hij trok haar omver, maar ze bleef vasthouden, en de ezel sleepte haar door de struiken en scheurde haar de jurk van het lijf. De ouwe zwarte man besprong de ezel en greep hem om z'n nek. Hij werd als een voddenpop heen en weer geslingerd, maar hij klampte zich vast alsof die muilezel z'n enige redding was. De ouwe ezel gaf 't op en bleef staan.

De eenbenige man en de kinderen kwamen eromheen staan. Hij deed een leren riem om de hals van de ezel. Ze liepen al-

lemaal om het ouwe dier heen en aaiden en wreven hem alsof hij de mooiste ezel ter wereld was. Granpa kreeg de indruk dat de ouwe muilezel het allemaal heel prettig vond.
Toen knielden ze neer in het veld, in een kring om de ouwe ezel heen, en bleven een tijdje zo zitten, met hun hoofd naar de grond.
Granpa keek toe hoe ze de ezel voor de ploeg spanden. Een voor een wilden ze achter de ezel ploegen, zelfs de kleintjes. Granpa bekeek 't vanuit de struiken en hield een oogje op de soldaat die toekeek vanuit de bossen.
Granpa bleef regelmatig terugkeren in die vallei om de boel in de gaten te houden. Hij moest gewoonweg zien hoe 't met het ploegen ging. In drie dagen tijd hadden ze een kwart van het veld gedaan.
Op de ochtend van de vierde dag zag Granpa de Uniesoldaat een witte zak neerzetten aan de rand van het veld. De eenbenige man zag hem ook. Hij tilde z'n hand zo'n beetje op om te wuiven, alsof hij er niet helemaal zeker van was of hij dat wel doen moest. De Uniesoldaat deed hetzelfde en reed weg, de bossen in. Het was een zak met maïszaad.
De volgende ochtend, toen Granpa in de vallei kwam, was de Uniesoldaat bij het huis afgestegen. Hij stond met de eenbenige man en de ouwe zwarte man te praten. Granpa kwam voorzichtig naderbij om ze te kunnen horen.
Even later was de Uniesoldaat met de ezel aan het ploegen. Hij had de ploegtouwen vastgemaakt en om z'n nek gedraaid. Granpa kon zo wel zien dat hij er verstand van had. Zo nu en dan liet hij de ezel halt houden. Dan bukte hij zich, pakte een handjevol vers omgeploegde aarde en rook eraan. Soms proefde hij er zelfs van. Dan verkruimelde hij de modder in z'n hand en begon weer te ploegen.
Het bleek dat hij sergeant was en dat hij boer was geweest in Illinois. Gewoonlijk kon hij niet eerder dan tegen zonsondergang komen ploegen, wanneer hij van de legerpost kon wegglippen. Maar hij kwam en ploegde bijna elke dag.
Op een avond had hij een magere soldaat bij zich. De soldaat zag er te jong uit voor 't leger, maar toch was het er één.

Voortaan kwam hij iedere avond met de sergeant mee. Hij had kleine struikjes bij zich. Dat waren appelbomen.
De soldaat begon aan de rand van het veld en dan was hij een uurtje bezig om ze te planten en water te geven. Hij stampte de grond rondom een beetje aan, snoeide de boompjes en maakte er houten lijsten omheen, waarna hij een paar stappen terug deed en keek alsof 't de eerste appelboom was die hij ooit gezien had.
De twee kleine meisjes vonden 't leuk om hem te helpen. Binnen een maand was het veld volledig met appelbomen omzoomd. Het bleek dat hij uit New York afkomstig was en dat hij appelkweker van beroep was. Tegen de tijd dat hij al z'n appelboompjes had geplant, hadden de anderen de hele vallei met maïs beplant.
Op een keer, het was al donker, liet Granpa een stuk of twaalf meervallen op de veranda achter. De volgende avond bakten ze de meervallen en aten ze op aan een tafel, die ze onder een boom in de tuin hadden neergezet. Zo nu en dan, onder het eten, stonden de sergeant en de vrouw om beurten op en wuifden naar de bergen om Granpa aan tafel te nodigen. Aangezien ze geen Indianen waren konden ze geen vreemde kleur van de bossen eromheen onderscheiden. Granpa ging er nooit op in. Maar hij bracht ze nog wel vis. Hij hing de vis in de bomen aan de rand van de tuin, want hij was bang om weer de veranda op te gaan.
Granpa zei dat hij hun vis gaf, omdat ze geen Indianen waren en er dus zelf niet aan konden komen, zodat ze waarschijnlijk zouden verhongeren voor ze hun eigen gewassen konden binnenhalen. En ook was hij zeker niet van plan zich de loef te laten afsteken, noch door één Uniesoldaat, noch door twee, hoewel hij de grens trok bij het kweken. Hij was niet dol op ploegen en dat soort werk.
De magere soldaat en de kleine meisjes haalden iedere avond tegen de schemering water uit de put. Ze sleepten emmers aan, morsten water en bewaterden elke appelboom. De anderen schoffelden en snoeiden intussen de maïs. Granpa realiseerde zich dat de Uniesoldaat net zo gek was op schoffelen en snoeien als op ploegen.

De maïs was opgekomen, donkergroen van kleur, wat betekende dat 't een goeie maïsoogst ging worden. De appelbomen begonnen uit te botten.
Toen was het zomer; de dagen waren lang en de avondschemer viel laat in. De sergeant en de soldaat konden twee tot drie uur werken, voordat ze weer terug moesten naar de legerpost.
In de koelte van de avondschemer, net wanneer de nachtzwaluwen begonnen te zingen, stonden ze altijd met z'n allen in de voortuin en keken uit over het veld. De sergeant rookte z'n pijp en de twee kleine meisjes stonden zo dicht mogelijk bij de magere soldaat. Zijn handen zaten altijd onder de modder van het wroeten onder de appelbomen, want hij vertikte 't om zo dichtbij de wortels met een schoffel te werken.
De sergeant nam dan zijn pijp in de hand en zei: 'Het is goede grond,' waarbij hij naar het veld keek alsof hij de grond wel wilde opeten.
'Ja,' zei de éénbenige man, 'het is goede grond.'
'De beste maïs die ik ooit 'zien heb,' zei de ouwe zwarte man dan. Dat zei hij iedere avond. Granpa zei dat hij dichterbij was geslopen, maar het enige dat ze ooit deden was daar staan en naar de velden staren... en steeds dezelfde dingen zeggen, iedere avond, alsof het veld een natuurwonder was waar ze allemaal verplicht naar moesten staren. De magere soldaat zei altijd: 'Nog een jaartje geduld, als die appelbomen gaan bloeien... zoiets heb je nog nooit gezien.' De kleine meisjes giechelden dan, waardoor ze er jonger uitzagen.
De sergeant wees met zijn pijp. 'Over een jaar moeten jullie dat randje met struiken daar tegen die gindse berg weghalen. Dan heb je d'r misschien wel zo'n honderd are maïsveld bij.'
Granpa zag dat de kleine vallei erbij lag alsof er verder niets meer aan gedaan hoefde te worden. Hij zei dat 't er alle schijn van had dat ze hun zaakjes voor elkaar hadden. Hij begon zijn belangstelling te verliezen. Maar toen kwamen de Controleurs.
Op een avond, toen de zon nog hoog aan de hemel stond, kwamen een stuk of twaalf van die kerels aanrijden. Ze had-

den mooie uniformen aan en geweren bij zich en vertegenwoordigden de politici die nieuwe wetten hadden opgesteld en belastingen hadden opgelegd.
Toen ze het erf opreden, plantten ze een stok in de grond en maakten boven aan de stok een rode vlag vast. Granpa wist wat die rode vlag betekende. Hij had die overal in de dorpen zien wapperen. Het betekende dat een stel politici je land wilde hebben en daarom hieven ze zulke hoge belastingen, dat je die nooit kon betalen. Dan plaatsten ze de rode vlag, wat betekende dat ze de zaak overnamen.
De éénbenige man, de vrouw, de ouwe zwarte man en de kleintjes kwamen allemaal met hun schoffel uit het veld te voorschijn toen ze de Controleurs zagen. Ze stonden op een kluitje op het erf. Granpa zag dat de man met één been z'n schoffel neersmeet en het huis binnenging. Even later strompelde hij weer naar buiten met een ouwe musket in zijn handen. Hij richtte die op de Controleurs.
De Uniesergeant kwam aanrijden. De magere soldaat was er niet bij. De sergeant steeg van z'n paard en deed een stap tussen de Controleurs en de eenbenige man. Zo ongeveer op dat moment vuurde een Controleur z'n geweer af, de sergeant wankelde achteruit en keek ongelovig en gekwetst. Z'n hoed rolde van z'n hoofd en hij viel tegen de grond.
De eenbenige man schoot met z'n musket en raakte een Controleur en de Controleurs vuurden hun geweren af. De eenbenige man viel tegen de veranda. De vrouw en de kleine meisjes renden gillend naar hem toe. Ze probeerden hem overeind te trekken, maar Granpa begreep dat hij dood was, want z'n hoofd hing slap.
Granpa zag de ouwe zwarte man met z'n schoffel in de lucht op de Controleurs afrennen. Ze schoten twee of drie keer op hem en hij viel voorover op de steel van zijn schoffel. Toen reden ze weg.
Granpa nam het geheime paadje terug, want hij wist zeker dat ze een rondje zouden rijden om zich ervan te vergewissen dat er geen getuigen waren. Hij vertelde alles aan zijn Pa en verwachtte dat er problemen van zouden komen, maar die bleven uit.

In het dorp kwam Granpa erachter hoe de zaak in de doofpot was gestopt. De politici brachten het op zo'n manier in de publiciteit dat het leek op een opstand. Ze beweerden dat ze herkozen moesten worden om dit soort zaken aan te pakken en meer geld nodig hadden om de strijd te kunnen voortzetten. De mensen waren er behoorlijk door aangedaan en vroegen de politici in actie te komen. Wat ze deden.
Een rijke man nam de vallei over. Granpa is nooit te weten gekomen hoe het met de vrouw en de kleine meisjes is afgelopen. De rijke man nam deelpachters aan. Gezien de kwaliteit van het land en het klimaat was er aan de appeloogst niet veel te verdienen en daarom hakten ze de appelbomen om.
Het verhaal deed de ronde dat een soldaat uit New York was gedeserteerd. Hij werd gezocht wegens lafhartig gedrag, hij was ervandoor gegaan tijdens een opstand.
Granpa vertelde dat ze de sergeant in een kist hadden gedaan en zijn stoffelijke resten en zo terug naar Illinois hadden gezonden. Hij zei dat toen ze bezig waren hem klaar te maken en aan te kleden, zijn ene hand tot een vuist was gebald. Ze probeerden de vuist los te maken en uiteindelijk moesten er allerlei gereedschappen aan te pas komen. Ze kregen z'n vuist open, maar er zat niets van waarde in. Er viel slechts een handjevol zwarte modder uit.

Een nacht op de berg

Granpa en ik hielden er een Indiaanse denkwijze op na. Later wezen mensen mij erop dat dat naïef is, maar ik wist wat Granpa had gezegd over 'woorden'. Als het 'naïef' is, maakt dat niet uit, want het is tevens goed. Granpa zei dat het me overal doorheen zou slepen... en dat was zo; zoals die ene keer toen de mannen uit de grote stad een uitstapje naar onze bergen maakten.

Granpa was een halve Schot, maar hij had Indiaanse ideeën. Dat was ook het geval met anderen, zoals de grote Red Eagle, Bill Weatherford, Emperor McGilvery of McIntosh. Die wijdden zich, net als de Indianen, aan de natuur, probeerden haar niet te onderwerpen of te misbruiken, maar er juist mee te leven. Die levenswijze sprak hen aan, en naarmate ze er meer van genoten, vereenzelvigden ze zich er ook steeds meer mee, zodat ze niet eens meer konden denken als de blanke man.

Granpa vertelde me erover. Wanneer de Indiaan iets wilde verhandelen, legde hij z'n handel aan de voeten van de blanke man. Als die niets van zijn gading kon vinden, pakte hij z'n waren weer op en ging ervandoor. De blanke man, niet begrijpend, noemde hem een 'Indiaanse schenker', waarmee hij iemand bedoelde die geeft en 't dan weer terugneemt. Dat klopt niet. Wanneer de Indiaan een geschenk geeft, maakt hij er geen ceremonie van, maar laat het gewoonweg achter om gevonden te worden.

Granpa zei dat de Indiaan altijd de palm van zijn hand opstak bij wijze van groet om te laten zien dat hij ongewapend was. Dat was voor Granpa vanzelfsprekend, maar anderen schenen het reuze grappig te vinden. Granpa zei dat de blanke man hetzelfde bedoelde wanneer hij iemand de hand schudde, alleen zijn woorden waren zo verdraaid, dat hij moest proberen het wapen uit de mouw te schudden van de man die beweerde dat hij zijn vriend was. Granpa was niet dol op handen schudden, hij hield er niet van dat een man hem iets uit de mouw probeerde te schudden terwijl hij zich aan die man als vriend had gepresenteerd. Daar sprak alleen maar wantrouwen uit. En daar zit wat in.

Over mensen die 'How!' zeggen en dan lachen als ze een Indiaan zien, zei Granpa dat dat door de eeuwen zo gegroeid was. Hij zei dat elke keer als een Indiaan een blanke man ontmoette, de blanke man hem begon te vragen: *how* gaat het met je, of *how* is het met je familie, of *how* is het met je werk, of *how* is het met de wildstand bij jou in de buurt, enzovoort. Hij zei dat de Indiaan was gaan geloven dat het favoriete onderwerp van de blanke man *how* is; en dus, wanneer hij een blanke ontmoette, dacht hij dat het wel zo beleefd was om *how* te zeggen en die blanke vervolgens te laten vragen naar welke *how* hij maar wilde. Granpa zei dat de mensen die daarom moesten lachen eigenlijk de Indiaan uitlachten, die probeerde hoffelijk en voorkomend te zijn.

We hadden onze waren afgeleverd bij de winkel op de kruising toen mister Jenkins vertelde dat er twee mannen uit de grote stad waren geweest. Hij zei dat ze uit Chattanooga kwamen en in een grote, zwarte auto reden. Mister Jenkins zei dat ze met Granpa wilden praten.

Granpa keek mister Jenkins aan vanonder zijn grote hoed. 'Belastingwet?'

'Nee,' zei mister Jenkins. 'Ze waren van geen enkele wet. Ze beweerden dat ze in de whiskyhandel zaten. Ze zeiden dat ze hadden gehoord dat je een prima stoker bent en dat ze je in een grote distilleerderij wilden hebben, en dat je rijk kon worden als je voor hen ging werken.'

Granpa zei geen woord. Hij kocht koffie en suiker voor Granma. Ik haalde de houtsnippers en nam het ouwe snoepgoed van mister Jenkins aan. Mister Jenkins schuifelde onrustig heen en weer, benieuwd wat Granpa ervan zeggen zou, maar hij kende Granpa goed genoeg en vroeg niets.

'Ze zeiden dat ze terug zouden komen,' zei mister Jenkins.

Granpa kocht een stukje kaas... tot mijn vreugde, want ik

was dol op kaas. We liepen naar buiten en bleven niet bij de winkel rondhangen, maar vertrokken meteen richting huis. Granpa liep gehaast. Ik had geen tijd om bessen te plukken en moest het ouwe snoep snel wegwerken terwijl ik in looppas achter Granpa aanholde.

Thuis vertelde Granpa aan Granma over de mannen uit de grote stad. Hij zei: 'Jij blijft hier, Little Tree. Ik ga naar de distilleerderij om 'm nog beter met takken te camoufleren. Waarschuw me als ze komen.' Hij vertrok.

Ik ging op de veranda zitten, op de uitkijk voor de mannen uit de grote stad. Granpa was nog maar net uit het gezichtsveld verdwenen toen ik hen zag. Ik vertelde het aan Granma en we zagen ze samen over het pad komen aanlopen.

Ze gingen net zo chique gekleed als politici. De grote dikke man droeg een lavendelkleurig pak en een witte das. De magere man had een wit pak aan en een glanzend zwart shirt. Ze droegen stadse hoeden van fijn stro.

Ze liepen recht op de veranda af, maar bleven voor het trapje staan. De grote man transpireerde behoorlijk. Hij keek Granma aan. 'We willen de ouwe spreken,' zei hij. Ik kreeg de indruk dat hij ziek was, want hij was helemaal buiten adem en je kon z'n ogen bijna niet zien. Het waren net spleetjes, diep in het opgezwollen vet.

Granma zei niets. Ik ook niet. De grote man draaide zich om naar de magere man. 'De ouwe squaw verstaat geen Engels, Slick.'

Mister Slick keek over z'n schouder, hoewel ik niets achter 'm zag. Hij had een hoge stem. 'Laat die ouwe squaw doodvallen,' zei hij. 'Het staat me helemaal niet aan hier, Chunk, veel te ver de bergen in. Laten we ervandoor gaan.' Mister Slick had een klein snorretje.

'Houd je kop,' zei mister Chunk. Mister Chunk duwde z'n hoed achterover. Hij was helemaal kaal. Ik zat in de stoel en hij keek me aan.

'De jongen lijkt wel een halfbloed,' zei hij. 'Misschien verstaat hij Engels. Versta je Engels, jochie?'

Ik zei: 'Ik denk het.'

Mister Chunk keek naar mister Slick. 'Hoor hem... hij

denkt.' Dat werkte blijkbaar op hun lachspieren, want ze begonnen heel hard te lachen. Ik zag Granma naar achteren sluipen en Blue Boy loslaten. Hij rende het dal in, achter Granpa aan.
'Waar is je Pa, jongen?' vroeg mister Chunk. Ik vertelde hun dat ik me m'n Pa niet kon herinneren; dat ik hier bij Granpa en Granma woonde. Mister Chunk wilde weten waar Granpa was en ik wees in de richting van het pad naar boven. Hij tastte in z'n zak, haalde een hele dollar te voorschijn en hield die voor me op. 'Je mag deze dollar hebben, jongen, als je ons naar je Granpa brengt.'
Hij had dikke ringen aan z'n vingers. Ik zag zo dat hij rijk was en zich die dollar zeer waarschijnlijk best kon permitteren. Ik nam 'm aan en stopte hem in m'n zak. Ik kon aardig rekenen. Zelfs als ik met Granpa deelde, had ik de vijftig cent terug die me waren afgetroggeld door de christen. Ik voelde me zeer tevreden over de gang van zaken en leidde ze langs het pad naar boven. Maar terwijl we liepen, begon ik te denken. Ik kon ze niet meenemen naar de distilleerderij. Ik leidde ze langs het hoge pad.
Toen we daar liepen, voelde ik me niet meer zo lekker. Ik had geen flauw idee wat ik moest beginnen. Mister Chunk en mister Slick waren echter zeer opgetogen. Ze trokken hun colberts uit en liepen achter me aan. Ze hadden allebei een pistool aan hun riem. 'Dus, jij kunt je je Pa niet meer herinneren?' vroeg mister Slick. Ik bleef staan en zei dat ik helemaal geen herinneringen aan hem had. Mister Slick zei: 'Dan ben je een bastaard, nietwaar, jong?' Ik zei dat dat wel zo zou zijn, hoewel ik nog niet aan de B in het woordenboek toe was en dat woord dus nog niet had geleerd. Ze lachten allebei totdat ze begonnen te hoesten. Ik lachte ook. Ze leken me een vrolijk duo.
Mister Chunk schudde zijn hoofd en zei: 'Verdomme, 't zijn allemaal beesten.' Ik zei dat we heel veel beesten in de bergen hadden... lynxen en wilde zwijnen; en Granpa en ik hadden een keer een zwarte beer gezien.
Mister Slick wilde weten of we die onlangs hadden gezien. Ik zei van niet, maar dat we wel sporen hadden gezien. Ik wees

naar een tulpeboom waar een beer z'n klauwen in had gezet. 'Daar zit een afdruk van een bereklauw,' zei ik. Mister Chunk maakte een sprong zijwaarts alsof hij door een slang werd aangevallen. Hij botste tegen mister Slick aan en duwde 'm omver. Mister Slick werd woedend. 'Godverdomme, Chunk, je had me bijna van het pad geduwd! Als je me daar in had gelazerd...' Mister Slick wees naar beneden het dal in. Mister Chunk en hij bogen beiden voorover en keken naar beneden. Je kon nog net de bergbeek onderscheiden, heel diep beneden ons.

'God allemachtig,' zei mister Chunk, 'hoe hoog zitten we wel? Godver, als je van dit pad afglijdt, breek je je nek.' Ik vertelde mister Chunk dat ik niet wist hoe hoog we zaten, maar dat ik de indruk had dat 't tamelijk hoog was; hoewel ik er nooit over na had gedacht.

Hoe hoger we kwamen, hoe meer mister Chunk en mister Slick begonnen te hoesten. Ze raakten ook steeds meer op me achter. Een keer moest ik terug om ze te zoeken en vond ze languit onder een witte eik. Rondom de wortels van de witte eik groeide gifsumac. Ze lagen er middenin.

Gifsumac is heel groen en heel mooi, maar je kunt er beter niet in gaan liggen. Je krijgt er striemen van die maanden pijn blijven doen. Ik zei niets over de gifsumac. Ze lagen er toch al in en ik wilde voorkomen dat ze zich nog ellendiger gingen voelen. Zo te zien waren ze er toch al niet zo best aan toe.

Mister Slick tilde z'n hoofd op. 'Luister, jij kleine bastaard,' zei hij, 'hoe ver moeten we nog?' Mister Chunk tilde z'n hoofd niet op. Hij lag met zijn ogen dicht in de gifsumac. Ik zei dat we er bijna waren.

Ik had nagedacht. Ik wist dat Granma Granpa achter me aan zou sturen. Dus als we op de top van de berg aankwamen zou ik mister Slick en mister Chunk vertellen dat we daar konden gaan zitten wachten; dat Granpa zo zou komen. Wat waar was. Ik dacht dat zo alles goed zou komen en dat ik de dollar mooi kon houden, omdat ik ze dan toch, min of meer, naar Granpa had gebracht.

Ik liep verder. Mister Slick hielp mister Chunk overeind uit

de gifsumac. Ze strompelden zo'n beetje achter me aan. Hun jasjes lieten ze liggen. Mister Chunk zei dat ze die op de terugweg wel konden meenemen.
Ik kwam veel eerder op de top van de berg aan dan zij. Het hoge pad maakte deel uit van een net van paden, oude, Cherokese paden, die meestal langs de rand van de berg liepen, maar zich steeds vertakten en aan de andere kant van de berg naar beneden liepen. Daar vertakten ze zich nog wel een keer of vier, vijf. Granpa zei dat de paden misschien wel meer dan honderd kilometer de bergen inliepen.
Ik ging onder een struik zitten bij een splitsing van het pad. Eén vertakking liep over de top van de berg, de andere dook over de berg langs de andere kant naar beneden. Het leek me het beste hier op mister Chunk en mister Slick te wachten en dan gezamenlijk op Granpa te zitten wachten.
Ze waren lang onderweg. Toen ze eindelijk aan kwamen zetten, had mister Chunk z'n arm over de schouders van mister Slick geslagen. Zo te zien had hij z'n voet bezeerd, want hij hinkte en hobbelde nogal.
Mister Chunk noemde mister Slick een hufter. Hij zei dat mister Slick degene was die het hele plan om bergbewoners voor hen te laten werken had uitgedacht. Mister Slick zei dat het mister Chunk z'n plan was geweest om die verdomde Indianen daarvoor te gebruiken, en dat mister Chunk een klootzak was.
Al met al waren ze zo druk in gesprek dat ze straal langs me heen liepen. Ik kreeg de kans niet eens ze te vertellen dat we hier moesten wachten, want Granpa had me geleerd anderen nooit in de rede te vallen. Ze volgden het pad, dat aan de andere kant van de berg naar beneden liep. Ik keek ze na tot ze verdwenen tussen de bomen bij de ingang van een diepe kloof. Ik bedacht dat ik beter kon wachten tot Granpa kwam.
Ik hoefde niet lang te wachten. Blue Boy kwam het eerst te voorschijn. Ik zag hem snuffelend mijn spoor volgen, kwispelend met zijn staart. Even later hoorde ik een nachtzwaluw. Het klonk precies als een nachtzwaluw... maar de schemering was nog niet ingevallen en ik begreep dat het Granpa was. Ik nachtzwaluwde terug, het klonk bijna net zo echt.

Ik zag z'n schaduw door de bomen glijden in de late avondzon. Hij liep niet langs het pad en je hoorde hem niet als hij het niet wilde. Even later was hij er. Ik was blij 'm te zien.
Ik vertelde Granpa dat mister Slick en mister Chunk langs het pad waren doorgelopen en vertelde alles wat ze onderweg hadden gezegd, voorzover ik me dat kon herinneren. Granpa gromde en zei niets, maar hij kneep z'n ogen toe.
Granma had ons proviand meegegeven in een tas en Granpa en ik gingen onder een ceder zitten eten. Maïsbrood en in deeg gebakken meerval smaken heerlijk in de koele lucht van een hoge berg. We werkten alles naar binnen.
Ik liet Granpa de dollar zien, waarvan ik aannam dat mister Chunk vond dat ik 'm kon houden als ik m'n werk had gedaan. Ik vertelde Granpa dat we hem zouden delen zo gauw we konden wisselen. Granpa zei dat ik m'n werk goed had gedaan, want hij was hier om mister Chunk te ontmoeten. Granpa zei dat ik de dollar in z'n geheel mocht houden.
Ik vertelde Granpa over de groen met rode doos in de winkel van mister Jenkins. Ik zei dat ik dacht dat die waarschijnlijk niet veel meer dan een dollar zou kosten. Granpa zei dat hij dat ook dacht. Ver weg hoorden we een schreeuw vanuit de kloof. We waren mister Chunk en mister Slick totaal vergeten. Het begon te schemeren. Nachtzwaluwen en mussen waren op de berghelling met zingen begonnen. Granpa stond op en bracht zijn handen naar z'n mond. 'HOE-OE-OE-OE-OE-IE-IE-IE-IE-IE!' bulderde Granpa naar beneden. Het geluid werd zo helder door een andere berg teruggekaatst dat het klonk of Granpa daarginds was; toen weergalmde 't de kloof in en verder de dalen over en werd zwakker en zwakker. Je kon er op geen enkele manier achterkomen waar het geluid vandaan kwam. De echo's waren nauwelijks weggestorven toen we drie geweerschoten vanuit de kloof hoorden. Het geluid kaatste terug en stierf weg.
'Pistolen,' zei Granpa. 'Ze geven antwoord met pistoolschoten.'
Granpa brak weer los. 'HOE-OE-OE-OE-IE-IE-IE-IE.' Ik ook. Omdat we allebei brulden en dansten, weerkaatsten de echo's nog meer. Het pistool ging weer af, drie keer.

Ik en Granpa bleven brullen. Het was grappig om naar de echo's te luisteren. Elke keer antwoordde het pistool ons, totdat het geen antwoord meer gaf.
'Ze zijn door hun kogels heen,' zei Granpa. Het was nu donker geworden. Granpa rekte zich uit en geeuwde. 'Het heeft geen zin dat jij en ik daar vannacht gaan rondstruinen om ze eruit te krijgen, Little Tree. Ze redden zich wel. We gaan ze morgen halen.' Ik vond het best.
Granpa en ik maakten een bed van takken en bladeren onder de cederboom. Als je in de lente of in de zomer buiten in de bergen slaapt, kun je beter op takken slapen. Doe je dat niet, dan eten de rode luizen je op. Rode luizen zijn zo klein, dat je ze met het blote oog bijna niet zien kunt. Ze krioelen met miljoenen over bladeren en struikgewassen. Ze kruipen over je heen en begraven zich in je huid, waardoor je over je hele lichaam bultjes krijgt. Het ene jaar zijn er meer dan het andere. Dit was een slecht rode-luizenjaar. Er zijn ook bosteken.
Granpa, Blue Boy en ik kropen op de verende takken. Blue Boy krulde zich tegen me aan en hij voelde warm aan in de koude lucht. Ik begon te gapen.
Granpa en ik vouwden onze handen in de nek en keken hoe de maan opkwam. Hij was vol en geel en keek boven een verafgelegen berg uit. We konden wel zo'n honderd kilometer ver zien, zei Granpa. Bergen glooiden en dompelden zich in het maanlicht, in de dalen ontstonden afwisselend schaduwen en een warme, roodpaarse gloed. Ver beneden ons dreef de mist in lange slierten die door de dalen trokken, kronkelend als slangen langs de bergflanken. Een klein sliertje mist kwam om het eind van de berg aanzetten als een zilveren bootje en botste tegen een andere sliert. Ze versmolten en trokken verder het dal in. Granpa zei dat de mist eruitzag als een levend wezen. En dat was ook zo.
Een spotvogel begon een lied te zingen, vlak naast ons in een hoge iep. Ver weg de bergen in hoorden we twee lynxen paren. Het klonk alsof ze woest waren, maar Granpa zei dat paren zo prettig is dat lynxen niet anders kunnen dan erbij gillen.

Ik zei tegen Granpa dat ik elke nacht wel op een bergtop wilde slapen. Hij zei dat hij dat ook wel zou willen. Een kleine schreeuwuil schreeuwde beneden ons en daarna hoorden we geroep en gegil. Granpa zei dat dat mister Chunk en mister Slick waren. Hij zei dat als ze niet kalmeerden, ze praktisch alle vogels en dieren op de berg onrustig zouden maken. Ik viel kijkend naar de maan in slaap.

Granpa en ik werden met zonsopgang wakker. Er is niets zo mooi als een zonsopgang op de top van een hoge berg. Granpa, Blue Boy en ik keken ernaar. De hemel was lichtgrijs en de vogels die zich klaarmaakten voor de nieuwe dag tsjilpten en kwetterden in de bomen.

Zo'n honderd kilometer verderop doken bergtoppen als eilanden uit de mist op. Granpa wees naar het oosten en zei: 'Kijk.'

Boven de rand van de verste berg, aan het eind van de wereld, spoedde een roze streep zich als een oneindige verfstreek langs de hemel. De ochtendwind stak op en beroerde onze gezichten en ik en Granpa wisten dat de kleuren en de ochtend geboren waren. De verfstreek liep uit, steeds hoger de lucht in: rood, geel en blauw. De bergrand leek wel vlam te hebben gevat; toen viel er licht op de bomen. De zon veranderde de mist in een roze oceaan, die ver beneden ons deinend voortzweefde.

De zon scheen op het gezicht van mij en Granpa. De wereld was helemaal opnieuw geboren. Dat zei Granpa, en hij nam z'n hoed af en we keken een hele tijd ademloos toe. Granpa en ik hadden een bepaald gevoel en ik begreep meteen dat we weer terug zouden gaan naar deze bergtop om de ochtend te zien komen.

De zon maakte zich los van de berg en zweefde vrij aan de hemel. Granpa zuchtte en rekte zich uit. 'Goed,' zei hij, 'jij en ik moeten aan het werk. Ik zal je es wat vertellen,' Granpa krabde aan z'n hoofd. 'Ik zal je es wat vertellen,' herhaalde hij, 'jij loopt naar beneden, naar huis, en zegt tegen Granma dat we een poosje hierboven blijven. Zeg haar dat ze jou en mij wat te eten maakt en dat in een papieren zak stopt en dat ze voor die twee kerels uit de grote stad ook wat te eten maakt en dat in een jutezak moet doen. Kun je dat onthouden, papieren zak en jutezak?' Ik zei van wel en ging ervandoor.

Granpa hield me tegen. 'En Little Tree,' zei hij, en hij begon te grinniken, 'voordat Granma voor die twee kerels iets te eten maakt, vertel je haar alles, voorzover je je dat kunt herinneren, wat die twee kerels tegen je gezegd hebben.' Ik zei dat ik dat zou doen en ik nam het pad naar beneden. Blue Boy ging met me mee. Ik hoorde dat Granpa mister Chunk en mister Slick opriep. 'HOE-OE-OE-OE-OE-IE-IE-IE-IE!' schreeuwde Granpa. Ik was graag gebleven om mee te doen, maar ik vond 't niet vervelend om langs het pad te rennen, vooral niet zo vroeg in de ochtend.

Dit was het moment van de morgen dat alle levende wezens zich opmaakten voor de nieuwe dag. Ik zag twee wasbeertjes in de top van een walnootboom. Ze gluurden naar me en praatten toen ik onder hen doorliep. Eekhoorntjes kwebbelden en sprongen over het pad. Ze zaten rechtop en maakten zich druk toen ik langskwam. Vogels daalden neer en fladderden mee langs het pad en een spotvogel vloog een heel eind achter mij en Blue Boy aan en maakte steeds plagerige duikvluchten naar mijn hoofd. Spotvogels doen dat als ze doorhebben dat je ze mag. En ik mag ze.

Toen ik bij de open plek van het huisje kwam, zat Granma achter het huis op de veranda. Ze wist dat ik eraan kwam, denk ik, door de vogels te observeren, hoewel ik weleens het vermoeden had dat Granma kon ruiken dat er iemand aankwam, want ze was nooit verbaasd.

Ik vertelde haar dat Granpa voor mij en hemzelf iets te eten wilde hebben in een papieren zak en voor mister Chunk en mister Slick iets in een jutezak. Granma begon proviand klaar te maken.

Ze had die voor Granpa en mij klaar en was bezig vis te bakken voor mister Chunk en mister Slick, toen ik me herinnerde dat ik haar moest vertellen wat ze hadden gezegd. Terwijl ik aan het vertellen was, trok ze plotseling de braadpan van het vuur en haalde een schaal te voorschijn die ze met water vulde. Ze deed de vis voor mister Chunk en mister Slick in de schaal. Ik dacht dat ze had besloten om de vis te koken in plaats van te bakken, maar ik had nog nooit gezien dat ze het poeder dat ze in de schaal deed, gebruikte bij het koken. Hun vis werd goed gekookt. Ik vertelde Granma dat mister Chunk en mister Slick vrolijke kerels waren. Ik vertelde haar wat ze gezegd hadden, dat ik een bastaard was, en dat ze hartelijk moesten lachen toen ik zei dat ik nog niet bij de B in het woordenboek was.

Granma deed nog wat wortelpoeder in de schaal. Ik vertelde haar over de dollar, dat Granpa had gezegd dat ik m'n werk had gedaan en 'm kon houden. Granma zei ook dat ik 'm kon houden. Ze deed de dollar voor me in mijn vruchtenpot, maar ik zei niets over de rode met groene doos. Er waren voor zover ik wist geen christenen in de buurt, maar ik was niet van plan risico's te nemen.

Granma kookte de vis tot de stoom zwaar werd. De tranen rolden over haar wangen en ze snoot haar neus. Ze zei dat ze dacht dat 't van de stoom kwam. Granma deed de vis voor de kerels uit de grote stad in de jutezak en ik vertrok weer. Granma liet alle honden los en die gingen met me mee.

Toen ik op de top van de berg kwam, zag ik Granpa niet. Ik floot en hij antwoordde van halverwege de andere kant. Ik liep langs het pad naar beneden. Het pad was smal en lag in de schaduw van de bomen. Granpa zei dat hij met zijn geroep mister Chunk en mister Slick bijna de kloof had uitgeloodst. Hij zei dat ze hem regelmatig antwoordden en wel gauw te voorschijn zouden komen.

Granpa pakte hun zak met vis en hing die aan een boomtak, precies boven het pad, waar ze 'm niet konden missen. Granpa en ik liepen een eindje van het pad af en gingen onder een paar dadelpruimstruiken zitten om onze maaltijd te verorberen. De zon stond bijna op z'n hoogste punt.

Granpa gebood de honden te gaan liggen en we aten verder van ons maïsbrood en vis. Granpa zei dat 't wel even had geduurd voordat hij mister Chunk en mister Slick aan het verstand had gepeuterd van welke kant zijn stem kwam, maar uiteindelijk kwamen ze toch zijn kant op. Toen zagen we ze. Als ik ze niet goed had gekend, had ik niet gedacht dat ik ze ooit eerder gezien had. Hun overhemden waren helemaal gescheurd. Ze hadden grote snijwonden en krassen op hun armen en gezicht. Granpa zei dat het wel leek of ze door een dikke haag van doornstruiken waren gekropen. Granpa zei dat hij niet begreep hoe ze aan al die grote rode bulten in hun gezicht kwamen. Ik zei niets, aangezien ik er niets mee te maken had, maar volgens mij kwam het doordat ze in de gifsumac hadden gelegen. Mister Chunk had een schoen verloren. Ze kwamen langzaam het pad oplopen, met gebogen hoofden.

Toen ze de jutezak boven het pad zagen hangen, maakten ze 'm van de boomtak los en gingen zitten. Ze aten alle vis die Granma had klaargemaakt op en maakten de hele tijd ruzie over wie het meeste kreeg. We konden ze duidelijk horen.

Nadat ze de vis hadden opgegeten, rekten ze zich uit op het pad, languit in de schaduw. Ik dacht dat Granpa naar beneden zou gaan om ze te halen, maar dat deed hij niet. We bleven gewoon zitten kijken. Na een poosje zei Granpa dat we ze beter even konden laten bijkomen. Ze rustten niet lang.

Mister Chunk sprong op. Hij stond voorovergebogen en hield z'n buik vast. Hij rende de bosjes aan de kant van het pad in en trok z'n broek naar beneden. Hij ging op z'n hurken zitten en begon te schreeuwen: 'Oeh! Godverdomme! M'n ingewanden komen eruit!' Mister Slick deed hetzelfde. Hij schreeuwde ook. Ze kreunden en steunden en rolden over de grond. Even later kropen ze allebei het struikgewas uit en gingen op het pad liggen. Ze lagen nog maar net, of ze sprongen weer op en begonnen van voren af aan. Ze maakten er zoveel lawaai bij, dat de honden onrustig werden en Granpa ze moest kalmeren.

Ik vertelde Granpa dat ik de indruk kreeg dat ze in de gifsumac gehurkt zaten. Granpa zei dat 't er inderdaad op leek. Ik vertelde Granpa ook, dat ze zich afveegden met gifsumacbladeren. Granpa zei dat ze dat inderdaad deden. Eén keer rende mister Slick van het pad terug naar de gifsumac, maar hij deed z'n broek niet op tijd naar beneden. Daarna begon hij ook nog last te krijgen van muggen die om hem heen

zoemden. Dit ging bijna een uur zo door. Daarna gingen ze languit op het pad liggen uitrusten. Granpa zei dat ze waarschijnlijk iets gegeten hadden wat niet goed gevallen was.
Granpa stapte het pad op en floot naar ze. Allebei gingen ze op handen en knieën zitten en keken naar mij en Granpa. Tenminste, ik dènk dat ze naar ons keken, maar hun ogen waren zo opgezwollen, dat ze bijna dicht zaten. Ze riepen allebei.
'Wacht even,' brulde mister Chunk. Mister Slick gilde het bijna uit: 'Wacht even, man, in godsnaam!' Ze krabbelden allebei overeind en schuifelden over het pad. Granpa en ik liepen terug naar de top van de berg. We keken om en zagen dat ze achter ons aan hinkten.
Granpa zei dat we net zo goed terug naar huis konden gaan, want ze konden het nu wel vinden en zouden zo wel komen. Dus deden we dat.
Tegen de tijd dat Granpa en ik thuis aankwamen, stond de zon alweer laag aan de hemel. We zaten achter het huisje op de veranda, met Granma, en wachtten op mister Chunk en mister Slick. Het duurde twee uur en het was al schemerdonker toen ze de open plek van het huisje bereikten. Mister Chunk had z'n andere schoen ook verloren en het leek wel alsof hij op z'n tenen liep.
Ze liepen met een grote boog om 't huisje heen, wat me verbaasde, want ik dacht dat ze Granpa wilden spreken, maar ze waren blijkbaar van gedachten veranderd. Ik vroeg Granpa of ik m'n dollar mocht houden. Hij zei dat dat mocht, omdat ik m'n werk gedaan had. Het was niet mijn schuld dat ze zich hadden bedacht. Wat redelijk is.
Ik volgde ze rond het huisje. Ze liepen net over de boomstam over het beekje. Ik schreeuwde en wuifde naar ze: 'Dag, mister Chunk. Dag, mister Slick. Bedankt voor de dollar, mister Chunk.'
Mister Chunk draaide zich om en 't leek wel of hij een vuist tegen me maakte. Hij viel van de boomstam, languit in het water. Hij greep mister Slick vast en trok hem bijna met zich mee, maar mister Slick kon z'n evenwicht bewaren en haalde droog de overkant. Mister Slick herinnerde mister Chunk

eraan dat hij een klootzak was, en toen mister Chunk uit de bergbeek kroop, zei hij dat hij zodra hij terug was in Chattanooga – mocht dat ooit gebeuren – dan zou hij mister Slick vermoorden. Hoewel ik me afvroeg waarom ze ruzie met elkaar hadden.

Ze verdwenen langs het pad en uit het gezicht. Granma wilde de honden achter ze aan sturen, maar Granpa zei van niet. Hij zei dat ze finaal waren uitgeput.

Granpa zei dat het volgens hem allemaal op een misverstand berustte, dat mister Chunk en mister Slick verondersteld hadden dat Granpa en ik voor hen wilden werken. Dat leek mij ook het meest waarschijnlijk.

Dit hele avontuur had Granpa en mij zo'n beetje twee dagen gekost. Ik was er echter een dollar rijker op geworden. Ik stelde Granpa gerust en zei dat ik nog steeds bereid was om de dollar met hem te delen, aangezien we vennoten waren, maar hij weigerde: ik had de dollar buiten de whiskyhandel om verdiend. Granpa zei dat het al met al niet slecht betaald was. Wat het inderdaad niet was.

Willow John

De planttijd is een drukke tijd. Granpa besliste wanneer we gingen beginnen. Hij stak dan z'n vinger in de grond om te voelen hoe warm die was; dan schudde hij z'n hoofd, wat betekende dat we nog niet gingen planten.
Dus moesten we gaan vissen of bessenplukken of gewoon wat door de bossen dwalen, als 't niet de week was om voor onze whiskyhandel aan het werk te gaan.
Als je eenmaal met planten begint, moet je goed opletten. Er zijn tijden waarop je niet kunt planten. Je moet beginnen met eraan te denken dat alles wat onder de grond groeit, zoals knollen of aardappelen, dat die in het donker bij nieuwe maan geplant moeten worden, anders krijg je knollen en aardappelen die niet veel dikker zijn dan een potlood.
Alles wat boven de grond groeit, zoals maïs, bonen, erwten en dergelijke, moet bij volle maan worden geplant. Doe je dat niet, dan zal je oogst weinig voorstellen.
Als je dit allemaal in de gaten houdt, is er nog meer. De meeste mensen gaan af op de tekens in de almanak. Bijvoorbeeld, je plant bonen als de tekens goed staan voor bonen. Doe je dat niet, dan krijg je veel bloesem, maar geen bonen. Voor alles is een teken. Granpa had echter geen almanak nodig. Hij ging direct volgens de sterren te werk.
We zaten dan op de veranda, 's avonds in het voorjaar, en Granpa bestudeerde de sterren. Hij wilde ze zo hebben, dat ze een rand op de berg vormden. Hij zei dan: 'De sterren staan goed voor bonen. We gaan morgen wat planten als er geen oostenwind staat.' Zelfs als het met de sterren in orde was, plantte Granpa geen bonen als de wind uit het oosten kwam. Hij zei dat de bonen dan geen vrucht zouden dragen. Dan kon het natuurlijk ook nog te nat zijn – of te droog – om

te planten. Als de vogels zich rustig hielden, plantte je ook niet. Planten is een behoorlijk gecompliceerde kwestie.
Als we 's morgens opstonden, kon het heel goed zo zijn dat we vastbesloten waren om te gaan planten, afgaande op de sterren van de avond tevoren. Maar dan zagen we onmiddellijk dat de wind niet in orde was, of de vogels, of 't kon te nat of te droog zijn. En dan moesten we gaan vissen.
Granma zei dat ze vermoedde, dat sommige tekens te maken hadden met Granpa's behoefte om te gaan vissen. Maar Granpa zei dat vrouwen niets begrepen van complicaties. Hij zei dat vrouwen dachten dat alles even eenvoudig was. Wat niet zo was. Hij zei dat vrouwen 't niet konden helpen, maar dat ze nu eenmaal zo argwanend ter wereld waren gekomen. Granpa zei dat hij vrouwen van een dag oud achterdochtig naar de borst waaraan ze zogen had zien kijken.
Als de dag er ook maar een heel klein beetje goed uitzag, dan plantten we meestal maïs. Dat was ons belangrijkste gewas, omdat we er afhankelijk van waren voor ons eten en dat van ouwe Sam, en 't was ook het gewas dat ons geld opbracht via onze whiskyhandel.
Granpa legde de rijen aan met behulp van de ploeg en ouwe Sam. Ik legde geen rijen aan. Granpa zei dat ik vooral een ploeger was. Ik en Granma lieten de zaden in de rijen vallen en dekten ze toe. Op de berghellingen plantte Granma de maïs met een Cherokese plantstok. Je stak 'm gewoon in de grond en liet het zaad in het gat vallen.
We plantten nog veel andere dingen: bonen, okra's, aardappelen, knollen en erwten. De erwten plantten we langs de rand van het veld, vlak naast het bos. Die trokken reeën aan in het najaar. Reeën zijn gek op erwten en leggen zo dertig kilometer door de bergen af voor een erwtenveldje. Zo kwamen we gemakkelijk aan reeëvlees voor de winter. We plantten ook watermeloenen.
Ik en Granpa zochten een schaduwrijk stukje van het veld uit en plantten daar flink wat watermeloenen. Granma zei dat het wel een allemachtig groot watermeloenveld was geworden. Maar Granpa zei dat wat we zelf niet konden eten, we altijd nog naar de winkel bij de kruising konden sjouwen,

waar we er hoogstwaarschijnlijk een boel geld mee konden verdienen.
Uiteindelijk ging het zo, dat tegen de tijd dat de watermeloenen rijp waren, ik en Granpa erachter kwamen dat de watermeloenenmarkt was ingestort. De beste prijs die je voor de grootste watermeloen kon krijgen was een stuiver, zo je er al één kon verkopen. Wat niet waarschijnlijk was.
Ik en Granpa zaten op een avond een en ander na te rekenen. Granpa zei dat vierenhalve liter whisky zo'n pond of acht, negen woog, waar we twee dollar voor kregen; en hij zag niet in waarom we een watermeloen van twaalf pond naar de winkel bij de kruising zouden sjouwen voor een stuiver, tenzij de whiskyhandel ineenstortte, wat niet waarschijnlijk was. Ik zei tegen Granpa dat er volgens mij niets anders op zat dan alle watermeloenen zelf op te eten.
Watermeloenen zijn zo'n beetje de traagst groeiende dingen die te planten zijn. Bonen worden rijp, okra's, erwten, zo'n beetje alles, en de watermeloenen liggen daar maar onrijp te zijn en groeien maar door. Ik hield de watermeloenen goed in de gaten.
Wanneer je er zeker van bent dat de watermeloenen rijp zijn, dan zijn ze 't niet. Een rijpe watermeloen opsporen en testen is bijna net zo gecompliceerd als ze planten.
Ik had verscheidene keren aan tafel tegen Granpa gezegd dat ik de indruk had dat ik een rijpe watermeloen had gevonden. Ik controleerde het veld iedere morgen en avond, soms ook nog tegen etenstijd als ik toevallig langskwam. Iedere keer gingen we samen naar boven naar het veld en controleerde Granpa 'm. Hij was nog niet klaar. Op een avond aan tafel, vertelde ik Granpa dat ik er bijna zeker van was dat ik de watermeloen had gevonden waar we naar op zoek waren, en hij zei dat we 'm de volgende morgen zouden controleren.
Ik was vroeg op en zat te wachten. Voor zonsopgang gingen we naar het veld en ik liet de watermeloen aan Granpa zien. Hij was donkergroen en groot. Ik en Granpa hurkten bij de watermeloen neer en bestudeerden 'm. Ik had 'm de avond tevoren al behoorlijk goed bestudeerd, maar ik deed het met

Granpa nog een keer dunnetjes over. Nadat we 'm een tijdje hadden bekeken, besloot Granpa dat hij er rijp genoeg uitzag om de duimtest te doen.
Je moet weten wat je doet als je een duimtest op een watermeloen uitvoert, wil je er iets uit op kunnen maken. Als je met je duim ertegen aanklopt en 't klinkt als - *dink* - dan is hij nog lang niet rijp; wanneer 't klinkt als - *denk* - dan is hij nog niet rijp, maar wel op weg; wanneer 't gaat van - *dunk* - dan heb je een rijpe watermeloen te pakken. Je hebt een kans van twee tegen een, zoals je volgens Granpa met alles hebt.
Granpa tikte met z'n duim op de watermeloen. Hij tikte hard. Hij zei geen woord, maar ik bekeek 'm nauwlettend en hij schudde z'n hoofd niet, wat een goed teken was. Het betekende niet dat de watermeloen rijp was, maar als hij z'n hoofd niet schudde, betekende dat dat hij 't nog niet opgaf. Hij klopte opnieuw.
Ik zei tegen Granpa dat 't voor mij bijna zeker als een *dunk* klonk. Hij ging op z'n hurken zitten en bestudeerde 'm verder. Ik ook.
De zon was opgekomen. Een vlinder streek op de watermeloen neer en bleef daar klapwiekend zitten. Ik vroeg Granpa of dat geen goed teken was, want ik meende wel eens gehoord te hebben dat wanneer een vlinder op een watermeloen neerstreek, dat 't dan zo goed als zeker was dat je met een rijpe meloen te maken had. Granpa zei dat hij nog nooit van zo'n teken gehoord had, maar dat 't wel zo kon zijn.
Hij zei dat voor zover hij 't kon nagaan, dit een grensgeval was. Hij zei dat de klank ergens tussen een *dank* en een *dunk* inzat. Ik zei dat ik dat ook hoorde, maar dat 't volgens mij behoorlijk dicht naar een *dunk* toekroop. Granpa zei dat er nog een manier was om het te controleren. Hij liep weg en kwam terug met een bremtakje.
Als je een bremtakje dwars op een watermeloen legt en het blijft zo liggen, dan is de watermeloen nog niet rijp. Maar als het bremtakje vanuit die dwarse positie in de lengterichting gaat liggen, heb je een rijpe watermeloen. Granpa legde het bremtakje op de watermeloen. Het takje lag daar een mi-

nuut, toen draaide het een beetje en bleef stil liggen. We zaten ernaar te kijken. Hij draaide niet verder. Ik vertelde Granpa dat ik dacht dat het takje te lang was, waardoor de rijpe binnenkant van de watermeloen te veel werk had om 't verder door te draaien. Granpa pakte het takje op en kortte het in. We probeerden 't opnieuw. Deze keer draaide hij verder en lag bijna in de lengte.
Granpa wilde het opgeven, maar ik niet. Ik boog voorover, zodat ik het takje van dichtbij kon bekijken, en zei tegen Granpa dat het scheen te bewegen, langzaam maar zeker, in de lengterichting. Granpa zei dat dat misschien kwam, doordat ik ertegenaan ademde, wat niet telde, maar hij besloot 't nog niet op te geven. Hij zei dat we 'm moesten laten liggen tot de zon loodrecht aan de hemel stond, rond etenstijd, en dan zouden we hem kunnen plukken.
Ik hield de zon goed in de gaten. 't Leek wel of-ie alleen maar om z'n as draaide, daar op de rand van de berg, vastbesloten er een lange ochtend van te maken. Granpa zei dat de zon zich soms zo gedroeg, vooral als we aan het ploegen waren en het al laat was en we zin hadden om ons in de beek te gaan wassen.
Granpa zei dat als we met iets bezig waren en het ons geen barst kon schelen hoe langzaam de zon zich verplaatste, dan gaf hij 't op en ging door met z'n werk. Wat wij ook deden.
We gingen okra's snoeien. Okra's groeien snel en je moet ze kort houden. Hoe meer okra's je van een steel snijdt, hoe meer er terugkomen.
Ik liep voorop langs de rij en snoeide alle okra's die laag op de steel groeiden. Granpa kwam achter me aan en snoeide de hoge okra's. Granpa zei dat hij zo'n vermoeden had dat ik en hij de enigen waren die ooit hadden uitgevonden hoe je okra's moest snoeien, zonder dat je voorover hoefde te bukken of de stelen naar beneden hoefde te trekken. De hele ochtend waren we okra's aan het snoeien.
We kwamen aan het eind van de rij en daar stond Granma. Ze grinnikte. 'Etenstijd,' zei ze. Ik en Granpa holden naar het watermeloenveld. Ik was er het eerst en ik mocht dus de watermeloen plukken. Maar ik kreeg 'm niet van de grond.

Granpa droeg 'm naar de bergbeek en liet mij 'm erin rollen, splesj; hij was zo zwaar dat hij in het koude water wegzonk. Het was laat in de middag voordat we 'm eruit haalden. Granpa ging op de oever liggen, stak z'n armen diep in het water en haalde 'm naar boven. Hij droeg 'm, ik en Granma achter hem aan, naar de schaduw van de grote iep. Daar zaten we in een cirkel om 'm heen en keken naar de koude waterdruppels op de donkergroene huid. Het was een ceremonie.

Granpa trok zijn lange mes en hield het omhoog. Hij keek naar Granma en naar mij en lachte om mijn openstaande mond en grote verbaasde ogen; toen begon hij te snijden, de watermeloen spleet, voor het mes uit, open, wat betekende dat hij rijp was. Dat was hij. Toen hij helemaal doormidden was, vormde het sap waterdruppels op het rode vruchtvlees. Granpa sneed 'm in schijven. Granma en hij lachten toen het sap langs mijn mond over m'n hemd droop. Het was mijn eerste watermeloen.

De zomer gleed voorbij. Het was mijn jaargetijde. Omdat mijn verjaardag in de zomer viel, was het mijn jaargetijde; dat is een gebruik van de Cherokezen. En dus duurde mijn verjaardag niet een dag, maar een hele zomer.

Het is de gewoonte, dat ze je tijdens je jaargetijde vertellen over je geboorteplaats; over de handel en wandel van je vader; over de liefde van je moeder.

Granma zei dat ik geluk had en waarschijnlijk was dat maar met een op de miljoen het geval. Ze zei dat ik uit moeder natuur geboren was - uit Mon-a-lah - en dus had ik al die broers en zusters over wie ze had gezongen tijdens mijn eerste nacht in de bergen.

Granma zei dat er maar weinigen uitverkoren waren om te worden gekoesterd door alle liefde van de bomen, de vogels, de wateren, de regen en de wind. Ze zei dat zolang ik leefde ik altijd bij hen thuis kon komen, terwijl andere kinderen zich eenzaam voelden wanneer ze erachter kwamen dat hun ouders er vandoor waren. Ik zou nooit eenzaam zijn.

We zaten achter het huisje op de veranda, in de schemer van de zomeravond. De duisternis kroop de dalen in terwijl

Granma zachtjes praatte. Soms stopte ze even en wachtte een hele tijd, en dan streek ze met haar handen over haar gezicht en vertelde verder.
Ik zei tegen Granma dat ik daar allemaal heel trots op was; en meteen wist ik dat ik niet meer bang was voor het donker in de dalen.
Granpa zei dat ik heel wat op hem voor had, omdat ik zo speciaal geboren was en zo. Hij zei dat hij ook wel zou willen dat hij op die manier was uitverkoren. Granpa zei dat hij altijd een tikkeltje bang was in het donker en nu zou hij zich in donkere situaties voortaan op mij kunnen verlaten. Ik zei dat dat in orde was.
Nu was ik zes. Misschien was het m'n verjaardag die Granma eraan deed herinneren dat de tijd niet stilstond. Ze stak bijna iedere avond de lamp aan en las voor, en zette mij aan het werk met het woordenboek. Ik was inmiddels bij de B. Daar was een van de bladzijden uitgescheurd. Granma zei dat die bladzijde niet belangrijk was, en de volgende keer dat Granpa en ik naar het dorp gingen, kocht hij het woordenboek van de bibliotheek. Het kostte vijfenzeventig cent.
Granpa vond het een goede aankoop. Hij zei dat hij altijd al zo'n woordenboek had willen hebben. Aangezien hij geen woord dat erin stond kon lezen, verdacht ik 'm ervan dat hij er andere dingen mee deed, maar ik heb hem het woordenboek nooit zien aanraken.
Pine Billy kwam langs. Hij kwam wel vaker langs nu de watermeloenen rijp waren. Pine Billy was dol op watermeloen. Hij deed helemaal niet verwaand over het geld dat hij van de Red Eagle tabaksfabriek had gekregen en ook niet over de beloning voor de criminelen uit de grote stad. Hij sprak er nooit over, dus wij vroegen hem ook niets.
Pine Billy zei dat hij dacht dat de wereld z'n einde naderde. Hij zei dat alles erop wees. Hij zei dat geruchten de ronde deden over oorlogen, en hongersnood breidde zich steeds meer uit in het land; de meeste banken waren gesloten en die niet gesloten waren werden voortdurend beroofd. Pine Billy zei dat er bijna geen geld te verdienen was. Hij zei dat er nog steeds mensen in de grote stad waren die, als 't in hun

hoofd opkwam, uit het raam sprongen. In Oklahoma, zei hij, blies de wind de aarde weg.
Daar wisten we van. Granma schreef naar ons familielid in de Nations (we noemden Oklahoma altijd 'de Nations', want dat was wat 't zou moeten zijn, totdat het van de Indianen werd afgenomen en tot staat werd uitgeroepen). Ze vertelden ons erover in brieven; hoe de blanke man de weidegronden met een ploeg had omgewoeld, grond die helemaal niet omgeploegd moest worden. De wind blies het weg.
Pine Billy zei dat hij vastbesloten was gered te worden, nu het einde nabij was. Hij zei dat ontucht altijd het grootste struikelblok was geweest voor zijn redding. Hij zei dat hij altijd ontucht pleegde op de dansavonden waar hij musiceerde, maar hij legde de schuld vooral bij de meisjes. Hij zei dat ze 'm niet met rust lieten. Hij zei dat hij had geprobeerd naar kerkdiensten in de open lucht te gaan om gered te worden, maar dat er altijd meisjes in de buurt waren die probeerden hem tot ontucht te verleiden. Hij zei dat hij een oude dominee had gevonden die volgens hem te oud was om ontucht te plegen, omdat hij altijd kerkdiensten in de open lucht hield en preekte dat ontucht onder alle omstandigheden verboden was.
Pine Billy zei dat die oude dominee je het gevoel gaf, tijdens zo'n dienst, nooit meer aan ontucht te willen doen. Pine Billy zei dat dat nodig was om gered te worden – dat je dan dat gevoel had. Hij zei dat hij terug zou gaan om te worden gered – want de wereld naderde z'n einde. Als je eenmaal gered was, zo geloofden de primitieve Baptisten, dan was je voor altijd gered. Als je je liet verleiden tot een béétje ontucht, was je nog steeds gered en was het zo goed als zeker dat je je nergens zorgen over hoefde te maken.
Pine Billy zei dat hij nog het meest voelde voor het primitieve geloof van de Baptisten. Wat mij redelijk in de oren klonk.
Op de schemerige avonden van die zomer speelde Pine Billy op zijn viool. Het kan zijn dat het kwam doordat de wereld z'n einde naderde, maar zijn muziek klonk treurig.
Je kreeg 't gevoel dat dit de laatste zomer was; dat je 'm al had achtergelaten en 'm terug wilde, en dat je hier maar zat.

Je had liever dat hij niet was begonnen te spelen, want het deed pijn, en dan hoopte je weer dat hij nooit zou ophouden. Het was eenzaamheid.

We gingen iedere zondag naar de kerk. We liepen langs hetzelfde pad dat ik en Granpa ook namen als we onze waren gingen afleveren, want de kerk was een eind voorbij de winkel op de kruising.
We moesten vertrekken bij het krieken van de dag, want het was een lange wandeling. Granpa trok z'n zwarte kostuum aan en het meelzakhemd dat Granma wit had gebleekt. Ik droeg er ook een en had een schone overall aan. Granpa en ik maakten de knoopjes van ons shirt vast, zodat we er keurig netjes uitzagen voor de kerk.
Granpa droeg z'n zwarte schoenen, die hij gepoetst had tot ze glommen. Zijn schoenen klosten. Hij was gewend aan mocassins. Ik denk dat 't altijd een pijnlijke wandeling was voor Granpa, maar hij zei er nooit iets van en kloste voort.
Ik en Granma hadden 't makkelijker. Wij droegen mocassins. Ik was trots op Granma, zoals ze eruit zag. Iedere zondag droeg ze een jurk van oranje met goud en blauw en rood. Die hing tot op haar enkels en stond wijd uit, als een paddestoel. Ze zag er uit als een voorjaarsbloem die over het pad dreef.
Als 't niet om die jurk was geweest, en omdat Granma zo van het uitje genoot, heb ik het idee dat Granpa nooit naar de kerk was gegaan. Nog afgezien van de schoenen was hij niet dol op kerkbezoek.
Granpa zei dat de dominee en de diakenen de religie in een verstikkende greep hielden. Hij zei dat zij het waren die besloten wie naar de hel ging en wie niet en dat als je niet uitkeek, je al gauw de dominee en de diakenen aanbad. Daarom kon het hem allemaal gestolen worden. Maar hij klaagde niet.
Ik genoot van de wandeling naar de kerk. We hoefden geen zware vracht te dragen en als we langs het kortere pad liepen, brak de dag vóór ons aan. De zon bescheen de dauw in de vallei en strooide schaduwen van bomen op het pad.

De kerk lag een eindje van de weg af, omringd door bomen. Hij was klein en niet geverfd, maar zag er netjes uit. Iedere zondag, als we over de open plek bij de kerk liepen, bleef Granma staan om met een paar vrouwen te praten; maar ik en Granpa liepen recht op Willow John af.
Hij stond altijd een beetje teruggetrokken onder de bomen, weg van de mensen en de kerk. Hij was ouder dan Granpa, maar hij was net zo lang; een volbloed Cherokee met witte vlechten tot over z'n schouders en een hoed met platte rand die hij tot vlak boven z'n ogen had getrokken... alsof zijn ogen geheim waren. Wanneer hij naar je keek, wist je waarom.
De ogen waren zwarte, open wonden; geen kwaadaardige wonden, maar dode wonden die nog open lagen, zonder leven. Je kon niet zeggen of de ogen zelf somber waren, of dat Willow John iets sombers zag dat niemand anders zag. Op een keer, jaren later, liet een Apache me een foto zien van een ouwe man. Hij heette Go-khla-yeh, Geronimo. Hij had de ogen van Willow John.
Willow John was in de tachtig. Granpa zei dat Willow John lang geleden naar de Nations was gegaan. Hij was door de bergen gelopen, want hij reisde niet met de auto of met de trein. Na drie jaar was hij teruggekomen; maar hij wilde er niet over praten. Hij zei alleen maar dat er geen Nation was.
We liepen dus altijd rechtstreeks op hem af, onder de bomen. Granpa en Willow John omarmden elkaar en hielden elkaar een hele tijd vast; twee lange, ouwe mannen met grote hoeden, en ze zeiden geen woord. Dan kwam Granma eraan, en Willow John boog en ook zij hielden elkaar een hele tijd vast.
Willow John woonde achter de kerk, een heel eind de bergen in; en aangezien de kerk halverwege was, was dit de beste plek om elkaar te ontmoeten.
Misschien weten kinderen het. Ik vertelde Willow John dat er over niet al te lange tijd heel veel Cherokezen zouden zijn. Ik vertelde hem dat ik ook een Cherokees zou worden; dat Granma had gezegd dat ik een kind van de bergen was en met de bomen leefde, en de bomen met mij. Willow John

legde een hand op m'n schouder en in zijn ogen verscheen een vage twinkeling. Granma zei dat dat voor het eerst sinds jaren was.

We gingen de kerk pas binnen als iedereen al binnen was. We zaten altijd op de achterste rij; Willow John, dan Granma, ik, en Granpa naast het gangpad. Tijdens de dienst hield Granma de hand van Willow John vast en Granpa stak zijn arm achter de bank langs en legde z'n hand op Granma's schouder. Ik hield de andere hand van Granma vast en legde een hand op het been van Granpa. Op die manier viel ik niet buiten de boot, hoewel ik altijd slaap in m'n voeten kreeg omdat mijn benen recht vooruit over de rand van de zitting staken.

Op een keer, we zaten net, vond ik een lang mes op de plek waar ik wilde gaan zitten. Het was net zo lang als dat van Granpa en had een schede met franje van rendierhuid. Granma zei dat Willow John het aan mij gaf. Op die manier geven Indianen hun geschenken. Ze bieden alleen iets aan als ze er een bepaalde reden voor hebben. Ze leggen het zo voor je neer, dat je het vindt. Je zou geen cadeau krijgen als je 't niet verdiende en dus is 't dwaas om iemand te bedanken voor iets dat je verdient, of er een show van te maken. Dat is redelijk.

Ik gaf Willow John een stuiver en een kikker. De zondag dat ik ze meenam, had Willow John z'n jas aan een boom gehangen terwijl hij op ons wachtte, en dus liet ik de kikker en de stuiver in z'n zak glijden. Het was een grote kikker die ik in de bergbeek had gevangen en die ik had volgestopt met insekten tot het bijna een reus was.

Willow John trok z'n jas aan en ging de kerk binnen. De dominee vroeg iedereen z'n hoofd te buigen. Het was zo stil, dat je de mensen kon horen ademen. De dominee zei: 'Heer...' en toen zei de kikker, diep en luid: 'KWWAAKKK!' Iedereen sprong overeind en een man rende de kerk uit. Een kerel schreeuwde: 'God allemachtig!' en een vrouw gilde: 'Geloofd zij de Heer!'

Willow John sprong ook overeind. Hij stak z'n hand in z'n zak, maar haalde de kikker er niet uit. Hij keek naar me en de

glinstering kwam weer in z'n ogen; minder vaag deze keer. Toen glimlachte hij! De glimlach brak door op z'n gezicht, breder en breder, en hij lachte! Een diepe, bulderende lach, die iedereen naar hem deed omkijken. Hij besteedde geen enkele aandacht aan al die blikken. Ik was bang, maar ik lachte ook. De tranen sprongen in z'n ogen en rolden over de vouwen en rimpels van z'n gezicht. Willow John huilde.
Iedereen werd stil. De dominee stond met z'n mond open en keek. Willow John keek niet naar de mensen. Hij maakte geen geluid, maar z'n borst ging op en neer en z'n schouders schokten, en hij huilde een hele tijd. De mensen begonnen de andere kant op te kijken, maar Willow John en Granpa en Granma keken recht voor zich uit.
De dominee kwam met moeite weer op gang. Hij zei niets over de kikker. Hij had al eens eerder geprobeerd om een preek af te steken tegen Willow John, maar Willow John schonk hem nooit enige aandacht. Hij keek altijd recht voor zich uit, alsof de dominee niet bestond. Die preek ging erover dat je het huis van God met gepast respect moest behandelen. Willow John boog z'n hoofd niet voor de gebeden en z'n hoed nam hij niet af.
Granpa zei er nooit iets over. En dus dacht ik er, door de jaren heen, over na. Ik bedacht dat dat de manier van Willow John was om te zeggen wat hij te zeggen had. Zijn mensen waren verslagen en verloren, verdreven uit deze bergen waar ze thuis hoorden, en waar de dominee en alle andere kerkgangers nu leefden. Hij kon niet vechten en dus hield hij z'n hoed op.
Misschien, toen de dominee 'Heer...' zei, en de kikker: 'KWWAAKKK', gaf de kikker antwoord voor Willow John. En daarom huilde hij. Iets van de bitterheid werd gebroken. Daarna schitterden de ogen van Willow John altijd en verschenen er kleine zwarte lichtjes in, wanneer hij me aankeek.
Toentertijd speet 't me, maar later was ik blij dat ik Willow John de kikker had gegeven.
Iedere zondag, na de kerk, gingen we onder de bomen bij de open plek zitten en haalden ons eten te voorschijn. Willow John had zijn vangst altijd bij zich in een tas. Een kwartel, of

een reebout, of vis. Granma nam maïsbrood mee en groentebeleg. We aten in de schaduw van de grote olmen en praatten wat. Willow John zei dat de reeën zich steeds verder terugtrokken in de bergen. Granpa zei dat de vismanden zo en zo veel hadden opgebracht. Granma zei dat Willow John z'n verstelgoed voor haar moest meebrengen.
Wanneer de zon zakte en het licht minder fel werd, maakten we ons klaar om te vertrekken. Granpa en Granma omhelsden Willow John en hij legde een hand op m'n schouder, heel schuchter.
Dan vertrokken we, over de open plek naar het pad. Ik keek altijd om naar Willow John, maar hij keek niet op of om. Hij liep met zijn armen recht langs zijn lichaam, en met lange, ietwat ongemakkelijke stappen. Op de een of andere manier leek hij nooit op zijn plaats, daar aan de rand van de beschaving van de blanke man. Hij verdween tussen de bomen en volgde voorzover ik kon zien geen pad. Ik moest me meestal haasten om Granpa en Granma weer in te halen. Het was eenzaam op het pad, in de schemering van de zondagavond, en we praatten niet.

Loop je een eindje met me op, Willow John? Niet ver;
Een jaar of twee, aan 't einde van je tijd.
We praten niet. Ook niet over het bittere verleden.
Misschien lachen we eens; of huilen we.
Misschien vinden we iets dat we allebei verloren waanden.

Kom je even bij me zitten, Willow John? Niet lang;
Een minuutje, vergeleken bij je lange leven.
Dan kijken we elkaar aan; beiden zullen we het gevoel
Herkennen en begrijpen; en als onze wegen scheiden
Is er de troost dat we verwant zijn.

Sta je stil bij ons vertrek, Willow John? Voor mij.
Stilstaan troost ons die uiteen gaan, stelt ons gerust.
De herinneringen daaraan zullen de tranen doen drogen
Die de herinnering aan jou in later jaren doen stromen;
En verzachten, een beetje, de pijn in mijn hart.

Naar de kerk

Granpa zei dat dominees zo met zichzelf ingenomen waren, dat ze het idee hadden dat ze persoonlijk de deurknop van de parelmoeren hemelpoorten in handen hadden, en dat niemand naar binnen kon zonder hun toestemming. Granpa geloofde dat God er volgens de dominees helemaal niets over te zeggen had.

Hij zei dat een dominee eens zou moeten werken om erachter te komen hoe moeilijk 't was om een dollar bij elkaar te krijgen, dan zouden ze geen geld meer rondstrooien alsof 't morgen niets meer waard was. Granpa zei dat goed hard werken, of dat nu in de whiskyhandel was of in iets anders, een dominee voor het kwaad zou behoeden. Wat redelijk klinkt.

Aangezien de mensen zover uit elkaar woonden, waren er niet genoeg om meer dan één kerk te bevolken. Dit leidde tot enige complicaties omdat er zoveel verschillende soorten godsdiensten waren; de mensen geloofden zoveel verschillende dingen dat de onenigheid gewoon in de lucht hing.

Je had aartsconservatieve Baptisten, die geloofden dat wat gebeuren ging gebeuren ging en dat je daar niets aan kon doen. Je had Schotse Presbyterianen, die des duivels werden om die opvatting. Elke richting kon zijn standpunt aan de hand van de Bijbel bewijzen. Wat mij betreft leidde dit tot de nodige verwarring over wat de bijbel nu beweerde.

Primitieve Baptisten geloofden in het schenken van een 'liefdesoffer' van geld aan de dominee, en de orthodoxen vonden juist dat je de dominee niets moest geven. Granpa neigde op dit punt naar de orthodoxe kant.

Alle Baptisten geloofden in de doop, dat wil zeggen dat je helemaal kopje onder in de beek moest. Ze zeiden dat je anders niet gered kon worden. De Methodisten beweerden dat

dat verkeerd was; dat het juist de truc was om een beetje water op het hoofd te sprenkelen. Beide groepen trokken hun Bijbel op de open plek voor de kerk om te bewijzen wat ze zeiden.
Het leek erop dat de Bijbel het allebei zei; maar elke keer dat hij 't zei, waarschuwde hij dat je 't beter niet volgens de andere manier kon doen, want dan ging je naar de hel. Of tenminste, dat zeiden ze.
Eén vent was van de Kerk van Christus. Hij zei dat als je een dominee 'dominee' noemde, je rechtstreeks naar de hel ging. Hij zei dat je 'm 'mister' of 'broeder' kon noemen, maar je kon 'm beter niet 'dominee' noemen. Hij had ook een stukje in de Bijbel om het te bewijzen; maar een ander stel mensen gaf het bewijs, ook uit de Bijbel, dat je 'm júist 'dominee' moest noemen, en dat je anders naar de hel zou gaan.
Die vent van de Kerk van Christus was verreweg in de minderheid en werd overschreeuwd, maar hij was koppig en gaf het niet op. Iedere zondagmorgen stapte hij omstandig op de dominee af en sprak hem aan met 'mister'. Dit leidde tot vijandschap tussen hem en de dominee. Op een keer draaide het bijna op vechten uit, maar ze werden uit elkaar gehaald.
Ik besloot dat ik niets met water bij de godsdienst te maken wilde hebben. En ik ging de dominee helemaal niets noemen. Ik zei tegen Granpa dat dat mij verreweg het veiligste leek, aangezien je zo naar de hel kon worden afgevoerd, afhankelijk van hoe de Bijbel er op dat moment over dacht.
Granpa zei dat als God zo bekrompen was als die gekken die ruzie maakten over zulke onbenulligheden, dat de Hemel dan ook niks was. Wat redelijk klinkt.
Er was één Anglicaans gezin. Die waren rijk. Ze kwamen in de auto naar de kerk. Het was de enige auto op het kerkhof. De man was dik en droeg bijna iedere zondag een ander kostuum. De vrouw droeg grote hoeden; zij was ook dik. Ze hadden een dochtertje dat altijd witte jurken droeg en kleine hoedjes. Ze keek de hele tijd naar iets op, al heb ik nooit kunnen bepalen waar ze precies naar keek. Ze legden altijd een dollar op de collecteschaal. Het was elke zondag de enige op de hele schaal. De dominee wachtte hen bij de auto op en

deed het autoportier voor hen open. Ze zaten altijd op de voorste rij.

De dominee begon te preken. Hij poneerde een stelling en keek dan naar de eerste rij en vroeg: 'Niet waar, mister Johnson?' Mister Johnson knikte dan kort, waarmee hij min of meer te kennen gaf dat 't een feit was. Iedereen ging rechtop zitten om naar het knikje van mister Johnson te kijken, om dan tevreden achterover te leunen, aangezien het zo was.

Granpa zei dat hij dacht dat Anglicanen er zeker alles van wisten, dat ze zich niet in allerlei bochten hoefden te wringen en zich geen zorgen hoefden te maken over water en zo. Hij zei dat ze hun mond zo stijf dichthielden, omdat ze het niet wilden doorvertellen.

De dominee was een magere man. Hij droeg iedere zondag hetzelfde zwarte pak. Zijn haar stond alle kanten op en hij wekte altijd een nerveuze indruk. Wat hij ook was.

Hij was vriendelijk tegen de mensen die bij de kerk stonden, maar ik ging nooit naar hem toe; wanneer hij de zaak echter onder controle had, vanaf de kansel, werd hij vals. Granpa zei dat dat was omdat hij wist dat 't tegen de regels was om onder de preek op te springen en hem ter verantwoording te roepen. Hij zei nooit iets over water, wat ik jammer vond. Ik wilde graag weten hoe je het beter niet kon gebruiken. Maar hij had het altijd over de Farizeeërs. Hij wond zich flink over de Farizeeërs op, kwam van de preekstoel naar beneden en rende door het gangpad op ons af. Soms was hij helemaal buiten adem, zo kwaad was hij.

Op een keer preekte hij hel en verdoemenis over de Farizeeërs en kwam van de preekstoel af en rende door het middenpad. Hij schreeuwde het uit en ademde zo diep in, dat hij begon te rochelen. Vlak voor onze rij bleef hij staan en wees met zijn vinger naar mij en Granpa en zei: 'Jullie wéten wat ze van plan waren...' Het leek wel alsof hij mij en Granpa ervan beschuldigde dat we iets met de Farizeeërs te maken hadden. Granpa ging rechtop zitten en keek de dominee vuil aan. Willow John keek naar hem en Granma hield z'n arm vast. De dominee draaide zich om en wees naar iemand anders.

Granpa zei dat hij nog nooit een Farizeeër had gekend en dat hij het zich niet liet aanleunen dat een of andere klootzak hem ervan beschuldigde op de hoogte te zijn van wat die Farizeeërs allemaal hadden uitgevreten. Granpa zei dat de dominee beter op iemand anders kon wijzen. Wat hij daarna ook deed. Ik denk dat hij de blik in Granpa's ogen gezien had. Willow John zei dat de dominee gek was en goed in de gaten moest worden gehouden. Willow John had altijd een lang mes bij zich.
De dominee had ook een pesthekel aan Filistijnen. Hij was ze constant aan het afkammen. Hij zei dat de Filistijnen zo ongeveer net zo erg waren als de Farizeeërs. Waarbij mister Johnson z'n hoofd knikte dat dat inderdaad zo was.
Granpa zei dat hij er moe van werd om de dominee de héle tijd op iemand te horen afgeven. Hij zei dat hij geen enkele reden zag om die oude Farizeeërs en Filistijnen uit de sloot te halen; er was zo al ellende genoeg.
Granpa legde altijd iets op de collecteschaal, hoewel hij het niet juist vond om dominees te betalen. Hij zei dat het een soort huur van onze kerkbank was. Soms gaf hij mij een stuiver, die ik op de schaal mocht leggen. Granma gaf nooit iets en Willow John keek niet eens naar de collecteschaal als die voorbijkwam. Granpa zei dat als ze Willow John de collecteschaal onder de neus bleven duwen, hij er iets àf zou nemen; ervan uitgaande dat ze hem de hele tijd iets aanboden.
Eén keer per maand werd er getuigenis afgelegd. Dan stonden er mensen op, één voor één, en ze vertelden hoeveel ze van de Heer hielden en wat voor kwaad ze allemaal hadden gedaan. Granpa deed dat nooit. Hij zei dat daar alleen maar ellende van kwam. Hij zei dat hij persoonlijk van verschillende mensen wist die waren doodgeschoten nadat ze hadden verteld wat ze een ander hadden aangedaan, terwijl die ander daar niet van geweten had tot hij het in de kerk hoorde vertellen. Granpa zei dat zulke dingen iemands eigen zaken waren, waar niemand iets mee te maken had. Granma en Willow John stonden niet op.
Ik zei tegen Granpa dat ik er ook ongeveer zo over dacht als hij en evenmin van plan was op te staan.

Een man zei dat hij gered was. Hij zei dat hij met de drank gestopt was; dat hij een aantal jaren flink had gezopen en dat hij dat nu niet meer zou doen. Het gaf iedereen een goed gevoel dat hij zich probeerde te beteren. De mensen riepen: 'Loof de Heer!' en 'Amen!'

Elke keer dat iemand opstond en begon te vertellen over de slechte dingen die hij gedaan had, riep een man ergens in een hoek: 'Vertel alles! Vertel alles!' Dat deed hij iedere keer als 't erop leek dat ze ophielden met praten, en dan probeerden de mensen snel weer iets anders te bedenken wat ze misdaan hadden. Soms kwamen ze met hele slechte dingen op de proppen, die ze misschien niet hadden verteld als de man niet zo geschreeuwd had. Zelf bleef hij altijd zitten.

Op een keer stond een vrouw op. Ze zei dat de Heer haar had gered van duivelse gewoontes. De man in de hoek schreeuwde: 'Vertel alles!'

Ze bloosde en zei dat ze ontucht had gepleegd. Ze zei dat ze ermee ophield. Ze zei dat 't niet goed was. De man schreeuwde: 'Vertel alles!' Ze zei dat ze ontucht had gepleegd met mister Smith. Er onstond beroering toen mister Smith zich losmaakte van de bank waar hij op zat en het gangpad kwam aflopen. Hij liep heel snel naar buiten. Op dat moment stonden twee kerels achter in de kerk ook op en glipten stilletjes de deur uit.

Ze riep nog twee namen met wie ze ontucht had gepleegd.

Iedereen prees haar en zei haar dat ze goed gehandeld had.

Toen we de kerk uitliepen, liepen alle mannen met een grote boog om de vrouw heen en spraken niet met haar. Granpa zei dat ze bang waren om met de vrouw gezien te worden. Sommigen van de vrouwen echter drongen om haar heen en klopten haar op de schouder en zeiden dat ze het goed gedaan had. Granpa zei dat dat vrouwen waren die wilden weten wat hun mannen uitspookten en die dachten dat als ze lieten zien hoe prettig het was om erover te praten en hoe goed je dan werd behandeld, dat ze dan misschien nog meer overspelige vrouwen konden overhalen om te getuigen.

Granpa zei dat als ze dat deden, het één grote puinhoop zou worden. En dat zou het.

Granpa zei dat hij hoopte dat de vrouw niet van gedachten zou veranderen en weer met ontucht wilde beginnen. Hij zei dat haar dan een teleurstelling zou wachten. Hij zei dat ze niemand meer zou vinden om ontucht mee te plegen, tenzij diegene dronken was en niet wist wat hij deed.

Iedere zondag voor de preek begon was er gelegenheid om op te staan en over mensen te vertellen die hulp nodig hadden. Soms ging 't om een deelpachter die ging verhuizen en die niets meer te eten had voor z'n gezin, of iemand van wie het huis was afgebrand.

Alle mensen in de kerk boden hulp aan. In de zomer namen wij altijd veel groente mee, want die hadden we volop. In de winter hadden we vlees bij ons. Op een keer maakte Granpa een stoel van hickoryhout met een zitting van repen reeëhuid voor een gezin dat zijn meubels had verloren bij een brand. Granpa nam de man voor de kerk apart, gaf hem de stoel en vertelde uitgebreid hoe ie 'm gemaakt had.

Granpa zei dat 't veel beter was om zo iemand te laten zien hoe je iets maakt, dan 't hem zomaar te geven. Hij zei dat als je een man leerde hoe hij iets zelf moest maken, dat 't dan goed met hem zou gaan; maar als je 'm zomaar wat gaf en hem niets leerde, dan zou je de rest van je leven die man voortdurend van alles moeten geven. Granpa zei dat je de man daar geen dienst mee bewees, want als hij afhankelijk van je werd, nam je hem zijn karakter af.

Granpa zei dat sommige mensen 't plezierig vonden om alleen maar steeds te geven, omdat dat hun een gevoel van eigenwaarde gaf en ze zich dan meer konden voelen dan de man aan wie ze gaven; terwijl ze die man alleen maar een beetje hoefden te leren en dan zou hij afhankelijk van zichzelf zijn.

Granpa zei dat aangezien de menselijke natuur was wat-ie was, er kerels waren die ontdekt hadden dat sommige mensen zich graag beter voelden dan anderen en daar op inspeelden. Hij zei dat dat zielige lui werden. Ze zonken zo diep dat ze nog liever de hond van mister Arrogant waren dan voor zichzelf te zorgen. Hij zei dat ze voortdurend jengelden over wat ze nodig hadden, terwijl het enige dat ze nodig hadden een schop voor hun kont was.

Granpa zei dat sommige landen op dezelfde manier arrogant waren en maar gaven en gaven, zodat ze zichzelf de hoge bazen konden noemen, terwijl ze, als ze het hart op de juiste plaats hadden, de volken aan wie ze gaven juist zouden leren om voor zichzelf te zorgen. Granpa zei dat deze landen dat niet deden, omdat de andere mensen dan niet meer afhankelijk van hen zouden zijn en daar waren ze in de eerste plaats op uit.

Granpa en ik waren ons in de beek aan het wassen, toen hij erover begon. Hij wond zich er vreselijk over op en we moesten snel op de kant kruipen, want het scheelde maar een haartje of hij was verdronken. Ik vroeg Granpa wie Mozes was.

Granpa zei dat hij nooit helemaal een duidelijk beeld van Mozes had gekregen, omdat de dominee altijd zo ratelde en brulde en rochelde. De dominee zei dat Mozes een discipel was.

Granpa bond me op het hart dat ik zijn woorden niet voor zoete koek moest slikken, omdat hij me niet meer kon vertellen dan wat hij over Mozes gehóórd had.

Hij zei dat Mozes het met een meisje had aangelegd in het wuivende riet, waarvan hij begrepen had dat het langs de rivieroever groeide. Hij zei dat dat natuurlijk was, maar het meisje was rijk en behoorde feitelijk aan een gemene klootzak, die Faro heette. Hij zei dat Faro altijd mensen vermoordde. Faro kreeg de pik op Mozes, waarschijnlijk vanwege dat meisje. Iets wat zelfs vandaag de dag nog voor problemen zorgt.

Granpa zei dat Mozes zich schuil had gehouden en de mensen had meegenomen die Faro wilde vermoorden. Hij zei dat Mozes een land introk waar helemaal geen water was; en Mozes pakte een stok en sloeg daarmee tegen een rots en toen kwam er water uit. Granpa zei dat hij geen flauw idee had hoe hij dat gedaan had... maar dat was wat hij gehoord had.

Granpa zei dat Mozes jaren rondtrok zonder flauw benul van waar hij naartoe ging. Trouwens, hij is daar zelf nooit aangekomen, maar de mensen die achter hem aan trokken

wel. Waar ze dan ook maar naartoe gingen. Hij zei dat Mozes al stierf toen ze nog steeds rondzwierven.
Granpa zei dat Samson op het toneel was verschenen en aardig wat van die Filistijnen vermoord had, die altijd zoveel moeilijkheden veroorzaakten. Hij zei dat hij niet wist waar de strijd om ging en of de Filistijnen soms mensen van Faro waren of niet.
Granpa zei dat een samenzwerende vrouw Samson dronken had gevoerd en zijn haar had afgesneden. Hij zei dat de vrouw Samson erin had laten lopen, zodat zijn vijanden hem te pakken konden nemen. Granpa kon zich de naam van de vrouw niet herinneren, maar hij zei dat 't een goede Bijbelles was; dat je moest uitkijken voor samenzwerende vrouwen die probeerden je dronken te voeren. Ik zei dat ik dat zou doen.
Granpa schiep er een groot genoegen in mij die Bijbelles te leren. Het was waarschijnlijk de enige die hij ooit aan iemand geleerd had.
Nu ik erop terugkijk waren ik en Granpa niet erg thuis in de Bijbel. En ik denk dat we vooral in de war waren door al die technieken hoe je in de Hemel kon komen. Ik en Granpa kwamen min of meer tot de slotsom dat wij er niets mee te maken hadden, technisch gesproken, want we konden er eigenlijk nooit een touw aan vastknopen.
Als je eenmaal iets opgeeft, ben je een soort toeschouwer. Ik en Granpa waren toeschouwers op het gebied van technische kerkreligie en we hadden er helemaal geen verontrust gevoel over... omdat we het niet konden begrijpen.
Granpa zei dat ik dat hele watergedoe net zo goed kon vergeten. Hij zei dat hij 't heel lang geleden compleet had opgegeven en dat hij zich sindsdien veel beter voelde.
Hij zei dat hij eerlijk gezegd niet inzag wat water er verdomme mee te maken had.
Ik dacht er net zo over en dus liet ik 't water maar voor wat het was.

Mister Wine

Gedurende die winter en dat voorjaar kwam hij elke maand, geregeld als de zonsondergang, en hij bleef dan logeren. Soms bleef hij nog een dag bij ons en nòg een nacht. Mister Wine was marskramer.

Hij woonde in het dorp, maar liep met z'n mars op zijn rug over de paadjes door de bergen. We wisten altijd welke dag hij ongeveer kwam, dus als de honden blaften, liepen Granpa en ik hem tegemoet en hielpen hem met het dragen van z'n mars.

Granpa nam de mars dan van hem over. Mister Wine had meestal een klok bij zich die hij mij liet dragen. Hij repareerde klokken. Wij hadden er geen, maar we hielpen hem aan de keukentafel met repareren.

Granma stak de lamp aan en mister Wine zette een klok op tafel en maakte hem open. Ik was niet lang genoeg om zittend toe te kijken, dus ik stond altijd op een stoel naast die van mister Wine en keek toe hoe hij kleine veertjes en gouden schroefjes losmaakte. Granpa en mister Wine praatten terwijl hij de klokken aan het repareren was.

Mister Wine was misschien wel honderd jaar oud. Hij had een lange, witte baard en droeg een zwarte jas. Hij had een rond, zwart kapje op zijn achterhoofd. Mister Wine was niet zijn echte naam. Zijn naam begon met Wine, maar was zo lang en ingewikkeld dat we 'm niet konden uitspreken, dus noemden we hem mister Wine. Mister Wine zei dat dat niet erg was. Hij zei dat namen niet belangrijk waren, het was meer de manier waarop je ze uitsprak. Wat klopt. Mister Wine zei dat sommige Indiaanse namen voor hem te ingewikkeld waren om uit te spreken en daarom bedacht hij ze zelf.

Hij had altijd iets in z'n jaszak; meestal een appel, één keer had hij een sinaasappel bij zich. Maar hij kon niets onthouden.

We aten onze warme maaltijd in de schemeravond; daarna, terwijl Granma de tafel afruimde, gingen mister Wine en Granpa altijd in de schommelstoelen zitten praten. Ik trok mijn stoel tussen hen in en ging ook zitten. Mister Wine was dan aan het woord en hield opeens stil. En dan zei hij: 'Ik heb het gevoel dat ik iets vergeet, maar ik weet niet wat.' Ik wist wat het was, maar ik zei niets. Mister Wine krabde dan aan zijn hoofd en kamde met z'n vingers door z'n baard. Granpa hielp al helemaal niet. Uiteindelijk keek mister Wine dan naar mij en vroeg: 'Kun jij me misschien helpen herinneren wat het is, Little Tree?'

Waarop ik zei: 'Ja, meneer, zeer waarschijnlijk had u iets in uw jas meegenomen dat u zich niet meer kon herinneren.'

Mister Wine veerde dan meteen op in zijn stoel, sloeg op zijn jaszak en zei: 'Wat een sufferd ben ik ook! Bedankt Little Tree, dat je me geholpen hebt. Ik word een dagje ouder.' Wat inderdaad zo was.

Hij haalde dan een rode appel te voorschijn die groter was dan enige soort die in de bergen groeide. Hij zei dat hij 'm was tegengekomen en had geplukt en van plan was 'm weg te gooien, omdat hij niet van appels hield. Ik zei dan altijd dat ik hem er wel vanaf wilde helpen. Ik wilde hem meteen met Granma en Granpa delen, maar zij hielden ook niet van appels. Ik wel. Ik bewaarde de pitjes en plantte ze langs de bergbeek, om een heleboel bomen te kweken waar dat soort appels aan groeiden.

Hij kon zich niet herinneren waar hij z'n bril had gelaten. Als hij aan de klokken zat te sleutelen, droeg hij altijd een kleine bril op het puntje van z'n neus. De glazen zaten met ijzerdraad aan elkaar vast en de stangetjes achter z'n oren waren met stukjes stof omkleed.

Hij hield vaak even op met werken en duwde z'n bril omhoog op z'n voorhoofd terwijl hij met Granpa in gesprek was. Als hij weer verder wilde met de klok, kon hij 'm niet meer vinden. Ik wist waar hij was. Hij voelde overal op de tafel en keek naar Granpa en Granma en zei: 'Wel allemachtig, waar is m'n bril?' Hij en Granpa en Granma grinnikten dan naar elkaar en voelden zich dom dat ze het niet wisten. Maar ik wees naar z'n hoofd en mister Wine gaf zichzelf dan een klap voor z'n hoofd, stomverbaasd dat hij hem daar had gelaten.

Mister Wine zei dat hij zijn klokken niet had kunnen repareren als ik hem niet had geholpen met het vinden van de bril. Wat hij inderdaad niet had gekund.

Hij leerde me klokkijken. Hij draaide de wijzers van de klok rond en vroeg mij hoe laat het was, en lachte als ik het verkeerd had. Het duurde niet lang voordat ik het helemaal door had.

Mister Wine zei dat ik goed onderwijs kreeg. Hij zei dat er bijna geen kinderen van mijn leeftijd waren die weet hadden van mister Macbeth of mister Napoleon, of die woordenboeken bestudeerden. Hij leerde me rekenen.

Ik kon al een beetje met geld rekenen, aangezien ik in de whiskyhandel zat, maar mister Wine haalde altijd een stuk papier en een klein potlood te voorschijn en schreef wat getallen op. Hij liet me zien hoe ik de getallen moest opschrijven en hoe ik ze kon optellen, aftrekken en vermenigvuldigen. Granpa zei dat ik zo'n beetje de beste was met rekenen die hij ooit gezien had.

Mister Wine gaf me een potlood. Het was lang en geel. Er was een bepaalde manier om hem te slijpen, zodat je de punt niet te dun maakte. Als je de punt te dun maakte brak hij af en moest je hem opnieuw slijpen; zo werd het potlood alleen maar kleiner terwijl je er niets aan had.

Mister Wine zei dat hij me de zuinige manier van potloodslijpen liet zien. Hij zei dat er verschil was tussen gierig zijn en zuinig zijn. Als je gierig was, was je net zo erg als sommige rijkelui die geld aanbaden, en gebruikte je je geld niet waar je het voor moest gebruiken. Hij zei dat als je zo was, dan was geld je god, en daar zou nooit iets goeds van komen. Hij zei dat als je zuinig was, dan gebruikte je je geld waar je het voor hoorde te gebruiken, maar je verspilde het niet. Mister Wine zei dat de ene gewoonte tot de andere leidde, en als het slechte gewoontes waren, kreeg je er een slecht ka-

rakter door. Als je te slordig was met je geld werd je slordig met je tijd, slordig met je denken en zo'n beetje met alle andere dingen. Als een heel volk slordig werd, probeerden politici daar macht over te krijgen. Ze namen dan de slordige mensen het heft uit handen en al gauw had je een dictator. Mister Wine zei dat zuinige mensen nooit door een dictator aan de kant zijn gezet. Wat klopt.
Hij had dezelfde gevoelens voor politici als Granpa en ik.
Granma kocht gewoonlijk wat naaigaren van mister Wine. Twee kleine spoeltjes garen kostten een stuiver en er waren grote spoelen die een stuiver per stuk kostten. Soms kocht ze knopen en op een keer kocht ze een lap rode stof met bloemen erop. Hij had van alles in zijn mars; linten in allerlei kleuren, mooie stoffen en kousen, vingerhoeden en naalden, en kleine glanzende gereedschappen. Ik hurkte bij de mars neer wanneer mister Wine hem openmaakte en hij haalde er allerlei dingen uit te voorschijn en vertelde me wat het waren. En hij gaf me een rekenboek.
Alle sommen stonden in het boek en het legde uit hoe je ze maken moest. Zo kon ik een maand lang leren sommen maken. Ik ging iedere maand zo goed vooruit dat als mister Wine weer langskwam, hij helemaal perplex stond.
Mister Wine zei dat rekenen belangrijk was. Hij zei dat onderwijs een tweeledige kwestie was. Een deel was technisch, en dat was om vooruit te komen in je vak. Hij zei dat hij in die hoek van onderwijs voor modernisering was. Maar, zei hij, aan het andere deel kon je maar beter vasthouden en het niet veranderen. Dat noemde hij waardering.
Mister Wine zei dat als je leerde om waarde te hechten aan eerlijkheid en zuinigheid, aan je best doen, en aan rekening houden met anderen, dat dat belangrijker was dan wat dan ook. Hij zei dat als je die waarden niet geleerd had, je het, ondanks dat je modern was in het technische gedeelte, niet ver zou schoppen.
Feitelijk, hoe moderner je werd zonder deze waarden, des te waarschijnlijker was het dat je de moderne dingen ging aanwenden voor kwade doelen en vernietiging en ruïnering. Wat klopt, en niet lang daarna bewezen werd.

Zo nu en dan was het een hele toer om de klokken te repareren, en dan bleef mister Wine nog een dag en een nacht bij ons. Op een keer bracht hij een zwarte doos mee, waarvan hij zei dat het een Kodak was. Hij kon er foto's mee maken. Hij zei dat hij niet zo goed in foto's nemen was. Hij zei dat een paar mensen de Kodak hadden besteld en dat hij hem naar die mensen toe ging brengen, maar hij zei dat het geen kwaad kon om een foto van ons te maken.
Hij nam een foto van mij en ook van Granpa. De doos nam alleen maar een foto als je met je gezicht naar de zon gekeerd was, en mister Wine zei dat hij geen hoge pet op had van het apparaat. Granpa ook niet. Hij vertrouwde het niet zo en wilde maar voor één foto poseren. Granpa zei dat je het nooit wist met die dingen en het was het beste dat je je niet met zulke nieuwe dingen inliet voor je wist wat de gevolgen waren.
Mister Wine wilde dat Granpa een foto van mij en hem maakte. Het nam zo'n beetje de hele avond in beslag. Ik en mister Wine stonden helemaal klaar. Mister Wine legde zijn hand op mijn hoofd en we zaten allebei de hele tijd naar de doos te grinniken. Granpa meldde dat hij ons niet kon zien door het kleine gaatje. Mister Wine liep dan weer naar Granpa toe, zette de doos een beetje hoger en kwam terug. En dan gingen we opnieuw poseren. Granpa zei dat we een beetje achteruit moesten gaan staan, aangezien hij alleen maar een arm zag.
Granpa werd zenuwachtig van de doos. Ik vermoed dat hij dacht dat er iets in zat dat eruit kon komen. Ik en mister Wine hadden allebei zo lang tegen de zon ingekeken dat we niets meer konden onderscheiden toen Granpa eindelijk de foto maakte, die uiteindelijk niet veel voorstelde. De volgende maand, toen mister Wine de foto's meebracht, was die van Granpa en mij heel licht, maar ik en mister Wine stonden niet eens op de foto die Granpa genomen had. We konden de toppen van een paar bomen onderscheiden en wat vlekken boven de bomen. Granpa zei, nadat hij de foto een tijdje bestudeerd had, dat het vogels waren.
Granpa was trots op de vogelfoto en ik ook. Hij nam hem

mee naar de winkel op de kruising en liet hem aan mister Jenkins zien en zei tegen hem dat hij de foto persoonlijk gemaakt had.

Mister Jenkins kon niet zo goed zien. Ik en Granpa waren bijna een uur bezig om de vogels aan te wijzen; maar uiteindelijk zag hij ze. Mister Wine en ik stonden waarschijnlijk ergens onder die vogels.

Granma wilde niet dat er een foto van haar werd gemaakt. Ze zei niet waarom, maar ze vertrouwde de doos niet en wilde hem niet aanraken.

Toen we de foto's kregen, werd Granma er helemaal door in beslag genomen. Ze bestudeerde ze doorlopend en legde ze op een houtblok boven de openhaard, zodat ze er steeds naar kon kijken. Ik geloof dat ze daarna wel voor een foto wilde poseren, maar we hadden de Kodak niet meer aangezien mister Wine hem bij de mensen moest afleveren die hem hadden besteld.

Mister Wine zei dat hij een andere Kodak zou bemachtigen, maar dat heeft hij niet gedaan want het was zijn laatste zomer.

De zomer maakte zich klaar om te sterven, de dagen dutten steeds sneller in. De zon begon te veranderen van een witte bron van levenswarmte in een vaag geel en goud, dat de middagen schemerig maakte en de zomer hielp, zei Granma, zich voor te bereiden op de lange slaap.

Mister Wine maakte zijn laatste reis. Wij wisten dat toen niet, hoewel Granpa en ik hem moesten helpen om over de boomstam over het beekje en de treden van de veranda op te komen. Misschien wist hij het zelf wel.

Toen hij zijn mars openmaakte, op de grond in de kamer, nam hij er een gele jas uit. Hij hield hem omhoog en de lamp scheen erop alsof hij van goud was. Granma zei dat hij haar aan wilde kanaries deed denken. Het was de mooiste jas die we ooit gezien hadden. Mister Wine draaide hem om en om in het lamplicht en we stonden er allemaal naar te kijken. Granma raakte hem aan, maar ik niet.

Mister Wine zei dat hij altijd dingen vergat, wat ook zo was. Hij zei dat hij de jas voor een van zijn achterkleinkinderen

had gemaakt die aan de andere kant van de grote wateren woonden, maar hij had hem in de maat gemaakt die dat achterkleinkind jaren geleden had. Toen de jas klaar was, realiseerde hij zich pas dat hij helemaal niet paste. Nu was er niemand die hem aankon.
Mister Wine zei dat het een zonde was om iets weg te gooien wat nog door iemand gebruikt kon worden. Hij zei dat hij er zo over piekerde, dat hij niet kon slapen; hij werd oud en kon er niet nog een zonde bij hebben die op hem drukte. Hij zei dat als hij niemand kon vinden die hem het plezier wilde doen de jas te dragen, hij helemaal verloren zou zijn. We moesten hier allemaal even over nadenken.
Mister Wine boog het hoofd en keek alsof hij al verloren wàs. Ik zei tegen hem dat ik wel wilde proberen hem te dragen.
Mister Wine keek op en tussen zijn bakkebaarden brak een grijns door. Hij zei dat hij zo vergeetachtig was dat hij totaal vergeten was mij te vragen hem ter wille te zijn. Hij rechtte zijn rug en maakte een dansje en zei dat ik hem van een zonde had verlost en een zware last van zijn schouders had genomen. Wat ik deed.
Ze hielpen me met z'n allen in de jas. Granma trok aan de mouw, mister Wine streek de achterkant glad en Granpa trok de onderkant recht. Hij zat perfect. Ik had dezelfde maat als de maat die mister Wine zich had herinnerd van zijn achterkleinkind.
Ik draaide me om en om in het licht, zodat Granma alle kanten kon zien. Ik stak mijn armen uit, zodat Granpa de mouwen kon zien, en we voelden er allemaal aan. Hij was zacht en gleed zachtjes en gemakkelijk door onze handen. Mister Wine was zo blij dat hij moest huilen.
Ik droeg mijn jas toen we aan de warme maaltijd zaten en hield mijn mond zorgvuldig boven het bord, zodat ik er niet op zou morsen. Ik had er wel in willen slapen, maar Granma zei dat hij dan zou kreuken. Ze hing hem aan de stijl van mijn bed, zodat ik ernaar kon kijken. Het maanlicht, dat door mijn raam naar binnen scheen, deed hem nog meer glanzen.

Toen ik daar naar de jas lag te kijken, nam ik me meteen voor dat ik hem voortaan naar de kerk en naar het dorp zou dragen. Ik deed hem misschien zelfs aan naar de winkel op de kruising, als we onze waren gingen afleveren. Het scheen me toe dat hoe meer ik hem zou dragen, hoe meer zondes van de schouders van mister Wine zouden afglijden.
Mister Wine sliep op een doorgestikt matrasje. Hij spreidde het uit op de vloer van de woonkamer, aan de andere kant van de honderenbaan, tegenover onze slaapkamers. Ik vertelde hem dat hij in mijn bed mocht slapen, aangezien ik zin had om op een matras te slapen, maar dat wilde hij niet.
Die nacht, toen ik in bed lag, moest ik er op de een of andere manier aan denken dat, ook al deed ik mister Wine een plezier, ik hem misschien toch moest bedanken voor de gele jas. Ik kroop uit bed, sloop op mijn tenen over de honderenbaan en opende voorzichtig de deur. Mister Wine zat geknield en met gebogen hoofd op zijn mastrasje. Ik begreep dat hij aan het bidden was.
Hij dankte voor een kleine jongen die hem zo veel geluk had gebracht; ik dacht dat dat zijn achterkleinkind aan de andere kant van de grote wateren was. Hij had een kaars op de keukentafel aangestoken. Ik bleef stilletjes staan want Granma had me geleerd geen lawaai te maken als mensen aan het bidden waren.
Plotseling keek mister Wine op en zag me. Hij zei dat ik binnen moest komen. Ik vroeg hem waarom hij de kaars had aangestoken terwijl we een lamp hadden.
Mister Wine zei dat al zijn familie over de grote wateren woonde. Hij zei dat het onmogelijk was om bij hen te zijn. Hij zei dat hij de kaars op bepaalde momenten aanstak, en zij staken op hetzelfde moment ook een kaars aan, en als ze dat deden waren ze samen, want hun gedachten waren samen. Wat redelijk klinkt.
Ik vertelde hem dat wij familie ver weg in de Nations hadden wonen en dat wij nog niet zo'n manier bedacht hadden om bij ze te zijn. Ik vertelde hem over Willow John.
Ik zei dat ik Willow John over de kaars ging vertellen. Mister

Wine zei dat Willow John het zou begrijpen. Ik vergat helemaal om mister Wine voor de gele jas te bedanken.
De volgende morgen vertrok hij. We hielpen hem over de beek. Granpa had een hickoryhouten stok gesneden en mister Wine gebruikte die bij het lopen.
Leunend op de stok liep hij, langzaam en waggelend, langs het pad. Hij liep krom onder het gewicht van de mars. Toen hij al een tijdje uit het gezicht verdwenen was herinnerde ik me pas wat ik vergeten was. Ik rende hem achterna, maar hij was al een heel eind. Behoedzaam vervolgde hij zijn weg. Ik schreeuwde: ‘Bedankt voor de gele jas, mister Wine.’ Hij draaide zich niet om en hoorde me dus niet. Mister Wine had niet alleen een slecht geheugen; zijn gehoor was ook niet wat het zijn moest. Ik bedacht, terwijl ik weer terugliep, dat hij altijd alles vergat en dat hij dus ook wel zou begrijpen dat ik ook wel eens wat vergat.
En het belangrijkste was, ik deed hem een plezier door die gele jas te dragen.

Weg uit de bergen

Dat jaar viel de herfst in de bergen vroeg in. Eerst, langs de bergranden, hoog tegen de lucht, wiegden de rood met gele bladeren in een frisse wind. De vorst had ze beroerd. De zon werd amberkleurig en wierp schuine stralen door de bomen en in het dal.

Elke ochtend daalde de vorst verder langs de berghelling naar beneden. Een timide vorst, die niet doodde maar je liet weten dat je de zomer net zomin kon vasthouden als de tijd, en dat het sterven van de winter er aankwam.

Het najaar is de genadetijd van de natuur en geeft je een kans om dingen in orde te maken voor het sterven begint. En dus, als je die dingen in orde maakt, kijk je naar alles wat je moet doen... en alles wat je niet gedaan hebt. Het is een tijd voor herinneringen... en spijt, en wensen dat je dingen had gedaan die je niet gedaan hebt... en dingen gezegd die je niet gezegd hebt.

Ik wou dat ik mister Wine bedankt had voor de gele jas. Hij kwam die maand niet. We zaten op de veranda in de late avonden en keken naar het dalpad, en we luisterden; maar hij kwam niet. Granpa en ik besloten dat we naar het dorp zouden gaan om te kijken wat er met hem aan de hand was.

De vorst beroerde het dal; lichtjes, amper een herinnering. Hij kleurde de dadelpruim rood en omlijstte de bladeren van de populier en de esdoorn met geel. De dieren die bleven overwinteren, begonnen harder te werken om hun voorraden aan te vullen, zodat ze niet zouden omkomen.

Blauwe gaaien trokken lange strepen, vlogen heen en terug naar de hoge eiken, droegen eikels naar hun nest. Nu speelden of riepen ze niet.

De laatste vlinder vloog door het dal. Hij rustte uit op een maïsstengel waar Granpa en ik de maïs al vanaf geplukt hadden. Hij trok zijn vleugels niet in, zat daar maar te wachten. Het had voor hem geen zin om voedsel in te slaan. Hij zou toch doodgaan en dat wist hij. Granpa zei dat hij wijzer was dan vele mensen. Hij kniesde er niet over. Hij wist dat zijn leven zinvol was geweest en zijn doel was nu te sterven. Dus wachtte hij daar op de dood, in de laatste warmte van de zon.

Granpa en ik haalden hout voor het fornuis en de open haard. Granpa zei dat we de hele zomer als sprinkhanen hadden rondgesprongen en nu werden gedwongen de warmte voor de komende winter te regelen. Wat inderdaad zo was.

We sleepten dode boomstammen en zware takken van de berghelling naar de open plek. De bijl van Granpa schitterde in de avondzon en galmde en echode door het dal. Ik sleepte houtsnippers binnen voor de keukenmand en stapelde de openhaardblokken tegen de zijkant van het huisje.

Dat is waar we mee bezig waren toen de politici kwamen. Ze zeiden dat ze geen politici waren, maar dat waren ze wel. Een man en een vrouw.

Ze namen de uitnodiging om in de schommelstoelen te gaan zitten niet aan, maar gingen stijf rechtop op de stoelen met hoge rug zitten. De man droeg een grijs pak en de vrouw droeg een grijze jurk. De jurk zat zo strak bij haar hals dat ik dacht dat ze er daarom zo uitzag als ze eruitzag. De man hield zijn knieën bij elkaar als een vrouw. Hij hield zijn hoed op zijn knieën en was zenuwachtig, want hij draaide de hoed voortdurend rond. De vrouw was niet zenuwachtig.

De vrouw zei dat ik de kamer uit moest, maar Granpa zei dat ik overal bij zat waar maar bij te zitten viel. Dus bleef ik in mijn schommelstoeltje zitten en schommelde.

De man schraapte zijn keel en zei dat mensen zich zorgen maakten over mijn opvoeding en zo. Hij zei dat ik naar school moest. Granpa zei dat ik al les kreeg. Hij vertelde hun wat mister Wine had gezegd.

De vrouw vroeg Granpa wie mister Wine was en hij vertelde haar alles over mister Wine, al zei hij er niet bij dat mister Wine altijd alles vergat. De vrouw snoof en streek de hele

tijd haar rok glad, alsof ze dacht dat mister Wine in de buurt was en probeerde onder haar rok te kijken.
Ik zag meteen dat mister Wine in haar ogen niets te betekenen had; en wij ook niet. Ze gaf Granpa een vel papier dat hij doorgaf aan Granma.
Granma stak de lamp aan en ging aan de keukentafel zitten om het papier te lezen. Ze begon hardop, maar stopte op een gegeven moment. De rest las ze voor zichzelf. Toen ze uitgelezen was stond ze op, leunde voorover... en blies de lamp uit.
De politici wisten wat dat betekende. Ik wist het ook. Ze stonden op in het halfduister en stommelden naar buiten. Ze zeiden geen gedag.
We wachtten in het donker, een hele tijd nadat ze vertrokken waren. Granma stak de lamp weer aan en we schaarden ons rond de keukentafel. Ik zag niet wat er op het vel papier stond, aangezien mijn hoofd net boven de tafelrand uitkwam, maar ik luisterde.
Het papier zei dat een paar mensen de wet in de arm hadden genomen. Er stond in dat mij geen recht werd gedaan. Het papier zei dat Granma en Granpa niet het recht hadden mij te houden; dat ze oud waren en geen opleiding hadden. Er stond in dat Granma een Indiaanse was en Granpa een halfbloed. En Granpa had een slechte reputatie.
Het papier zei dat Granma en Granpa egoïstisch waren en dat ik daardoor voor de rest van mijn hele leven belemmerd werd. Ze waren egoïstisch, stond erin, omdat ze alleen een prettige oude dag wilden en mij min of meer gebruikten om die te krijgen.
Er stonden ook dingen over mij in, maar Granma wilde die niet hardop voorlezen. Er stond in dat Granpa en Granma zoveel dagen hadden om voor de rechter te verschijnen en op de klacht te reageren. Anders zou ik in een weeshuis worden geplaatst.
Granpa was helemaal verbijsterd. Hij nam zijn hoed af en legde hem op tafel, en zijn hand beefde. Hij wreef met zijn hand over zijn hoed en zat daar maar naar de hoed te kijken en hem te wrijven.

Ik ging in mijn schommelstoel bij de haard zitten en schommelde. Ik vertelde Granma en Granpa dat ik het idee had dat ik mijn woordenboekstudie wel kon opvoeren naar tien woorden per week. Ik zei hun dat ik er hoogstwaarschijnlijk nog veel meer per week kon leren, misschien wel honderd. Ik leerde al lezen en ik vertelde hun dat ik meteen al wel gezien had dat ik mijn lezen ook moest verdubbelen, en ik herinnerde hen eraan wat mister Wine over mijn rekenen had gezegd; wat, ook al telde hij dan niet voor de politici, toch aantoonde dat ik vooruitging.
Ik praatte maar door en wist van geen ophouden. Ik probeerde te stoppen, maar dat lukte niet. Ik schommelde harder en harder en praatte sneller en sneller.
Ik vertelde Granpa dat ik op geen enkele manier belemmerd was; dat ik dacht dat ik zo'n beetje overal in kon meekomen. Granpa reageerde niet. Granma hield het papier vast en staarde ernaar.
Ik zag dat ze dachten dat ze waren, zoals het papier zei dat ze waren. Ik zei dat dat niet zo was. Ik zei dat het andersom was; dat zij mij juist een prettig leventje gaven en dat ik hoogstwaarschijnlijk het ergst was dat hun in hun leven was overkomen. Ik vertelde Granpa dat ik een behoorlijke last voor ze was en dat zij op geen enkele manier een belemmering voor mij vormden. Ik vertelde hun dat ik klaar was om dat tegen de wet te zeggen. Maar ze zeiden niets.
Ik zei dat ik ook op andere manieren veel verder was gekomen, dat ik zelfs al een vak aan het leren was. Ik vertelde Granpa dat ik er absoluut zeker van was dat geen kind van mijn leeftijd een vak leerde.
Granpa keek me voor het eerst aan. Zijn ogen stonden dof. Hij zei dat we misschien, gezien de wet, maar niet over onze handel moesten beginnen.
Ik liep naar de tafel en kroop bij Granpa op de knie. Ik zei tegen hem en Granma dat ik niet met de wet zou meegaan. Ik zei dat ik de bergen in zou gaan en bij Willow John zou blijven tot de wet de hele zaak vergeten was. Ik vroeg Granma wat een weeshuis was.
Granma keek me aan over de tafel. Haar ogen zagen er ook

niet uit zoals het hoorde. Granma zei dat een weeshuis een huis was waar kinderen waren die geen pa en ma hadden. Ze zei dat er een hele hoop kinderen waren. Ze zei dat de wet naar me zou gaan zoeken als ik naar Willow John ging.
Ik begreep meteen dat de wet onze distilleerderij misschien zou vinden als ze gingen zoeken. Ik had het niet meer over Willow John.
Granpa zei dat we de volgende morgen naar het dorp zouden gaan om de zaak aan mister Wine voor te leggen.
We vertrokken bij het ochtendgloren, over het pad. Granpa had het papier meegenomen om aan mister Wine te laten zien. Granpa wist waar hij woonde en toen we in het dorp aankwamen, sloeg hij een zijstraat in. Mister Wine woonde boven een levensmiddelenzaak. We beklommen een lange ladder, die wiebelde toen we aan de zijkant van de winkel naar boven klommen. De deur zat op slot. Granpa trok eraan en klopte erop... maar niemand reageerde. Er zat stof op het glas en Granpa veegde het weg om naar binnen te kijken. Hij zei dat er niets was.
Langzaam daalden we de ladder af. Ik volgde Granpa naar de voorkant van de levensmiddelenwinkel en we gingen naar binnen.
We kwamen uit het zonlicht en binnen was het donker. Granpa en ik stonden een minuut aan het donker te wennen. Een man leunde tegen de toonbank.
'Hallo,' zei hij, 'zeg het maar.' Zijn buik hing over zijn broekriem.
'Hallo,' zei Granpa, 'we waren op zoek naar mister Wine, die boven uw winkel woont.'
'Zo heet hij niet,' zei de man. Hij had een tandenstoker in zijn mond die hij van de ene mondhoek naar de andere schoof. Hij zoog op de tandenstoker, haalde hem uit zijn mond en fronste ernaar alsof hij een vieze smaak had.
'Sterker nog,' zei hij, 'hij heeft helemáál geen naam meer. Hij is dood.'
Granpa en ik waren verbijsterd. We zeiden niets. Ik voelde me hol van binnen en mijn knieën knikten. Ik had er zo op gerekend dat mister Wine de kwestie voor ons zou regelen.

Ik denk dat Granpa daar ook zwaar op gerekend had, want hij wist niet wat hij nu moest.
'Bent u Wales?' vroeg de dikke man.
'Ja,' zei Granpa. De dikke man verdween achter de toonbank, greep eronder en haalde een plunjezak te voorschijn. Hij zwaaide hem op de toonbank. Hij zat helemaal vol.
'De ouwe heeft dit hier voor u achtergelaten,' zei hij. 'Kijk maar, een kaartje. Daar staat uw naam op.' Granpa keek op het kaartje, ook al kon hij 't niet lezen.
'Hij had overal kaartjes aangehangen,' zei de dikke man. 'Hij wist dat hij ging sterven. Hij had zelfs een kaartje om zijn pols gehangen, zodat ze wisten waar zijn lichaam heen moest. En hij wist ook precies wat dat kostte... hij had het geld in een envelop gestopt... tot op de cent nauwkeurig. Gierig. Geen cent nagelaten. Precies wat je van die verdomde joden kan verwachten.'
Granpa staarde de man van onder zijn hoed doordringend aan. 'Hij heeft toch wel zijn huur betaald?'
De dikke man werd serieus. 'O ja... ja... ik had niets tegen de ouwe, ik kende hem niet eens. Niemand kende hem goed. Hij was de hele tijd in de bergen.'
Granpa slingerde de plunjezak over zijn schouder. 'Kunt u mij ook een advoceerder wijzen?' De dikke man begreep kennelijk wat Granpa bedoelde, want hij wees naar de overkant. 'Hier recht tegenover, de trap op, tussen die twee gebouwen.'
'Bedankt,' zei Granpa. We liepen naar de deur.
'Het was heel eigenaardig,' zei de man voor we naar buiten gingen, 'die ouwe jood. Toen we hem vonden, hingen overal kaartjes aan, behalve aan een kaars. Die dwaas had hem aangestoken ook nog, hij brandde nog, pal naast hem.'
Ik wist hoe het zat met de kaars, maar ik zei niets. Ik wist ook hoe het met het geld zat. Mister Wine was niet gierig, hij was zuinig. Hij had zijn huur betaald en erop toegezien dat zijn geld op de juiste manier gebruikt werd.
We staken de straat over en klommen de trap op. Granpa sleepte de zak mee. Granpa klopte op een deur met glas erin. Op het glas stonden letters.

'Binnen... binnen!' De stem klonk alsof je niet geacht werd te kloppen. We gingen naar binnen.
Een man zat achterovergeleund in een stoel, achter een bureau. Hij had wit haar en zag er oud uit. Toen hij mij en Granpa zag stond hij op, heel langzaam. Granpa had zijn hoed afgenomen en de plunjezak neergezet. De man leunde voorover over zijn bureau en stak zijn hand uit. 'Mijn naam is Taylor,' zei hij, 'Joe Taylor.'
'Wales,' zei Granpa. Granpa pakte zijn hand, maar schudde hem niet. Hij liet hem los en gaf mister Taylor ons papier.
Mister Taylor ging weer zitten en haalde zijn bril uit een vestzakje. Hij leunde op het bureau en las het papier. Ik keek naar hem. Hij fronste zijn wenkbrauwen en keek een hele tijd op het papier.
Toen hij klaar was, vouwde hij het papier langzaam op en gaf het terug aan Granpa. Hij keek op. 'U hebt in de gevangenis gezeten... voor whisky maken?'
'Eén keer,' zei Granpa.
Mister Taylor stond op en liep naar een groot raam. Hij keek een hele tijd naar de straat. Hij zuchtte en keek niet naar Granpa. 'Ik kan uw geld wel aannemen, maar daar zou u niets mee opschieten. Regeringsbureaucraten die dit soort zaken regelen, begrijpen niets van de mensen in de bergen. Willen ze ook niet. Ik geloof niet dat die schoften ook maar iets begrijpen.' Hij staarde uit het raam naar iets in de verte. Hij kuchte. 'En al helemaal geen Indianen. We zouden het verliezen. Ze nemen de jongen mee.'
Granpa zette zijn hoed op. Hij had zijn beurs uit zijn broekzak getrokken, hem opengemaakt en erin gevoeld. Hij legde een dollar op het bureau van mister Taylor. We gingen. Mister Taylor keek nog steeds uit het raam.
We liepen het dorp uit, Granpa voorop met de plunjezak. Mister Wine was er niet meer. Ik wist dat we verloren hadden.
Het was de eerste keer dat ik Granpa makkelijk kon bijhouden. Hij liep langzaam. Zijn mocassins sleepten door het stof. Ik nam aan dat hij moe was. Op het pad vroeg ik hem: 'Granpa, wat is een verdomde jood?'

Granpa bleef staan en keek niet achterom naar mij. Zijn stem klonk ook moe. 'Ik weet het niet; er staat wel iets over ze in de Bijbel, ergens; het is al van heel vroeger.' Granpa draaide zich om. 'Als de Indianen... ik heb gehoord dat ze ook geen land hebben.' Granpa keek me aan. Zijn ogen waren als die van Willow John.

Granma stak de lamp aan. We openden de plunjezak op de keukentafel. Er zaten lappen in, rood en geel en groen, voor Granma; naalden, vingerhoeden en spoelen. Ik zei tegen Granma dat het erop leek dat mister Wine zo ongeveer zijn hele mars in deze zak had leeggeschud. Ze zei dat zij dat ook vond.

Er zat allerlei gereedschap in voor Granpa. En boeken. Een rekenboek en een klein zwart boekje waarvan Granma zei dat er waardevolle gezegdes in stonden voor mij. Er was ook een boekje met plaatjes van jongetjes en meisjes en honden. Er stonden ook letters in en het was splinternieuw, want het glom nog. Ik denk dat mister Wine het op zijn volgende trip had willen meenemen, als hij het niet vergeten was. Dat was alles dachten we.

Granpa raapte de lege zak op en wilde hem op de grond leggen. Er zat nog iets in. Granpa draaide hem om. Een rode appel rolde over de tafel. Het was de eerste keer dat mister Wine aan de appel gedacht had. Er rolde nog iets anders uit en Granma pakte het op. Het was een kaars en er zat zo'n kaartje van mister Wine aan. Granma las het. Willow John, stond erop.

We aten niet veel. Granpa vertelde over ons tochtje naar het dorp; over mister Wine en wat mister Taylor gezegd had.

Granma blies de lamp uit en we zaten bij de open haard in het halfdonker van een nieuwe maan, waarvan het schijnsel door het raam naar binnen viel. We staken de haard niet aan. Ik schommelde.

Ik zei tegen Granma en Granpa dat ze zich er niet vervelend onder moesten voelen. Ik zei dat ik dat niet deed. Hoogstwaarschijnlijk zou ik het weeshuis leuk vinden, met al die andere kinderen en zo. Ik zei dat het niet lang zou duren voor de wet tevredengesteld was, dat zat er dik in, en dan kon ik terugkomen.

Granma zei dat we nog drie dagen hadden en dan moest ik aan de wet worden overgeleverd. We praatten niet meer. Ik wist niet wat ik zeggen moest. We schommelden alle drie, onze stoelen kraakten zacht, het werd heel laat en we spraken niet. Toen we naar bed gingen, huilde ik voor het eerst sinds ma overleden was, maar ik stopte de deken in mijn mond en Granma en Granpa hoorden me niet.

We vulden die drie dagen helemaal op en leefden zo intensief als we konden. Granma ging steeds met mij en Granpa mee, langs de beek en door de Engte. We namen Blue Boy en de andere honden mee. Op een ochtend, toen het nog donker was, namen we het hoge pad. We gingen op de top van de berg zitten en zagen de dag aanbreken. Ik liet Granpa en Granma mijn geheime plek zien.

Granma morste met suiker in zo'n beetje alles wat ze kookte. Ik en Granpa aten er flink op los.

De dag voor ik zou vertrekken, smeerde ik hem over het korte pad naar de winkel op het kruispunt. Mister Jenkins zei dat de rood-met-groene doos al oud was en dus verkocht hij hem voor vijfenzestig cent, wat ik hem betaalde. Ik kocht een doos met rode snoepjes voor Granpa, die een kwartje kostte. Zo had ik nog een dubbeltje over van de dollar die ik van mister Chunk gekregen had.

Die avond knipte Granpa mijn haar. Hij zei dat dat moest, want het zou weleens moeilijk voor me kunnen worden als ik er als een Indiaan uitzag en zo. Ik zei tegen Granpa dat dat mij niet uitmaakte. Ik zei dat ik er net zo lief als Willow John zou uitzien.

Ik mocht mijn mocassins niet aan. Granpa rekte mijn oude schoenen op. Hij pakte een stuk ijzer, drukte dat in de schoenen en duwde het leer van de bovenkant iets hoger en wijder. Mijn voeten waren gegroeid.

Ik zei tegen Granma dat ik mijn mocassins onder mijn bed zou laten staan, omdat ik naar alle waarschijnlijkheid toch vrij snel weer terug zou zijn en dan zouden ze weer van pas komen. Mijn rendierhemd legde ik op het bed. Ik zei tegen Granma dat het daar wel kon blijven, omdat er toch niemand in mijn bed zou slapen tot ik terug was.

De rood-met-groene doos verstopte ik in de mand in de keuken, waar Granma hem over een dag of twee zou vinden; de doos met snoep voor Granpa verstopte ik in het jasje van zijn pak. Hij zou het zondag vinden. Ik had er maar één stukje uitgehaald, om het te proberen. Het was lekker.
Granma wilde niet mee naar het dorp voor mijn vertrek. Granpa wachtte voor het huis, Granma knielde neer op de veranda en omhelsde mij zoals ze Willow John altijd omhelsde. Ik omhelsde haar ook. Ik probeerde niet te huilen, maar ik huilde een beetje. Ik had mijn oude schoenen aan, die, als ik mijn tenen een beetje inhield, geen pijn deden. Ik droeg mijn beste overall en mijn witte hemd. Ik had de gele jas aan. In mijn tas had Granma nog twee shirts en mijn andere overall gedaan, en mijn sokken. Verder wilde ik niets mee, want ik wist dat ik terug zou komen. Dat zei ik tegen Granma.
Granma zat nog steeds op haar knieën en zei: 'Herinner je je de Hondsster, Little Tree? Die waar we in de schemering naar kijken?' Ik zei dat ik me die herinnerde. En Granma zei: 'Waar je ook bent - het maakt niet uit waar - kijk, in de avondschemering naar de Hondsster. Ik en Granpa kijken er ook naar. Dan denken we aan jou.' Ik zei haar dat ik ook aan hen zou denken. Het was net als met mister Wine en zijn kaars. Ik vroeg Granma om Willow John te vragen of hij ook naar de Hondsster wilde kijken. Ze zei dat ze dat zou doen.
Granma pakte me bij m'n schouders en keek me aan. 'De Cherokezen hebben jouw vader en moeder getrouwd,' zei ze. 'Zul je dat niet vergeten, Little Tree? Wat er ook gebeurt... vergeet het niet.'
Ik zei dat ik het zou onthouden. Granma liet me los. Ik pakte mijn tas en volgde Granpa. Op de boomstam over de beek keek ik achterom. Granma stond op de veranda. Ze stak een hand op, raakte haar hart aan en duwde de hand achter me aan. Ik wist wat ze bedoelde.
Granpa had zijn zwarte pak aan. Hij had zijn schoenen ook aan. Onwennig liepen we allebei op onze schoenen verder. Over het pad hingen pijnboomtakken die mijn armen grepen. Een tak van een eik stak zijn vingers uit en trok mijn tas van mijn schouder. Een dadelpruimbosje greep me bij een

been. De beek begon harder te stromen, te springen en kabaal te maken, een kraai scheerde over onze hoofden en kraste en kraste... en ging toen hoog in een boom zitten en kraste en kraste. Allemaal zeiden ze: 'Blijf bij ons, Little Tree... blijf bij ons, Little Tree...' Ik wist wat ze zeiden. Er kwam een waas voor mijn ogen en ik strompelde achter Granpa aan. De wind stak op en klaagde en wapperde aan mijn gele jas. Stervende rozen hingen over het pad en haakten zich aan mijn benen. Een treurduif riep, lang en eenzaam, en kreeg geen antwoord, dus wist ik dat ze mij riep.
Ik en Granpa hadden nogal wat moeite met het pad.
In het busstation wachtten we; ik en Granpa zaten op een bank. Ik had mijn tas op schoot. We wachtten op de wet.
Ik vertelde Granpa dat ik nauwelijks zag hoe hij het in de whiskyhandel moest redden nu ik er niet meer was om te helpen. Granpa zei dat het moeilijk zou worden. Hij zou dubbel zo hard moeten werken. Ik zei tegen Granpa dat het er dik in zat dat ik gauw weer terug zou zijn en dat hij niet lang dubbel zo hard hoefde te werken. Granpa zei dat dat er inderdaad dik in zat. We zeiden verder niet veel.
Aan de muur tikte een klok. Ik kon klokkijken en vertelde Granpa hoe laat het was. Er waren niet veel mensen in het busstation. Een vrouw en een man. Het waren moeilijke tijden, zei Granpa, de mensen reisden niet meer per bus. Dat was te duur.
Ik vroeg Granpa of je bij het weeshuis ook bergen had. Granpa zei dat hij het niet wist. Hij was er nooit geweest. We wachtten nog wat.
De vrouw kwam binnen. Ik kende haar; het was de vrouw in de grijze jurk. Ze kwam op mij en Granpa af en toen Granpa opstond gaf ze hem een paar papieren. Granpa stopte ze in zijn zak. Ze zei dat de bus wachtte. 'We willen geen gedonder nu,' zei ze. 'Laten we opschieten. Wat gebeuren moet, moet gebeuren; het is voor iedereen het beste.'
Ik wist niet waar ze het over had. Granpa ook niet. Ze was een en al bedrijvigheid. Ze had een koordje uit haar tasje gehaald en hing dat om mijn nek. Er zat een kaartje aan, zoals die kaartjes van mister Wine. Op het kaartje stond iets ge-

schreven. Ik en Granpa volgden haar door de achteruitgang van het station naar de bus.
Ik had mijn plunjezak over mijn schouder gegooid. Granpa knielde neer, bij de open deur van de bus, en omarmde mij zoals hij Willow John omarmde. Hij hield me heel lang in zijn armen, geknield op de stoeptegels. Ik fluisterde tegen Granpa. Ik zei: 'Waarschijnlijk ben ik zo weer terug.' Granpa kneep me zodat ik wist dat hij het gehoord had.
De vrouw zei: 'Je moet nu gaan.' Ik wist niet of ze het tegen mij had of tegen Granpa. Granpa stond op. Hij draaide zich om en liep weg en hij keek niet meer om.
De vrouw trok me overeind en zette me op de treeplank van de bus, wat ik best zelf had gekund. Ze zei tegen de buschauffeur dat hij op het kaartje om mijn nek moest kijken en dus ging ik voor hem staan, zodat hij het lezen kon.
Ik zei tegen de buschauffeur dat ik geen kaartje had en niet wist of ik wel meekon, omdat ik geen geld had. Hij lachte en zei dat de vrouw hem mijn kaartje had gegeven. Er zaten maar drie mensen in de bus. Ik liep naar achteren en ging bij een raam zitten waar ik Granpa misschien zou zien
De bus zette zich in beweging en reed het station uit. Ik zag de vrouw met de grijze jurk staan kijken. We reden door de straat, maar ik zag Granpa nergens. Toen zag ik hem. Hij stond op de hoek van de straat bij het busstation. Hij had zijn hoed naar voren getrokken en zijn handen hingen langs zijn zij.
We reden langs hem heen en ik probeerde het raam open te schuiven, maar wist niet hoe dat moest. Ik wuifde, maar hij zag me niet.
Toen de bus langsreed, rende ik helemaal naar achteren en keek uit de achterruit. Granpa stond er nog steeds, hij keek de bus na. Ik wuifde en riep: 'Dag Granpa. Ik ben vast heel snel terug.' Hij zag me niet. Ik riep nog iets. 'Ik ben vast zo weer terug, Granpa.' Maar hij stond daar maar. Hij werd kleiner en kleiner in de avondzon. Zijn schouders hingen. Granpa zag er oud uit.

De Hondsster

Wanneer je niet weet hoe ver je weggaat, is het ver. Niemand had het me verteld. Ik denk dat Granpa het ook niet wist.

Ik kon niet over de ruggen van de stoelen voor me kijken, dus keek ik uit het raam; huizen en bomen schoten voorbij, daarna alleen maar bomen. Het werd donker en ik zag niets meer.

Ik boog me opzij en keek door het pad naar voren. De weg voor ons glom in de lichten van de bus. Het was steeds hetzelfde.

We stopten bij een busstation in een andere stad en bleven een hele tijd staan, maar ik stond niet op, ik verroerde me niet. Ik dacht dat ik naar alle waarschijnlijkheid veiliger was waar ik zat.

Toen we de stad verlaten hadden was er niets meer om naar te kijken. Ik hield mijn plunjezak op schoot, want zo had ik Granpa en Granma dicht bij me. En hij rook een beetje naar Blue Boy. Ik dommelde in.

De buschauffeur wekte me. Het was ochtend en het motregende. We waren gestopt voor het weeshuis en toen ik uit de bus stapte stond een dame met wit haar onder een paraplu te wachten.

Ze had een zwarte jurk aan die tot op de grond hing en ze leek wel wat op de dame in de grijze jurk, maar ze was het niet. Ze zei niets. Ze boog zich over me heen en las wat er op mijn kaartje stond. Ze knikte tegen de buschauffeur en hij deed de deur dicht en vertrok. Ze rechtte haar rug, fronste een tijdje haar voorhoofd en zuchtte. 'Volg mij,' zei ze en ze ging me voor, heel langzaam, door een ijzeren poort. Ik hing mijn tas over mijn schouder en volgde haar.

Aan weerszijden van de poort stonden hoge olmen die met

hun takken ruisten en praatten toen we langskwamen. De dame schonk er geen enkele aandacht aan, maar ik wel. Ze hadden gehoord dat ik zou komen.
We liepen door een uitgestrekte tuin naar een paar gebouwen. Ik kon het makkelijk bijhouden. Toen we bij de deur van een gebouw aankwamen bleef de dame staan. 'Je gaat naar de dominee,' zei ze. 'Wees kalm, huil niet en toon respect. Je mag praten, maar alléén als hij je een vraag stelt. Begrepen?' Ik zei dat ik het begreep.
Ik volgde haar door een donkere hal en we gingen een kamer binnen. De dominee zat aan een bureau. Hij keek niet op. De dame zette me in een rechte stoel voor zijn bureau. Op haar tenen verliet ze de kamer. Ik zette mijn tas op schoot.
De dominee was druk aan het lezen. Hij had een roze gezicht, dat eruitzag of hij het altijd flink schrobde, want het glom. Hij had nauwelijks haar, hoewel ik bij z'n oren nog wel wat zag.
Aan de muur hing een klok en ik las hoe laat het was. Ik zei het niet hardop. Ik zag regen langs de ruit achter de dominee stromen. De dominee keek op.
'Houd op met je been te zwaaien,' zei hij. Hij zei het heel hard. Ik hield ermee op.
Hij bestudeerde de papieren voor hem nog wat. Toen legde hij ze neer, pakte een potlood en begon dat tussen zijn handen heen en weer te draaien. Hij zette zijn ellebogen op het bureau en leunde voorover, aangezien ik niet erg ver boven het bureaublad uitstak.
'Het zijn moeilijke tijden,' zei hij. Hij fronste alsof hij die moeilijke tijden onder zijn achterste voelde. 'De Staat heeft geen geld voor deze zaken. Onze kerk heeft ermee ingestemd je op te nemen, mogelijk tegen beter weten in, maar we hebben toegestemd.'
Ik begon me vervelend te voelen dat de kerk zich ook al met de zaak had moeten bemoeien. Ik zei niets, want hij had me niets gevraagd.
Hij draaide maar aan het potlood. Het was niet zuinig geslepen, want de punt was te dun. Ik dacht dat hij het minder nauw nam dan hij voorgaf. Hij ging verder. 'We hebben een

school waar je naartoe kunt. Je krijgt kleine klusjes opgedragen. Iedereen doet hier wat; daar ben je waarschijnlijk niet aan gewend. Je moet de regels volgen. Als je ze overtreedt, word je gestraft.' Hij kuchte. 'We hebben geen Indianen hier, halfbloed of anderszins. En je moeder en vader waren niet getrouwd. Je bent de eerste, de enige bastaard die we ooit hebben aangenomen.'

Ik vertelde hem wat Granma had gezegd; dat de Cherokezen mijn pa en ma getrouwd hadden. Hij zei dat het er in het geheel niet toe deed wat de Cherokezen gedaan hadden. Hij zei dat hij me niets gevraagd had. Wat hij inderdaad niet gedaan had.

Hij begon zich op te winden. Hij stond op en zei dat zijn kerk geloofde in aardig zijn tegen iedereen; aardig voor dieren, enzovoort.

Hij zei dat ik niet naar de kerkdiensten en de avonddiensten hoefde; omdat bastaardkinderen, volgens de Bijbel, toch niet gered konden worden. Hij zei dat ik wèl mocht luisteren, als ik stil was en achterin zat en nergens aan meedeed. Wat ik niet erg vond, aangezien Granpa en ik technisch gesproken toch niets in die hele toestand zagen.

Hij zei dat hij op de papieren op zijn bureau gezien had dat Granpa niet geschikt was om een kind op te voeden en dat mij waarschijnlijk geen enkele discipline was bijgebracht. Wat wel zo zou zijn, dacht ik. Hij zei dat Granpa in de gevangenis had gezeten.

Ik vertelde hem dat ik zelf bijna een keer was opgehangen. Hij hield zijn potlood stil en zijn mond viel op. 'Jij wàt?' riep hij.

Ik zei dat ik zelf bijna een keer door de wet was opgehangen; maar ik was ontkomen. Ik vertelde hem dat als de honden er niet geweest waren, ik waarschijnlijk zou zijn opgehangen. Ik vertelde hem niet waar de distilleerderij was; aangezien dat ertoe zou kunnen leiden dat Granpa en ik de whiskyhandel wel zouden kunnen opdoeken.

Hij ging weer achter zijn bureau zitten en begroef zijn gezicht in zijn handen, alsof hij huilde. Hj schudde zijn hoofd. 'Ik wìst dat het verkeerd was,' zei hij. Hij zei het twee of drie keer. Ik wist niet over wat voor verkeerds hij het had.

Hij zat zo lang met zijn hoofd in zijn handen te schudden dat ik dacht dat hij huilde. Ik begon het bijna net zo vervelend als hij te vinden en het speet me dat ik hem verteld had dat ik bijna een keer was opgehangen. Zo zaten we een poosje.

Ik zei dat hij niet moest huilen. Ik vertelde hem dat me niets gebeurd was en dat ik er nooit over had ingezeten. Ik vertelde hem echter wel dat ouwe Ringer gestorven was. Wat mijn schuld was.

Hij hief zijn hoofd op en zei: 'Mond dicht! Ik heb je niets gevraagd!' Wat waar was. Hij pakte zijn papieren. 'We zullen zien... we zullen het proberen, met Gods hulp. Het kan zijn dat je eigenlijk op een tuchtschool thuishoort,' zei hij.

Hij rinkelde met een belletje op zijn bureau en de dame schoot de kamer binnen. Ze had waarschijnlijk de hele tijd voor de deur gestaan.

Ze zei dat ik haar moest volgen. Ik pakte mijn tas, hing hem over mijn schouder en zei: 'Bedankt.' Ik zei er geen 'dominee' achteraan. Ook al was ik een bastaard en ging ik naar de hel, ik was niet van plan daar veel vaart achter te zetten, aangezien het nog niet was uitgemaakt of je nu 'dominee' of 'mister' moest zeggen. Zoals Granpa zei, als je niet gedwongen werd, had het geen enkele zin onnodige risico's te lopen.

De wind begon te loeien toen we de kamer verlieten en de regen kletterde tegen de ramen. De dame bleef staan en keek. De dominee draaide zich om en keek ook naar het raam. Ik wist dat het bericht van mijn komst vanuit de bergen was binnengekomen.

Mijn bed stond in een hoek. Het stond apart van de andere, op één na, dat vrij dicht bij het mijne stond. Het was een grote kamer en er sliepen zo'n twintig of dertig jongens. De meesten waren ouder dan ik.

Mijn taak was iedere ochtend en iedere avond de kamer aan te vegen. Dat deed ik met gemak; maar als ik niet goed genoeg onder de bedden veegde, liet de dame mij het overdoen. Wat vrij geregeld voorkwam.

Wilburn sliep op het bed dat het dichtst bij mijn bed stond. Hij was een stuk ouder dan ik; misschien wel elf. Hij zei dat hij twaalf was. Hij was lang en mager en zijn gezicht zat onder de sproeten. Hij zei dat hij nooit door iemand geadopteerd zou worden en dat hij hier zou moeten blijven tot hij achttien was. Wilburn zei dat het hem geen zak kon schelen. Hij zei dat als hij er uitkwam, hij terug zou komen om het weeshuis plat te branden.

Wilburn had een klompvoet. Het was zijn rechtervoet. De voet stond dwars naar binnen, zodat de tenen van die dikke voet bij het lopen langs zijn linkerbeen schaafden. Zijn rechterkant sprong zo'n beetje op en neer.

Wilburn en ik deden niet mee aan de spelletjes op de speelplaats. Wilburn kon niet hardlopen en ik denk dat ik te klein was en niet wist hoe je al die spelletjes speelde. Wilburn zei dat het hem niet kon schelen. Hij zei dat spelletjes voor kleuters waren. Waar hij gelijk aan had.

Wilburn en ik zaten tijdens het speelkwartier altijd onder een grote eik in de hoek van de speelplaats. Soms, als de bal onze kant opkwam, rende ik ernaartoe, pakte hem en gooide hem terug naar de jongens die ermee aan het spelen waren. Ik kon goed gooien.

Ik praatte tegen de eikeboom. Wilburn wist het niet, want ik gebruikte geen woorden. Ze was oud. De winter kwam eraan en ze was de meeste van haar fluisterende bladeren verloren maar ze gebruikte haar naakte vingers in de wind.

Ze zei dat ze slaperig werd, maar wakker zou blijven om het bericht naar de bomen in de bergen te sturen dat ik er was. Ze zei dat ze het op de wind zou sturen. Ik vroeg haar het ook tegen Willow John te zeggen, en ze zei dat ze dat zou doen.

Ik vond een blauwe knikker onder de boom. Je kon er helemaal doorheen kijken en wanneer je hem voor je ene oog hield en het andere dichtdeed, was alles blauw. Wilburn vertelde me wat het was, want ik had nog nooit een knikker gezien.

Hij zei dat knikkers niet waren om doorheen te kijken, maar om mee te knikkeren, op de grond; maar als ik dat deed, zou iemand hem van me afpakken, omdat iemand hem verloren had.

Wilburn zei dat deze knikker voor de eerlijke vinder was en de rest kon naar de hel lopen. Ik deed de knikker in mijn tas.
Af en toe gingen alle jongens op een rij in de hal staan en dan kwamen heren en dames binnen om ze te bekijken. Ze zochten iemand om te adopteren. De witharige dame die de leiding had zei dat ik niet in de rij moest staan. Wat ik niet deed.
Ik keek toe vanuit de deuropening. Je kon zo zien wie ze eruit pikten. Ze bleven staan voor degene die ze wilden en praatten met hem; en dan gingen ze met z'n allen het kantoortje binnen. Niemand praatte ooit tegen Wilburn.
Wilburn zei dat het hem geen zak kon schelen, maar dat kon het hem wel. Iedere keer dat de jongens in de rij moesten staan, trok Wilburn een schoon hemd en overall aan. Ik hield Wilburn in de gaten.
Als hij in de rij stond, grinnikte hij altijd tegen iedereen die langskwam en hij hield zijn klompvoet verscholen achter zijn andere been. Maar ze praatten niet tegen hem. Iedere nacht na de dag die ze in de rij hadden gestaan, plaste Wilburn in zijn bed. Hij zei dat hij dat expres deed. Hij zei dat hij het deed om te laten zien wat hij van hun stomme adopteergedoe vond.
Wanneer Wilburn in zijn bed had geplast, moest hij van de witharige dame zijn matras en dekens buiten in de zon te drogen leggen. Wilburn zei dat hem dat niets kon schelen. Hij zei dat als ze zo stom deden, dat hij dan iedere nacht in bed zou plassen.
Wilburn vroeg me wat ik ging doen als ik groot was. Ik vertelde hem dat ik een Indiaan zou worden, net als Granpa en Willow John, en dat ik in de bergen zou gaan wonen. Wilburn zei dat hij banken en weeshuizen ging beroven. Hij zei dat hij ook kerken zou beroven, als hij erachter kon komen waar ze hun geld bewaarden. Hij zei dat hij naar alle waarschijnlijkheid iedereen zou vermoorden die een bank of een weeshuis had, maar mij zou hij niet vermoorden.
Wilburn huilde 's nachts. Ik liet nooit merken dat ik het wist, want hij stopte zijn deken altijd in zijn mond, dus ik dacht dat hij niet wilde dat iemand erachter kwam. Ik vertelde Wil-

burn dat hij zijn voet vast weer recht kon laten zetten als hij uit het weeshuis kwam. Ik gaf hem mijn blauwe knikker.

In de avondschemering werden altijd kerkdiensten gehouden, vlak voor het eten. Ik ging niet en het eten sloeg ik ook over. Dat gaf me de kans naar de Hondsster te kijken. Niet ver van mijn bed was een raam en van daaruit kon ik de Hondsster heel goed zien. In de avondschemering kwam hij te voorschijn, zacht twinkelend, en hij werd helderder naarmate de nacht donkerder werd.

Ik wist dat Granma en Granpa ernaar keken, en Willow John. Ik bleef iedere avond een uur voor het raam staan en keek naar de Hondsster. Ik vertelde Wilburn dat als hij het eten een keer wilde overslaan, dat hij dan ook kon kijken, maar ze dwongen hem naar de kerk te gaan en het eten wilde hij niet opgeven. Hij keek nooit naar de Hondsster.

In het begin, wanneer ik ging kijken, probeerde ik overdag herinneringen te verzinnen waar ik 's avonds aan kon denken, maar ik ontdekte dat dat niet nodig was.

Ik hoefde alleen maar te kijken. Granpa stuurde mij de herinnering van mij en hem boven op de bergtop, kijkend naar de geboorte van de nieuwe dag, met de zon die fonkelend op het ijs scheen. Ik hoorde hem alsof hij naast me stond: 'Ze komt tot leven!' En ik, daar bij dat raam, zei dan: 'Ja, ze komt tot leven!'

Granpa en ik gingen weer op vossejacht terwijl ik naar de Hondsster keek; met Blue Boy en Little Red, en ouwe Rippitt en Maud. We lachten om ouwe Rippitt tot we bijna niet meer konden.

Granma stuurde herinneringen aan het knollen zoeken en de keren dat ze suiker in het eikeltjesmeel had gemorst. En de keer dat ze Granpa en mij op handen en knieën tussen de maïs had aangetroffen, balkend als ezels naar ouwe Sam.

Ze stuurde me een plaatje van mijn geheime plaats. De bladeren waren allemaal gevallen, roestbruin en geel op de grond. Rode looiersbomen omringden mijn geheime plek als brandende toortsen die niemand erlangs lieten behalve mij.

Willow John stuurde me plaatjes van de herten in de bergen. Ik en Willow John lachten over die keer dat ik de kikker in

zijn jaszak had gedaan. De plaatjes van Willow John werden vaak wazig, want Willow John was kwaad.
Elke dag keek ik naar de wolken en de zon. Als het bewolkt was, kon ik de Hondsster niet zien. Wanneer dat gebeurde, stond ik bij het raam en luisterde naar de wind.
Ik werd in een klas op de school geplaatst. We kregen rekenlessen, maar ik kon al rekenen, mister Wine had het me geleerd. Een grote dikke dame gaf de lessen. Ze was heel serieus en verdroeg geen enkel geintje of wat dan ook.
Eén keer hield ze een plaatje op waarop een kudde herten uit een beek kwam. Ze besprongen elkaar en het leek of ze duwden om uit het water te komen. Ze vroeg of iemand wist wat ze aan het doen waren.
Eén jongen zei dat ze ergens voor wegrenden, waarschijnlijk een jager. Een andere jongen zei dat ze niet van water hielden en renden om snel aan de overkant te komen. Ze zei dat dat juist was. Ik stak mijn hand op.
Ik had meteen gezien dat ze aan het paren waren; want het waren bokken die de hindes besprongen; en ik kon aan de bosjes en de bomen wel zien dat het de tijd van het jaar was om te paren.
De dikke dame was totaal verbijsterd. Ze opende haar mond, maar zei niets. Iemand lachte. Ze bracht haar hand naar haar voorhoofd, draaide met haar ogen en liet het plaatje vallen. Ik zag meteen dat ze misselijk was.
Ze wankelde een paar passen achteruit tot ze zichzelf weer onder controle had. Toen rende ze op me af. Iedereen werd stil. Ze greep me in m'n nekvel en begon me door elkaar te schudden. Haar gezicht werd rood en ze riep: 'Ik had het moeten wéten... we hadden het allemáál moeten weten... dat er alleen maar rottigheid... rottigheid... van jou zou komen... jij... kleine bàstaard!'
Ik had niet het flauwste benul waar ze zo over schreeuwde en wilde het graag rechtzetten. Ze schudde me nog een tijdje door elkaar en trok me toen uit de bank. Ze duwde me de klas uit.
We liepen door de gang naar het kantoor van de dominee. Ze liet me buiten wachten en deed de deur achter zich dicht. Ik hoorde ze praten, maar verstond niet wat ze zeiden.

Na een paar minuten kwam ze naar buiten en liep de gang in zonder nog naar mij te kijken. De dominee stond in de deuropening. 'Kom binnen,' zei hij, heel zacht. Ik ging naar binnen. Zijn lippen stonden een eindje van elkaar, alsof hij ging grijnzen, maar dat deed hij niet. Hij ging de hele tijd met zijn tong over zijn lippen. Er stond zweet op zijn gezicht. Hij zei dat ik mijn hemd moest uitdoen. Wat ik deed.
Ik moest mijn bretels van mijn schouders halen. Toen ik mijn hemd uithad moest ik mijn broek met beide handen ophouden. De dominee pakte een lange stok achter zijn bureau vandaan.
'Jij bent uit het kwaad geboren,' zei hij, 'dus ik weet dat er geen berouw in jou is, maar prijs de Heer, je zult leren je kwaad niet op christenen over te brengen. Je kunt geen berouw hebben... maar je zult het uitschreeuwen!'
Hij sloeg me met de grote stok op mijn rug. De eerste keer deed het pijn, maar ik huilde niet. Granma had het me geleerd. Toen een keer een nagel van mijn teen was gerukt... had ze me geleerd hoe de Indiaan pijn verdraagt. Hij laat zijn materiële geest in slaap vallen, verlaat zijn lichaam met zijn spirituele geest en zíet de pijn in plaats van de pijn te vóelen. De materiële geest voelt alleen lichamelijke pijn. De spirituele geest voelt alleen geestelijke pijn. Dus liet ik mijn materiële geest slapen.
De stok ranselde en ranselde mijn rug. Na een tijdje brak hij doormidden. De dominee pakte een andere stok. Hij hijgde. 'Het kwaad is koppig,' zei hij hijgend, 'maar prijs God, het recht zal zegevieren.'
Hij bleef met zijn nieuwe stok slaan tot ik erbij neerviel. Ik was wat wankel, maar ik stond op. Granpa zei dat als je op je voeten kon staan, het waarschijnlijk wel weer goedkwam.
De vloer helde een beetje, maar ik zag wel dat ik het zou halen. De dominee was buiten adem. Hij zei dat ik mijn hemd moest aantrekken. Wat ik deed.
Het hemd zoog wat bloed op, maar het meeste bloed was langs mijn benen in mijn schoenen gelopen, aangezien ik geen ondergoed had om het op te vangen. Dat maakte mijn voeten plakkerig.

De dominee zei dat ik naar bed moest gaan en een week geen avondeten mocht nemen. Wat ik toch al niet deed. Hij zei dat ik niet naar de klas mocht en een week lang de kamer niet uit mocht.
Het voelde prettiger zonder bretels, dus die avond, in de schemering, hield ik zelf mijn broek op toen ik bij het raam stond en naar de Hondsster keek.
Ik vertelde Granpa en Granma en Willow John wat er gebeurd was. Ik zei dat ik in de verste verte geen idee had hoe ik de dame misselijk had gemaakt en ook niet wat de dominee bezield had. Ik zei dat ik klaar had gestaan om het goed te maken, maar de dominee zei dat ik dat niet kon, aangezien ik slecht geboren was en niet wist hoe.
Ik vertelde Granpa dat het mij toescheen dat ik het op die manier nooit weer recht kon zetten. Ik zei dat ik naar huis wilde.
Het was de eerste keer dat ik kijkend naar de Hondsster in slaap viel. Wilburn maakte me wakker onder het raam toen hij terugkwam van het eten. Hij zei dat hij vroeg van tafel was gegaan om te kijken hoe het met me was. Ik sliep op mijn buik.
Wilburn zei dat als hij groot was en het weeshuis verliet en hij weeshuizen en banken en zo ging beroven, dat hij dan meteen de dominee zou vermoorden. Hij zei dat het hem niet kon schelen als hij naar de hel ging, zoals ik.
Iedere avond nadien, als de schemering de Hondsster meebracht, vertelde ik Granma en Granpa en Willow John dat ik naar huis wilde. Ik wilde de plaatjes die ze me zonden niet zien en ik wilde ook niet luisteren. Ik wilde naar huis. De Hondsster werd rood en verbleekte en werd weer rood.
Drie avonden later ging de Hondsster schuil achter zware wolkenbanken. De wind blies een lantaarnpaal omver en het weeshuis werd in donker gehuld. Ik wist dat ze het gehoord hadden.
Ik begon ze te verwachten. De winter kwam. De wind werd scherper en huilde 's nachts rond het gebouw. Sommige jongens vonden het niet prettig, maar ik wel.
Buiten bracht ik al mijn tijd onder de eikeboom door. Ze

werd verondersteld te slapen, maar ze zei dat ze wakker was, voor mij. Ze praatte langzaam en zacht.

Laat op een avond, vlak voor we weer naar binnen gingen, dacht ik dat ik Granpa zag. Het was een lange man en hij droeg een grote zwarte hoed. Hij liep van mij weg, langs de straat. Ik rende naar het ijzeren hek en riep: 'Granpa! Granpa!' Hij draaide zich niet om.

Ik rende langs het hek, zo ver ik kon, en hij was bijna uit het gezicht verdwenen. Ik schreeuwde zo hard als ik kon: 'Granpa! Ik ben het, Little Tree!' Maar hij hoorde me niet en was verdwenen.

De witharige dame zei dat het bijna Kerstmis was. Ze zei dat iedereen blij moest zijn en zingen. Wilburn zei dat ze allerlei liedjes zongen in de kerk. Hij zei dat ze die liedjes moesten leren en dat de lievelingetjes zich rond de dominee schaarden, als kippen met witte veren, en hun liedjes meekakelden. Ik kon ze aan het raam horen.

De witharige dame zei dat Sandy Claws of zo ook kwam. Wilburn zei dat het allemaal lulkoek was.

Twee mannen brachten een boom binnen. Ze droegen net zulke pakken als politici. Ze lachten en grinnikten en zeiden: 'Kijk eens, jongens, wat we hebben meegenomen. Is het niet prachtig? Is het niet geweldig? Jullie hebben je eigen kerstboom!'

De witharige dame zei dat hij heel mooi was en ze zei dat we tegen de twee politici moesten zeggen dat het heel fijn was en dat we ze moesten bedanken. Wat iedereen deed.

Ik deed het niet. Er was geen enkele reden om de boom te kappen. Het was een mannelijke boom en hij ging langzaam dood, daar in die hal.

De politici keken op hun horloge en zeiden dat ze niet lang konden blijven, maar ze wilden graag dat iedereen gelukkig was. Ze zeiden dat ze graag wilden dat iedereen wat rood papier zou pakken en dat in de boom hangen. Iedereen deed het, behalve Wilburn en ik.

De politici vertrokken en riepen: 'Zalig Kerstfeest!' We stonden allemaal in de hal en keken een poosje naar de boom.

De witharige dame zei dat het morgen kerstavond was en

dat Sandy Claws rond het middaguur met cadeautjes zou komen. 'Wat een rare tijd voor Sandy Claws om 's middags te komen,' zei Wilburn. De witharige dame fronste haar voorhoofd. 'Dat zeg je nou ieder jaar, Wilburn,' zei ze. 'Je weet heel goed dat Sandy Claws naar heel veel huizen moet. Je weet ook dat hij en zijn helpers het recht hebben om op kerstavond thuis te zijn, bij hun gezin. Je moet juist dankbaar zijn dat ze de tijd nemen om te komen en jou Kerstmis te geven.'
'Lulkoek,' zei Wilburn.
De volgende dag kwamen een stuk of vier, vijf auto's voorrijden. Er kwamen heren en dames uit met pakjes in de armen. Ze hadden gekke hoedjes op en sommigen hadden kleine belletjes bij zich. Ze rinkelden met de belletjes en riepen: 'Zalig Kerstfeest!' Ze riepen het aan een stuk door. Ze zeiden dat ze de helpers van Sandy Claws waren. Sandy Claws kwam als laatste binnen.
Hij had een rood pak aan en had een paar kussens onder zijn riem gestopt. Zijn baard was niet echt, zoals die van mister Wine. Hij was voorgebonden en hing slap onder zijn mond. Hij bewoog niet als hij praatte. 'Ho! Ho! Ho! Ho!' riep hij de hele tijd. Hij bleef het roepen.
De witharige dame zei dat we allemaal gelukkig moesten zijn en 'Zalig Kerstfeest!' naar hem moesten roepen. Wat iedereen deed.
Een dame gaf me een sinaasappel, waar ik haar voor bedankte. Ze bleef voor me staan en zei een paar keer: 'Wil je die lekkere sinaasappel niet opeten?' Dus at ik hem op terwijl zij toekeek. Hij smaakte goed. Ik bedankte haar nog een keer. Ik zei dat het een lekkere sinaasappel was. Ze vroeg me of ik er nog één wilde. Ik zei dat me dat lekker leek. Ze ging ergens heen, maar kwam niet weer terug. Wilburn kreeg een appel. Hij was niet zo groot als de appels waarvan mister Wine altijd vergat dat hij ze in zijn zak had.
Ik had meteen spijt dat ik geen stukje van mijn sinaasappel bewaard had, wat ik gedaan zou hebben als de dame me niet gedwongen had hem meteen op te eten. Dan had ik een stukje kunnen ruilen tegen een stukje van de appel van Wilburn. Ik was gek op appels.

De dames begonnen allemaal met hun belletjes te rinkelen en te roepen: 'Sandy Claws gaat de cadeautjes uitdelen! Allemaal in een kring! Sandy Claws heeft iets voor jullie!' We gingen in een kring zitten.
Als Sandy Claws je naam riep, moest je naar voren komen en je cadeautje van hem aannemen. Dan moest je voor hem staan terwijl hij over je haar streek. Daarna bedankte je hem. Eén van de dames stond meteen achter je te roepen: 'Maak je cadeautje open! Ga je dat mooie cadeautje niet openmaken?' Wat nogal verwarrend werd toen er meer cadeautjes werden uitgedeeld, met die dames die alle kanten op renden.
Ik kreeg mijn cadeautje en bedankte Sandy Claws. Hij wreef me over het hoofd en zei: 'Ho! Ho! Ho!' Een dame begon tegen me te schreeuwen dat ik het open moest maken; wat ik probeerde. Uiteindelijk kreeg ik de verpakking eraf.
Het was een kartonnen doos met een afbeelding van een dier erop. Wilburn zei dat het een leeuw was. In het doosje zat een gat en je moest een draadje door dat gat trekken, dan hoorde je een leeuw brullen, zei Wilburn.
Het draadje was gebroken, maar ik maakte het. Ik legde er een knoop in. De knoop paste niet door het gaatje, zodat de leeuw nauwelijks gromde. Ik zei tegen Wilburn dat het me eerder als een kikker in de oren klonk.
Wilburn kreeg een waterpistool, maar het lekte. Hij probeerde ermee te schieten, maar het water piezelde er zo'n beetje uit. Wilburn zei dat hij verder kon plassen.
Een dame kwam langs en deelde aan iedereen een zuurstok uit. Ik kreeg er ook één. Even later kwam ik haar weer tegen en ze gaf me er nog één. Die deelde ik met Wilburn.
Sandy Claws begon te roepen: 'Dag allemaal! Tot volgend jaar! Zalig kerstfeest!' Alle mannen en dames begonnen hetzelfde te roepen en met hun belletjes te rinkelen.
Ze liepen door de voordeur naar buiten, stapten in de auto's en vertrokken. Daarna werd het rustig. Wilburn en ik zaten tussen onze bedden op de grond.
Wilburn zei dat de heren en dames uit de stad kwamen en uit een of andere plaatselijke club. Hij zei dat ze hier ieder jaar kwamen om daarna met een gerust geweten dronken te

kunnen worden. Wilburn zei dat hij er genoeg van had. Hij zei dat als hij uit het weeshuis kwam, hij nooit meer, van z'n hele leven niet, aan Kerstmis zou doen.

Net toen het begon te schemeren, moesten ze allemaal naar de kerk voor kerstavond. Ik bleef alleen en terwijl de duisternis inviel hoorde ik ze zingen. Ik stond bij het raam. Het was een heldere avond en er stond vrijwel geen wind. Ze zongen over een ster, maar het was niet de Hondsster, want ik luisterde goed. Ik zag de Hondsster heel helder opkomen.

Ze bleven een hele tijd in de kerk om te zingen, dus ik kon naar de Hondsster kijken tot hij heel hoog stond. Ik vertelde Granma en Granpa en Willow John dat ik naar huis wilde.

Op eerste kerstdag hadden we een groot diner. Ieder kreeg een kippepoot of een stuk nek of maag. Wilburn zei dat het altijd zo ging. Hij zei dat ze volgens hem kippen fokten die alleen poten, nekken en magen hadden. Ik vond de mijne lekker en at hem helemaal op.

Na het eten mochten we doen wat we wilden. Het was koud buiten en iedereen bleef binnen behalve ik. Ik liep met mijn kartonnen doos naar de eikeboom en ging eronder zitten. Ik bleef er een hele poos.

Het begon bijna te schemeren en ik moest naar binnen, toen ik naar het gebouw keek.

Daar had je Granpa! Hij kwam het kantoor uit en liep naar me toe. Ik liet mijn kartonnen doos vallen en rende op hem af, zo hard als ik kon. Granpa knielde neer en we hielden elkaar vast en praatten niet.

Het begon donker te worden en ik kon het gezicht van Granpa niet eens zien onder zijn grote hoed. Hij zei dat hij was langsgekomen om te zien hoe ik het hier had, maar hij moest nu weer naar huis. Hij zei dat Granma niet kon komen.

Ik wilde mee, nog nooit had ik zo graag terug gewild, maar ik was bang dat ik Granpa daar moeilijkheden mee zou bezorgen. Dus zei ik niet dat ik naar huis wilde. Ik liep met hem naar de poort. We omarmden elkaar weer, maar Granpa liep weg. Hij liep langzaam.

Ik stond hem een minuut na te kijken. Het donker slokte hem op. Ik bedacht dat Granpa misschien het busstation wel

niet meer zou kunnen vinden. Ik volgde hem, hoewel ik zelf ook niet wist waar het busstation was, maar misschien kon ik hem helpen.
We liepen langs een weg, ik achter hem aan, en vervolgens liepen we door een paar straten. Ik zag Granpa een straat oversteken en achter het busstation uitkomen. Daar waren lampen. Ik bleef een beetje op de hoek rondhangen.
Het was stil, op eerste kerstdag, ik zag bijna niemand. Ik wachtte een poosje en riep: 'Granpa, ik kan je vast wel helpen met de letters op de bus.' Granpa was helemaal niet verrast. Hij wenkte me. Ik rende op hem af. We stonden achter het station, maar ik kon ook niet lezen waar we heen moesten.
Na een tijdje vertelde een luidspreker Granpa welke bus hij moest hebben. Ik liep met hem naar de bus. De deur was open en we stonden daar een poosje. Granpa keek om zich heen. Ik trok aan zijn broekspijp. Ik hield niet vast, zoals na de begrafenis van ma, maar ik trok zo'n beetje. Granpa keek. 'Granpa,' zei ik. 'Ik wil naar huis.'
Granpa keek me een hele poos aan. Toen bukte hij zich, tilde me op en zette me op de tree. Hij stapte zelf ook naar binnen en trok zijn beurs. 'Ik betaal voor mezelf en de jongen,' zei Granpa. Hij zei het hard en de buschauffeur keek hem aan maar lachte niet.
Granpa en ik liepen naar achteren. Ik hoopte dat de buschauffeur zou opschieten en de deur zou dichtdoen. Eindelijk deed hij het. We vertrokken en lieten het busstation achter ons.
Granpa legde een arm om me heen en tilde me op schoot. Ik legde mijn hoofd tegen zijn borst, maar ik sliep niet. Ik keek naar het raam. Er zat een dikke laag ijs op. Er was geen verwarming achter in de bus, maar dat maakte ons niet uit.
Granpa en ik gingen naar huis.

Zie de bergketen welven en golven
De nieuwe dag omlijsten en de zon verrijzen
En de lakens van de mist rond haar knieën slaan
En de wind met haar vingerbomen betokkelen
En zich met haar rug tegen de lucht schurken.

Kijk die wolkenbanken rollen en haar heupen strelen
Terwijl de takken en bosjes fluisterend druppelen
Hoor in haar baarmoeder nieuw leven ruisen
Voel de warmte van haar lichaam, de zoetheid van haar adem
En het ritme van de paring die dondert en roept.

Diep in haar buik kloppen aderen vol water
En zogen de gulzige wortels
En doen stromen uit haar borsten vloeien
Leven gevend aan haar kinderen die ze liefdevol wiegt
Op een melodie die opwelt vanuit haar binnenste
De melodie van het lied van het water.

Granpa en ik gingen naar huis.

Weer thuis

Daar reden we, terwijl de uren verstreken, het ene na het andere. Granpa en ik, mijn hoofd tegen zijn borst. We praatten niet, maar we sliepen ook niet. De bus stopte twee of drie keer bij een busstation, maar Granpa en ik bleven zitten. Misschien waren we bang dat er iets kon gebeuren waardoor we zouden worden opgehouden.

Het was vroeg in de ochtend, maar nog donker toen Granpa en ik langs de kant van de weg uit de bus stapten. Het was koud en er lag ijs op de grond.

We liepen langs de weg en volgden na een tijdje het karrespoor. Ik zag de bergen. Ze waren groot en donkerder dan het donker om ons heen. Ik moest me inhouden om niet te gaan rennen.

Tegen de tijd dat we het karrespoor verlieten en het pad insloegen, begon de duisternis te vervagen. Opeens zei ik tegen Granpa dat er iets niet goed was.

Hij bleef staan. 'Wat dan, Little Tree?'

Ik ging zitten en trok mijn schoenen uit. 'Ik denk dat ik het pad niet kon voelen, Granpa,' zei ik. De grond voelde warm, een warmte die helemaal door mijn benen naar boven trok.

Granpa lachte. Hij ging ook zitten, trok zijn schoenen uit en stopte zijn sokken erin. Toen stond hij op en gooide de schoenen terug naar de weg, zo ver als hij kon.

'En jullie kunnen die kistjes houden!' riep Granpa. Ik gooide de mijne ook terug naar de weg en riep hetzelfde; en Granpa en ik begonnen te lachen. We lachten tot ik viel en Granpa rolde zelf ook bijna over de grond en de tranen biggelden over zijn wangen.

We wisten niet precies waar we om lachten, maar het was grappiger dan wat dan ook waar ik ooit om gelachen had. Ik zei tegen Granpa dat als mensen ons konden zien, ze zou-

den zeggen dat we dronken waren van onze eigen whisky. Granpa zei dat dat best zo kon wezen... maar misschien *waren we wel dronken*, in zekere zin.
Toen we verder liepen, begon het eerste roze de bergtoppen te sieren. Het werd warm. Pijnboomtakken hingen laag over het pad, beroerden mijn gezicht en raakten me overal aan. Granpa zei dat ze wilden voelen of ik het inderdaad was.
Ik hoorde de beek, hij neuriede. Ik rende erheen, ging liggen en hing met mijn gezicht in het water terwijl Granpa wachtte. De beek klaterde in mijn gezicht, stroomde over mijn hoofd en voelde overal, en begon luider en luider te zingen.
Het was al licht toen we de boomstam over de beek konden zien liggen. De wind was opgestoken. Granpa zei dat hij niet kreunde of zuchtte, maar zong in de bomen, om iedereen in de bergen te vertellen dat ik thuis was. Ouwe Maud blafte.
'Koest, Maud!' riep Granpa. En daar kwamen de honden over de boomstam aanrennen.
Ze sprongen met z'n allen tegelijk boven op me en ik rolde over de grond. Ze likten mijn gezicht en elke keer dat ik probeerde op te staan sprong een van hen op mijn rug en daar ging ik weer.
Little Red begon een show op te voeren door steeds met alle vier poten in de lucht te springen en dan keffend rond te draaien. Maud begon ook en ouwe Rippitt probeerde het en tuimelde in de beek.
Granpa en ik riepen en lachten en dolden met de honden en zo liepen we naar de boomstam. Ik keek naar de veranda, maar Granma was er niet.
Ik was halverwege de boomstam en werd bang, want ik zag haar nergens. Iets zei me dat ik me om moest draaien. Daar stond ze.
Het was koud, maar ze had alleen een hertsleren jurk aan en haar haar glom in het ochtendlicht. Ze stond op de berghelling, onder de kale takken van een witte eik. Ze keek alsof ze naar Granpa en mij wilde kijken zonder gezien te worden.
'Granma!' riep ik, en viel van de boomstam. Het deed geen pijn. Ik plonsde in het water en het was warmer dan ik dacht. Granpa maakte een sprongetje en spreidde zijn benen.

'Whoooooeeee!' riep hij en landde in het water. Granma kwam de helling afrennen. Ze rende pardoes het water in, dook naar me toe en samen rolden we door de beek, spetterend en gillend en ook een beetje huilend, denk ik.
Granpa zat in de beek en gooide water in de lucht. De honden stonden allemaal op de boomstam en keken naar ons, stomverbaasd over het tafereel. Ze dachten dat we gek waren geworden, zei Granpa. Uiteindelijk sprongen ze er ook in.
Een kraai begon te krassen, hoog in een pijnboom. Hij scheerde laag over onze hoofden en vloog het dal in. Granma zei dat hij tegen iedereen ging vertellen dat ik thuis was.
Granma hing mijn gele jas bij de haard te drogen. Ik had hem aangehad toen Granpa naar het weeshuis kwam. Ik ging naar mijn kamer, trok mijn hertehemd aan, mijn bretels... en mijn mocassins.
Ik rende naar buiten, verder het dal in. De honden gingen mee. Ik keek achterom en zag Granpa en Granma op de veranda staan. Ze keken me na. Granpa was nog steeds op blote voeten en hij had een arm om Granma's schouder geslagen. Ik rende.
Ouwe Sam brieste toen ik langs de stal kwam en draafde ook een eindje mee. Ik rende verder, door de Engte, helemaal naar de Hangende Kloof, ik wilde gewoon blijven rennen. De wind zong in mijn oren en eekhoorns en wasbeertjes en vogels kwamen te voorschijn om te kijken en naar me te roepen terwijl ik langskwam. Het was een heldere wintermorgen.
Heel langzaam liep ik terug langs het pad, naar mijn geheime plek. Hij lag er precies zo bij als Granma geschetst had. Een dikke laag roestbruine bladeren bedekte de grond, de bomen waren kaal, alleen de looiersbomen waren vlammend rood en schermden mijn geheime plek af, zodat niemand hem kon zien. Ik lag een hele tijd op de grond en praatte tegen de slaperige bomen en luisterde naar de wind.
De pijnbomen fluisterden en de wind nam het over, ze begonnen te zingen: 'Little Tree is thuis... Little Tree is thuis! Luister naar ons lied! Little Tree is bij ons! Little Tree is te-

rug!' Ze neurieden het, heel laag eerst, maar steeds hoger, en de beek begon het mee te zingen. De honden hoorden het, want ze hielden op met snuffelen tussen de bladeren, spitsten hun oren en luisterden. De honden wisten het, kwamen dichter naar me toe en gingen liggen met een tevreden gevoel.
Die hele korte winterdag lag ik in mijn geheime plek. En mijn geest deed geen pijn meer. Ik was schoongewassen door het gevoelige lied van de wind en de bomen en de bergbeek en de vogels.
Hun maakte het niet uit, ze begrépen niet eens hoe de materiële geest werkt, net zo min als de materiële geest zich druk om hen maakt. Dus vertelden ze mij niet over de hel, vroegen ze me niet waar ik vandaan kwam en zeiden ze niets over het kwaad. Ze kenden die woordgevoelens niet; en na een poosje was ik ze ook weer vergeten.
Toen de zon achter de bergen was weggezakt en de laatste lichtstralen omhoog zond, liepen de honden en ik terug naar huis.
Het begon zacht te schemeren. Granma en Granpa zaten op de veranda en keken uit over het pad. Ze hadden op me gewacht en toen ik op de veranda stapte, bukten ze zich en hielden we elkaar vast. We hadden geen woorden nodig en we zeiden dus niets. We wisten het. Ik was thuis.
Toen ik die avond mijn hemd uittrok, zag Granma de littekens op mijn rug en ze vroeg me ernaar. Ik vertelde haar en Granpa wat er gebeurd was, maar ik zei dat het geen pijn deed.
Granpa zei dat hij het tegen de sheriff zou zeggen en dat niemand nog aan me mocht komen. Ik bleef hier. En ik wist dat wanneer Granpa zo vastbesloten was, ook niemand me meer zou komen halen. Granpa zei dat het maar beter was om Willow John niets over dat pak slaag te vertellen. Ik zei dat ik dat niet zou doen.
Die avond bij de open haard vertelde Granpa het. Hoe ze zich steeds naarder hadden gevoeld, terwijl ze naar de Hondsster keken, en toen, op een avond, het schemerde al, stond Willow John voor de deur.

Hij was helemaal door de bergen komen lopen. Hij zei niets, maar at met hen bij het licht van de vlammen. Ze staken de lamp niet aan en Willow John hield zijn hoed op. Hij sliep in mijn bed die nacht, maar toen ze de volgende morgen opstonden, zei Granpa, was Willow John verdwenen.

Die zondag, toen hij en Granma naar de kerk gingen, was Willow John er niet. Aan een tak van de grote olm waar we elkaar altijd troffen, vond Granpa een boodschapsriem. Die zei dat Willow John weer terug zou komen en dat alles goed was. De volgende zondag was de riem er nog steeds; maar de zondag daarna wachtte Willow John op hen. Hij vertelde niet waar hij geweest was, dus Granpa vroeg het hem niet.

Granpa zei dat de sheriff hem bericht had gestuurd dat hij naar het weeshuis moest komen en hij ging. Hij zei dat de dominee er beroerd uitzag en dat hij ontslagpapieren voor mij aan het ondertekenen was. Hij zei dat hij twee dagen door een wilde gevolgd was en dat de wilde uiteindelijk naar zijn kantoor was gekomen en had gezegd dat Little Tree weer naar huis moest, naar de bergen. Dat was het enige dat de wilde gezegd had, toen was hij weggelopen. De dominee zei dat hij geen moeilijkheden wilde met wilden en heidenen en zo.

Toen wist ik wie het was, die ik over de weg had zien weglopen en van wie ik gedacht had dat het Granpa was.

Granpa zei dat toen hij uit het kantoor kwam en mij zag, hij niet wist of ik liever bij al die andere kinderen was, of naar huis wilde. Hij wilde mij laten beslissen.

Ik zei tegen Granpa dat ik het meteen al geweten had, toen ik in het weeshuis aankwam.

Ik vertelde Granma en Granpa over Wilburn. Ik had mijn kartonnen doos onder de eik laten liggen en wist dat Wilburn hem daar vinden zou. Granma zei dat ze Wilburn een hertsleren hemd zou sturen. Wat ze deed.

Granpa zei dat hij hem een mes zou sturen, maar ik vertelde Granpa dat Wilburn de dominee daar hoogstwaarschijnlijk meteen mee zou neersteken. Granpa stuurde het niet. We hoorden nooit meer iets van Wilburn.

Toen we die zondag naar de kerk gingen, rende ik voor

Granma en Granpa uit. Willow John stond tussen de bomen, de oude hoed met de rechte rand boven op zijn hoofd. Ik rende zo hard als ik kon en greep Willow John rond zijn benen en drukte me tegen hem aan. 'Dank je wel, Willow John,' zei ik. Hij zei niets, maar raakte alleen mijn schouder aan. Toen ik opkeek, twinkelden en glinsterden zijn ogen, diep en zwart.

Het stervenslied

We kwamen de winter goed door, al moesten Granpa en ik flink kappen om de houtvoorraad op peil te houden. Granpa was achteropgeraakt en zei dat als ik niet was teruggekomen, ze die winter hoogstwaarschijnlijk bevroren zouden zijn. Wat inderdaad gebeurd zou zijn.
Het was een strenge winter. We moesten de leidingen in de distilleerderij meer dan eens met vlammen ontdooien, als we nog wat waren wilden leveren.
Granpa zei dat strenge winters af en toe nodig waren. Zo ruimde de natuur op, en deed alles beter groeien. Het ijs brak de zwakke takken van de bomen, zodat alleen de sterke het haalden. De kou ruimde de zachte eikels op, de kastanjes en walnoten, en zorgde voor sterkere gewassen in de bergen.
Het voorjaar kwam, het werd weer tijd om te planten. We legden een groter maïsveldje aan, zodat we in het najaar wat meer whisky konden produceren.
Het waren moeilijke tijden en mister Jenkins zei dat de whiskyhandel aantrok, terwijl verder alles minder werd. Hij zei dat hij dacht dat de mensen meer whisky moesten drinken om te vergeten hoe slecht het met ze ging.
Die zomer werd ik zeven. Granma gaf me de huwelijkstwijg van mijn pa en ma. Er zaten niet veel inkepingen in, want ze waren niet lang getrouwd geweest. Ik hing hem boven het hoofdeind van mijn bed.
De zomer maakte plaats voor de herfst en op een zondag kwam Willow John niet naar de kerk. We zagen hem niet onder de olm staan. Ik rende verder tussen de bomen en riep: 'Willow John!' Hij was er niet. We gingen niet naar de kerk, we gingen naar huis.
Granma en Granpa maakten zich zorgen. Ik ook. Hij had geen teken achtergelaten, want we hadden gezocht. Granpa

zei dat er iets mis was. Granpa en ik besloten hem te gaan opzoeken.

We vertrokken voor de dageraad, die maandagochtend. Bij het eerste daglicht passeerden we de winkel aan het kruispunt en de kerk. Daarna liepen we verder alleen nog maar steil naar boven.

Het was de hoogste berg die ik ooit beklommen had. Granpa moest langzamer lopen en ik kon hem makkelijk bijhouden. Het was een oud pad, nog nauwelijks als pad te onderscheiden, en het liep over een bergkam die langzaam steeg. Het pad liep zijwaarts de berg op, maar het bleef stijgen.

De bomen werden korter en waren verweerder. Boven op de berg zag ik een kleine kloof in de andere helling, niet diep genoeg om van een dal te spreken. Bomen groeiden tegen de zijkant op en naalden vormden een tapijt. Daar was de hut van Willow John.

Hij was niet van grote blokken gebouwd, zoals ons huisje, maar van kleine stammetjes. Het stond tussen de bomen, tegen een wand van de kloof, beschermd tegen weer en wind. We hadden Blue Boy en Little Red meegenomen. Toen ze de hut zagen, staken ze hun neus in de wind en begonnen te janken. Dat was geen goed teken. Granpa ging het eerst naar binnen. Hij moest bukken om door de deur te kunnen. Ik volgde hem.

Er was maar één kamer in de hut. Willow John lag op een bed van hertevellen, die over lange takken waren gespannen. Hij was naakt. Eén hand lag als verlamd op de grond.

'Willow John!' fluisterde Granpa.

Willow John opende zijn ogen. Zijn ogen staarden in de verte, maar hij grinnikte. 'Ik wist dat jullie zouden komen,' zei hij, 'daarom heb ik gewacht.' Granpa vond een ijzeren pot en stuurde mij naar buiten om water te halen. Ik vond het achter de hut, het drupte van de rotsen.

Net om de hoek van de deur was een vuurplaats. Granpa stookte een vuurtje en hing de pot erboven. Hij liet stukken hertevlees in het water glijden. Nadat ze gekookt hadden, hield hij het hoofd van Willow John in zijn arm en lepelde de bouillon naar binnen.

Uit een hoek pakte ik wat dekens waarmee we Willow John toedekten. Hij deed zijn ogen niet open. De avond viel. Granpa en ik hielden het vuur aan de gang. De wind floot rond de berg en huilde aan de hoeken van de hut.
Granpa zat met gekruiste benen voor het vuur en het licht flikkerde over zijn gezicht dat steeds ouder leek te worden... het zat vol rotsspleten en kloven in de schaduwen van zijn jukbeenderen. Op het laatst zag ik alleen nog maar de ogen, die in de vlammen staarden; er lag een donkere gloed in, niet vurig, maar als as die nagloeit. Ik ging naast het vuur liggen en viel in slaap.
Het was ochtend toen ik wakker werd. De vlammen hielden de mistflarden buiten de deur. Granpa zat nog steeds bij het vuur, alsof hij zich de hele nacht niet verroerd had, al wist ik dat hij het brandende had gehouden.
Willow John bewoog. Granpa en ik liepen naar het bed, zijn ogen waren open. Hij stak een hand op en wees. 'Breng me naar buiten.'
'Het is koud buiten,' zei Granpa.
'Dat weet ik,' fluisterde Willow John.
Het kostte Granpa de nodige moeite om Willow John in zijn armen op te tillen, want hij hing helemaal slap. Ik probeerde te helpen.
Granpa droeg hem naar buiten en ik sleepte het bed achter hem aan. Granpa klauterde de kloof uit, naar een hoog punt, en daar legden we Willow John weer op zijn bed. We wikkelden hem in dekens en trokken hem zijn mocassins aan. Granpa vouwde een paar huiden en legde die als een kussen onder zijn hoofd.
De zon brak achter ons door en joeg de mistflarden de diepten in, op zoek naar de laatste schaduwen. Willow John keek naar het westen, over de wilde bergen en diepe dalen, zo ver als je zien kon; naar de Nations.
Granpa ging naar de hut en kwam terug met het lange mes van Willow John. Hij legde het in zijn hand. Willow John hief het mes en wees ermee naar een oude spar die helemaal krom en verdraaid was. 'Als ik weg ben,' zei hij, 'leg het lichaam dan daar, dicht bij haar. Ze heeft veel jongen gewor-

pen en me verwarmd en beschermd. Het zal goed voor haar zijn. Het voedsel zal haar nog twee seizoenen geven.'
'We zullen het doen,' zei Granpa.
'Zeg tegen Bee,' fluisterde Willow John, 'dat de volgende keer beter zal zijn.'
'Dat zal ik doen,' zei Granpa.
Hij ging bij Willow John zitten en pakte zijn hand. Ik ging aan de andere kant zitten en pakte zijn andere hand.
'Ik zal op jullie wachten,' zei Willow John tegen Granpa.
'We zullen er zijn,' zei Granpa.
Ik zei tegen Willow John dat het waarschijnlijk de griep was; Granma had gezegd dat bijna iedereen die kreeg. Ik zei tegen hem dat het bijna wel zeker was dat we hem weer op de been konden krijgen, en dan konden we naar ons huis gaan. Daar konden we hem verzorgen. Ik zei dat we hem alleen maar op de been hoefden te krijgen, dan haalde hij het zeer waarschijnlijk wel.
Hij grinnikte naar me en kneep in mijn hand. 'Jij bent moedig, Little Tree; maar ik wil niet blijven. Ik wil gaan. Ik wacht op je.'
Ik huilde. Ik vroeg Willow John of hij niet nog een tijdje langer kon blijven, misschien kon hij dan volgend jaar gaan, als het wat warmer was. Ik zei dat de hickorynoten dit jaar goed zouden zijn. En dat je zo wel kon zien dat de herten dit jaar vet zouden zijn.
Hij grinnikte, maar antwoordde niet.
Hij keek ver weg over de bergen, naar het westen; alsof ik en Granpa er niet meer waren. Hij begon zijn stervenslied, om de geesten te laten weten dat hij er aankwam. Het doodslied. Het begon laag in zijn keel en rees hoger en begon dunner te worden.
Na een poosje kon je niet meer zeggen of het de wind was of Willow John die je hoorde. Zijn ogen werden doffer en zijn keelspieren bewogen zich steeds zwakker.
Granpa en ik zagen de geest in zijn ogen verder wegglijden en we voelden hoe de geest zijn lichaam verliet. Toen was hij weg.
De wind ruiste om ons heen en deed de oude spar nog ver-

der doorbuigen. Granpa zei dat dat Willow John was; hij had een sterke geest. We keken ernaar, hij ruiste door de boomtoppen op de hellingen, gleed langs de berg naar beneden en deed een zwerm kraaien opvliegen. Ze krasten en krasten en vlogen met Willow John mee, dieper het dal in.
Granpa en ik keken hem na. Hij verdween achter de bergen. We bleven een hele tijd zitten.
Granpa zei dat Willow John terug zou komen, dat we hem zouden voelen in de wind en horen op de pratende vingers van de bomen.
Granpa en ik namen onze lange messen en groeven het gat, zo dicht bij de oude sparreboom als we het krijgen konden. We groeven diep. Granpa wikkelde nog een deken rond het lichaam van Willow John en we legden het in het gat. Hij legde de hoed van Willow John ook in het gat en het lange mes liet hij in Willows hand zitten, die het stevig omklemd hield. We stapelden flink wat zware rotsblokken op het lichaam van Willow John. Granpa zei dat de wasberen weggehouden moesten worden, want Willow John was vastbesloten dat de boom haar voedsel moest hebben.
De zon ging al onder toen ik Granpa volgde, de berg af. We hadden de hut achtergelaten zoals we hem aangetroffen hadden. Granpa droeg een hertsleren hemd van Willow John bij zich om dat aan Granma te geven.
Toen we in ons dal aankwamen, was het na middernacht. Ik hoorde een treurduif roepen in de verte. Er kwam geen antwoord. Ik wist dat hij voor Willow John riep.
Granma stak de lamp aan toen we binnenkwamen. Granpa legde het hemd van Willow John op de tafel en zei niets. Granma begreep het.
We gingen niet meer naar de kerk. Dat kon me niet schelen, want Willow John was er toch niet.

We zouden nog twee jaar samen hebben; Granpa, Granma en ik. Misschien wisten we dat onze tijd ten einde liep, maar we spraken er niet over. Granma ging nu overal mee naartoe met Granpa en mij. We leefden intens. We wezen elkaar op dingen als de roodste bladeren in de herfst, om er zeker van

te zijn dat de anderen het ook zagen, en het blauwste violet in de lente, zodat we het gevoel samen konden smaken en delen.
Granpa begon langzamer te lopen. Zijn mocassins sleepten over de grond. Ik sjouwde meer naar de winkel en nam ook meer van het zware werk op me. We praatten er niet over.
Granpa liet me zien hoe je een bijl moest zwaaien, zodat je sneller door een blok hout heen ging. Ik plukte meer maïs dan hij en liet de makkelijkste kolven voor hem zitten; maar ik zei niets. Ik herinnerde me wat Granpa had gezegd over ouwe Ringer, die zich nog waardig voelde op zijn oude dag.
Die laatste herfst stierf ouwe Sam.
Ik vroeg Granpa of we niet beter naar een andere muilezel konden uitkijken en Granpa zei dat het nog lang geen lente was; hij zei dat we beter konden afwachten.
We trokken nu regelmatiger de bergen in; Granpa en Granma en ik. De klim ging langzamer, maar ze hielden ervan om vanaf een bergtop naar de dageraad te kijken.
Het was op een pad hoog tegen de helling dat Granpa uitgleed en viel. Hij stond niet op. Ik en Granma ondersteunden hem bij de afdaling en hij zei de hele tijd: 'Zo direct gaat het wel weer.' Maar het ging niet. We legden hem in bed.
Pine Billy kwam langs. Hij bleef bij ons en ging bij Granpa zitten. Granpa wilde zijn viool horen en Pine Billy speelde. Daar in het lamplicht, met zijn haren over zijn oren en zijn lange nek gebogen over de viool, speelde Pine Billy. Tranen stroomden over zijn gezicht op de viool en drupten op zijn overall.
'Huil nou niet, Pine Billy,' zei Granpa, 'je verpest de muziek. Ik wil de viool horen.'
Pine Billy slikte en zei: 'Ik huil niet. Ik heb kou gev-v-v-vat.' Toen liet hij zijn viool vallen, wierp zich op het voeteneind van Granpa's bed en begroef zijn hoofd in de dekens. Hij schokte en barstte in huilen uit. Pine Billy was niet iemand om zich in te houden.
Granpa tilde zijn hoofd op en riep met zwakke stam: 'Stomme idioot! Je kwijlt allemaal tabak op de dekens!' Wat hij inderdaad deed.

Ik huilde ook, maar zorgde dat Granpa het niet zag.
Granpa's materiële geest begon te wankelen en viel in slaap. Zijn spirituele geest had het overgenomen. Hij praatte een hele tijd tegen Willow John. Granma hield zijn hoofd in haar armen en fluisterde in zijn oor.
Granpa's materiële geest kwam terug. Hij wilde zijn hoed. Die kreeg hij. Hij zette hem op zijn hoofd. Ik hield zijn hand vast en grinnikte. 'Het was goed, Little Tree. Volgende keer zal het beter zijn. Ik zie je.' En hij glipte weg; net zoals Willow John gedaan had.
Ik wist dat het zou gaan gebeuren, maar ik geloofde het niet. Granma lag op bed naast Granpa en hield hem in haar armen. Pine Billy lag te brullen aan het voeteneind.
Ik glipte naar buiten. De honden blaften en jankten, want ze wisten het. Ik liep het dal in en nam het korte pad. Ik liep niet achter Granpa aan en toen wist ik dat het voorbij was.
Er kwam een waas voor mijn ogen, ik viel, stond op, liep een eindje en viel weer; ik weet niet hoe vaak. Ik kwam bij de winkel op het kruispunt en vertelde mister Jenkins dat Granpa dood was.
Mister Jenkins was te oud om te lopen. Hij stuurde zijn zoon, een volwassen man, met me mee terug. Hij hield me bij de hand, alsof ik een peuter was, want ik zag het pad niet en wist niet waar ik heenging.
De zoon van mister Jenkins en Pine Billy maakten de kist. Ik probeerde te helpen. Ik herinnerde me dat Granpa gezegd had dat je verplicht was een handje te helpen wanneer mensen voor jou bezig waren; maar veel hadden ze niet aan me. En Pine Billy huilde zoveel dat de zoon van mister Jenkins aan hem ook niet veel had. Hij sloeg zich met de hamer op zijn duim.
Ze droegen Granpa over het pad de berg op. Granma liep voorop, Pine Billy en de zoon van mister Jenkins droegen de kist. De honden en ik sloten de rij. Pine Billy huilde aan een stuk door, zodat ik ook moeite had om me in te houden, maar ik wilde het niet te moeilijk maken voor Granma. De honden jankten.
Ik wist waar Granma Granpa naartoe bracht. Naar zijn ge-

heime plek, hoog op de berg, vanwaar hij naar de nieuwe dag keek en waar hij nooit moe werd uit te roepen: 'Ze komt tot leven!' Alsof hij het iedere keer voor het eerst zag. Misschien was dat ook wel zo. Misschien is iedere geboorte anders en wist Granpa dat.

Het was de plaats waar Granpa mij die eerste keer mee naartoe had genomen en dus wist ik dat Granpa en ik verwanten waren, dat we bij elkaar hoorden.

Granma keek niet toen we Granpa in de grond lieten zakken. Ze keek naar de bergen in de verte en huilde niet.

Het waaide hard boven op de berg, haar vlechten werden opgetild door de wind en vielen over haar rug. Pine Billy en de zoon van mister Jenkins liepen weer naar beneden. De honden en ik keken een poosje naar Granma, toen glipten wij ook weg.

Halverwege de helling wachtten we onder een boom op Granma. Het schemerde al toen ze de berg afdaalde.

Ik probeerde het werk van Granpa erbij te doen. Ik maakte ook whisky, maar ik wist dat het niet zo goed meer ging.

Granma haalde alle rekenboeken van mister Wine te voorschijn en zette me aan het werk. Ik ging alleen naar het dorp en bracht onze boeken terug. Ik las ze nu voor, bij de open haard, terwijl Granma luisterde en naar het vuur keek. Ze zei dat ik het goed deed.

Ouwe Rippit stierf en later die winter ouwe Maud.

Het was vlak voor de lente. Ik kwam terug van de Engte en zag Granma op de veranda zitten. Daar had ze haar schommelstoel neergezet.

Ze keek niet naar me toen ik over het pad kwam aanlopen. Ze keek op, naar de berg. Ik wist dat ze weg was.

Ze had de oranje en groene en rode en gouden jurk aangetrokken die Granpa zo mooi vond. Ze had een briefje geschreven en dat aan de jurk vastgespeld. Het luidde als volgt:

Little Tree, ik moet gaan. Net zoals je de bomen voelt, voel je ons als je luistert. We zullen op je wachten. De volgende keer zal beter zijn. Alles is goed. Granma.

Ik droeg het kleine lichaam naar binnen, legde het op bed en zat de hele dag bij haar. Blue Boy en Little Red zaten er ook bij.
Die avond ging ik weg om Pine Billy op te halen. Pine Billy waakte die nacht met Granma en mij. Hj huilde en speelde op zijn viool. Hij speelde van de wind... en de Hondsster... en de bergen... en de dageraad... en de dood. Pine Billy en ik wisten dat Granma en Granpa luisterden.
De volgende morgen maakten we de kist, droegen haar de berg op en legden haar naast Granpa. Ik had de oude huwelijkstwijg meegenomen en begroef de einden in de hopen stenen die Pine Billy en ik aan het hoofdeind van beide graven hadden opgestapeld.
Ik zag de inkepingen die ze voor mij gemaakt hadden; helemaal tot aan het eind van de stok. Het waren diepe en gelukkige inkepingen.
Ik bleef tot het eind van de winter; Blue Boy en Little Red en ik. Toen de lente kwam, ging ik naar Hangende Kloof en begroef de koperen pot en de buizen van de stokerij. Ik was er niet erg goed in en had het vak niet geleerd zoals dat zou moeten. Ik wist dat Granpa niet zou willen dat iemand anders er gebruik van maakte om slechte waar te leveren.
Ik nam het geld van de whiskyhandel dat Granma voor mij opzij had gelegd mee en besloot naar het westen te trekken, over de bergen naar de Nations. Blue Boy en Little Red gingen met me mee. Op een ochtend trokken we de deur achter ons dicht en gingen weg.
Bij boerderijen vroeg ik om werk. Als Blue Boy en Little Red niet welkom waren, trokken we verder. Granpa zei dat je dat voor je honden over moest hebben. Waar hij gelijk aan had.
Little Red zakte op een beek in de Arkansas Ozarks door het ijs en stierf zoals een hond hoort te sterven, in de bergen.
Blue Boy en ik kwamen aan in de Nations, waar helemaal geen Nation was.
We werkten op boerderijen en trokken steeds verder naar het westen, waar we op grote ranches werkten.
Op een avond laat kwam Blue Boy naast mijn paard lopen. Hij ging liggen en kon niet meer opstaan. Hij kon niet meer.

Ik tilde hem in het zadel en we keerden de rode, ondergaande zon boven de Cimarron de rug toe. We gingen naar het oosten.
Ik zou mijn baan niet terugkrijgen als we deze kant opgingen, maar dat kon me niet schelen. Ik had het paard en het zadel voor vijftien dollar gekocht en ze waren nu van mij. Blue Boy en ik waren op zoek naar een berg.
Voor de dageraad vonden we er een. Het stelde niet veel voor, het was meer een heuvel, maar Blue Boy jankte toen hij hem zag. Ik droeg hem naar boven terwijl de zon opkwam. Ik groef een graf en hij lag erbij en keek toe.
Hij kon zijn kop niet meer optillen, maar hij liet me weten dat hij het wist; want hij spitste een oor en hield zijn ogen op mij gericht. Daarna ging ik bij hem zitten en hield zijn kop op. Hij likte mijn hand wanneer hij kon.
Na een poosje ging hij, makkelijk, en liet zijn kop op mijn arm rusten. Ik begroef hem diep en stapelde flink wat rotsen op zijn graf tegen de dieren.
Met zo'n neus zou Blue Boy waarschijnlijk al halverwege de bergen zijn, dacht ik.
Hij zou wel geen enkele moeite hebben om Granpa in te halen.

Lees ook van A.W. Bruna Uitgevers B.V.

Pat en Ben Brack

Ik wil je niet kwijt

'Moeders zijn mensen die ervoor zorgen dat je je melk opdrinkt en van wie je een regenjas moet dragen, zelfs als het alleen bewolkt is. Ze zijn belangrijk voor een kind, omdat ze je helpen herinneren waar je naar toe moet. Ze zorgen ervoor dat alles op rolletjes loopt... '

Als de moeder van Ben Brack borstkanker blijkt te hebben, stort de wereld van het tienjarige jongetje in. Hij is bang zijn moeder te verliezen. Ben weet zich met zijn angst en verwarrende gevoelens geen raad en dreigt op school en in het gezin te ontsporen. Hij vindt het niet leuk om anders te zijn doordat hij een zieke moeder heeft.

'Omdat ik zoveel eigen leed moest verwerken had ik de neiging om het ongeluksgevoel van Ben te kleineren. Dit gebeurde weliswaar uit zelfbescherming, maar het was ook tekenend voor de manier waarop wij volwassenen denken over de belevingswereld van kinderen...'

Pat Bracks ziekte, de ziekenhuisopnames, de operaties en de chemotherapie brengen een verwijdering teweeg tussen haar en Ben. Pat heeft al haar energie nodig om haar eigen emoties te verwerken. Langzaam vindt ze het evenwicht in haar eigen leven en in de relatie met haar jongste zoon weer terug.

In *Ik wil je niet kwijt* beschrijven Pat en Ben Brack de emoties die zij ondergaan gedurende Pats ziekte. Het boek geeft een indringende beschrijving van de moeilijkheden die zowel ouders als kinderen moeten doormaken als een ernstige ziekte het gezinsleven ontwricht. Daarnaast is het een belangrijke bron van informatie en inzicht voor iedereen die hiermee in zijn naaste omgeving te maken krijgt. Borstkanker is in veel gevallen te genezen. Er is veel moed en doorzettingsvermogen voor nodig. *Ik wil je niet kwijt* laat op imponerende wijze zien uit welke bronnen een mens de kracht kan putten om te genezen.

ISBN 90 229 8056 1

Lees ook van A.W. Bruna Uitgevers B.V.

Mark Jenkins

Modder en muggen

'Zo ver het oog reikte: modder. Vloeibaar en zwart als olie. Een oceaan van modder waar bomen en gras in groeiden. We zetten onze fietsen overeind, duwden ze voorwaarts en begonnen te draven. De modder klonterde zich vast op onze voeten en spatte in onze gezichten. We bleven rennen en duwen en duwen. Toen sprongen we één voor één op onze fiets en reden blubberend en baggerend door aarde zacht als zwarte boter, zacht als faeces, die de stammen deed wegrotten; aarde die het gele gras verzoop en insekten voortbracht die zich vastzogen aan je gezicht tot je bijna stikte.'

Een fietstoch van 12.000 kilometer door Siberië in 3 etappes:
- van de Stille Oceaan tot het Bajkalmeer,
- van het Bajkalmeer tot de Oeral en
- van de Oeral tot de Baltische Zee met de finish in Leningrad.

In 1989 fietste de Amerikaan Mark Jenkins deze tocht van eindeloze en onwezenlijke kilometers door de Sovjetunie, vergezeld door zijn Amerikaanse vriend Tom Freiser, twee Russinnen en twee Russen. Naast de gekmakende modder en de invallende vorst, waren er de onvergetelijke ontmoetingen met mensen in Russische modderdorpen waar nooit iemand kwam, met dronken zonderlingen, met wereldvreemde baboesjka's en anachronistische goudzoekers in 'the middle of nowhere' die de fietsers gastvrij onthaalden op de meest uiteenlopende zelf gebrouwen alcoholica.

Mark Jenkins leerde op het Groningse platteland de fiets kennen als hèt vervoermiddel bij uitstek waarmee je werkelijk *overal* kunt komen; zijn liefde voor het fietsen was geboren, om nooit meer te verdwijnen en om uiteindelijk gestalte te krijgen in *Modder en muggen*, een fascinerend fietsavontuur van 12.000 Siberische kilometers!

ISBN 90 229 8042 1

Zoon van de bergen, de bomen en de zon